역사를 배우는 사람들

일본의 공정한 역사 인식을 만들기 위해서

REKISHI WO MANABU HITOBITO NO TAMENI
- GENZAI WO DOU IKIRUKA

ed. by Tokyo Rekishi Kagaku Kenkyukai

Copyright © 2017 by Tokyo Rekishi Kagaku Kenkyukai

Originally published 2017 by Iwanami Shoten, Publishers, Tokyo.

This Korean edition published 2021

by Amoonhaksa, Seoul

by arrangement with Iwanami Shoten, Publishers, Tokyo

일러두기

1. 이 책은 도쿄역사과학연구회(東京歷史科学研究会)의 『歴史を学ぶ人々のために−現在をどう生きるか』(岩波書店, 2017)를 완역한 것이다.

2. 단행본, 신문 이름의 경우 겹낫표(『』)를, 법률, 규정, 논문의 경우 홑낫표(「」)를, 영화, 예술작품은 홑화살괄호(〈〉)로 표기하였다.

3. 인·지명 등 외래어 표기는 국립국어원 외래어표기법을 따랐으며, 일부 단어에 한해 원어 발음에 가깝게 표기하였다.

4. 별도의 표시가 없는 한 [ ] 안의 글은 독자의 이해를 돕기 위해 옮긴이가 덧붙인 것이다.

5. 원서의 미주는 본 한국어판에서 각주로 둔다.

역사를 배우는 사람들

일본의 공정한 역사 인식을 만들기 위해서

도쿄역사과학연구회 편   박성태 옮김

어문학사

발간에 즈음하여

역사학은 단순히 과거의 일을 나열하는 것이 아니라, 현재를 살아가는 우리가 현재 시점에 서서 역사로부터 무엇을 배우는지를 생각하는 학문입니다. '현재를 어떻게 살아가야 할까?'라는 서브타이틀에는 그런 우리들의 생각이 담겨 있습니다. 본서에는 각각의 집필자가 역사를 배운다는 것이 무엇일까? 역사를 배우는 것에 어떤 의미가 있을까?라는 물음에 정면으로 마주한 논고를 담고 있습니다. 현대사회는 가지각색의 곤란과 과제를 떠안고 있습니다. 역사를 배우는 것으로, 사회를 바꿔 가기 위한 힌트를 어떻게 얻을 수 있을까요? 또, 역사를 배우는 사람들은 어떤 실천을 할 수 있을까요? 본서에서는 역사를 배우는 것으로 사회를 비판적으로 고찰하는 시점을 단련하며, 새로운 사회를 전망하는 방법에 대해서 각 집필자가 각각의 문제의식과 연구·실천을 보고하고 있습니다. '현재를 어떻게 살아가야 할까?' 그것은 이 책을 손에 들고 계신 독자 여러분에게만 질문하는 것이 아니라, 우리 자신에게 던진 질문이기도 합니다.

1967년에 창립한 도쿄역사과학연구회東京歴史科学研究会(이하, 동역연東歴研)에서는 1970년, 1977년, 1988년 세 번에 걸쳐『역사를 배우는 사람들을 위해서』제1-3집을 모두 산세이도三省堂에서 발행해 왔습니다. 이것들은 각각의 시대 상황 속에서 역사를 배우는 의미를 독자에게 질문하는 것이었습니다.

본서는 동역연의 창립 50주년에 맞춰, 이 시리즈를 약 30년 만에 부활시킨 것입니다. 과거 세 권이 제기해 온 물음은, 현재 갈수록 중요한 의미를 띠고 있다고 할 수 있습니다. 본서는 그 이념을 토대로 현재의 역사연구, 역사교육 그리고 역사를 둘러싼 모든 문제에 대한 실천이기도 한 역사과학운동의 성과를 기반으로 새로이 발행되는 것입니다.

이 수십 년간의 동역연의 발자취를 뒤돌아보면, 현대 상황과 격투 역사였던 것을 알 수 있습니다. 대회에서는 '신자유주의'나 '생존의 위기'와 같은 문제를 의식한 주제를 내세우며 그때그때의 사회를 역사적으로 검증해 왔습니다. 그리고 역사학 입문강좌나 역사과학강좌, 혹은 회지『인민의 역사학』지면을 통해 원자력발전소, 역사교과서, 일본군 '위안부', 오키나와 등 현재 사회에서 제기된 여러 문제에 진지하게 마주해 왔습니다. 또한 동역연은 연구자의 내향적인 논의에 일관하지 않고, 시민과 학생들에게 최신 연구 결과를 어떻게 전달할 것인가? 그리고 그런 사람들의 목소리를 어떻게 배우고 대답해 갈 것인가?라는 상호연결고리에 무게를 둔 연구회이기도 하다고 자부합니다.

이번 『역사를 배우는 사람들을 위해서 - 현재를 어떻게 살아갈 것인가?』에서는 그런 동역연의 지금까지의 노력이 반영되어 있습니다. 앞으로 역사를 배우려고 하는 사람들이 본서를 통해 역사연구·역사교육·역사과학운동이 가진 강력한 힘과 매력을 조금이나마 느끼실 수 있으면 좋겠습니다.

도쿄역사과학연구회

목차 ━━━━━━━━━━━━━━━━━━━━━━━━━━━━━━━━

II 마이너리티(minority)·지역에서의 관점

III 사회사·문화사를 묻는다

현재 『역사를 배우는 사람들을 위해서』를 출간한다는 것

스다 쓰토무須田努

머리말

1967년 4월에 출범한 도쿄역사과학연구회東京歷史科學研究會(이하, 동역연東歷研)는 지금까지 '역사연구자는 물론 역사교육에 종사하는 분, 역사에 관심 있는 시민·학생' 등 누구나가 참여할 수 있는 열린 연구회로서 존재해 오고 있습니다(동역연 HP). 그리고 2017년 동역연은 창립 50주년을 맞이했습니다. 이것을 계기로 일찍이 동역연이 1970년, 1977년, 1988년 세 번에 걸쳐 특별히 발행한 역사학 입문서 『역사를 배우는 사람들을 위해서』를 부활시키게 되었습니다. 동역연은 50년의 역사를 가지고 있으며, 선학·선배, 모두 애착이 있습니다. 50대인 저에게 『역사를 배우는 사람들을 위해서』는 안내서였습니다. 이번 질문은 그런 역사학의 바이블을 만들어낼 수 있을까가 아니라, 이 학문 상황(후술) 속에서 『역사를 배우는 사람들을 위해서』라는 이름을 계승하는 형태로 논문집을 출판하는 의미가 무엇인가?라는 것입니다.

동역연의 선학·선배들은 시대와 정치·사회상황을 의식하면서
연구대회와 회지『인민의 역사학』에서 다양한 특집을 기획했습니
다. 1960년대에는 「근대 일본에서의 인민 투쟁 발전의 역사적 여러
단계」나 「러시아 공산당 제1회 협의회 채택 '국제 공산주의 집행위원
회 확대 총회에 관련된 국제 공산주의와 러시아 공산당의 임무에 관
한 정립」과 같은 기획을, 70년대에서는 안보 투쟁에 관련된 것이나
인민 투쟁사[1]와 천황제, 연호 문제와 같은 토픽을 80년대에는 고도
경제성장과 국민의식의 변용이나 역사교육 문제 등을 다루었습니
다. 그리고 시민들을 대상으로 개최한 역사과학강좌·역사학 입문강
좌 등에서는 해당 시기의 정치·사회를 인식한 기획 강연을 했습니
다(그 일부는『역사를 배우는 사람들을 위해서』에 수록되어 있습니다[2]). 그것
들에는 그 시대의 정치·사회정세가 반영되어 있습니다. 그리고 동
역연은 항상 '역사학이란 무엇인가?' 끊임없이 질문해 왔습니다.

그렇다면 '역사학이란 무엇인가?'라는 조금 복잡한 이야기로 들
어가고자 합니다. 역사학이란 옛날 일을 암기하는 과목도 아니고,
전쟁이나 사건, '비화'에 기뻐하는 호사가적인 취미도 아닙니다. 역
사학이란 현대적 과제나 현실의 정치·사회와 긴장감을 느끼는 학문

---

1 인민 투쟁사란 1960년대 후반, 60년 안보 투쟁의 반성을 기반으로 노동자·농민·근로 시민·중
  소부르주아지·지식인이 연대하여 미국 제국주의나 일본의 독점자본에 대항해 가야 한다고 형
  상된 분석개념입니다. 1970년대 이것을 전근대사까지 원용하여, 백성과 상인과의 연대나 '변혁
  주체'로서 일어서는 '투쟁하는 인민'을 찾아내려는 연구가 다수 생겨났습니다.

2 에구치 보쿠로江口朴郎·토야마 시게키遠山茂樹 감수, 도쿄역사과학연구회 편,『역사를 배우는 사
  람들을 위해서』, 산세이도三省堂, 1970년, 야마구치 게이지山口啓二·하마바야시 마사오浜林正夫 감
  수, 도쿄역사과학연구회 편,『역사를 배우는 사람들을 위해서』제2집, 산세이도, 1977년, 하마바
  야시 마사오·사사키 류지佐々木隆爾 감수, 도쿄역사과학연구회 편,『역사를 배우는 사람들을 위
  해서』제3집, 산세이도, 1988년.

입니다. 역사란 흐르는 것도 변천하는 것도 아닙니다. 현재로 이어지는 것입니다. 과거 사건은 무한·무수하게 존재합니다. 그 안에서 일정한 목적·의도에 따라 단편적 사실을 확정하면서 선택하고, 그것을 현재로 이어지게 만드는 것이 역사학이라는 학문입니다.

역사를 구축하는 주체는 연구자입니다. 의학이나 공학과 달리, 천문학이나 역사학은 대학이나 연구조직에 소속하지 않고도 공부와 연구는 할 수 있습니다. 단, 역사학의 경우 '역사를 배우는 의미란 무엇인가?' '역사 인식이란 무엇인가?'와 같은 점에 관심을 두는 일이 중요합니다. 여기에서는 그러한 의식을 가진, 혹은 가지려고 하는 학생, 대학원생, 일반 시민분들을 '역사를 배우는 사람들'로 규정하려고 합니다.

패전 후인 1950년대, 마르크스주의 역사학의 영향을 받아 '전후 역사학'이라는 학과목(discipline)이 새롭게 출현했습니다. 이하, 조금 에스러운 것을 소개하겠습니다(모르는 단어는 아무쪼록 사전을 찾아봐 주십시오). 인간사회는 계급투쟁[3]에 의해 원시공동체 사회→노예제 사회→봉건제 사회→자본주의 사회→사회주의→사회공산주의 사회로 발전되고, 공산주의 사회에 이르러 인류는 억압에서 해방된다고 인식되었습니다. 그것이 마르크스주의 역사학의 거대이론이 되어, 이것에 영향을 받은 '전후 역사학'은 1960년대부터 70년대에 걸쳐 전성기를 맞이하였습니다.

'전후 역사학'은 대미종속(안보 조약), 우경화 정치, 거대기업의 자본독점과 같은 현대적 과제에 대하여, 그것을 어떻게 극복할지 긴장

---

3 계급투쟁이란 지배자(천황·국왕·귀족·무사 등)나 생산수단을 사유하지 못해서 노동을 팔며 살아가는 사람들을 착취하는 사회적 상위층(노예주·지주·자본가 등)에 대항하는 노예·농노·농민·근로자의 저항운동으로 규정되어 있습니다.

관계 속에서 인민 투쟁사·민중사·지역사·국가사·천황제론·전쟁책임론과 같은 연구 분야를 만들어 내 싸워온 셈입니다(일부에서는 교조적인 동시에 지나치게 정치적인 측면이 있었던 것도 사실이었습니다). 동역연도 그 일익을 담당하였습니다. 그런데 이런 이상을 향하고 있던 사회주의 국가인 중국이나 소비에트 연방은 부정해야 할 제국주의 국가인 미국과 마찬가지로 핵으로 무장하였고, 급기야 베트남이나 아프가니스탄에 군사 침략했던 것입니다. 또한, 고도 경제성장 후 일본 국내에서는 계급투쟁 때문에 역사가 발전한다는 거대이론으로 현실감이 한없이 저하해 갔습니다.

1989년 6월 중국에서는 베이징 천안문광장에서 학생 중심의 시위에 계엄령 부대가 출동하여 전차로 학생들을 학살했습니다. 11월에는 동독과 서독을 가로막고 있던 베를린 장벽이 철거되었습니다. 동유럽 사람들은 평등보다도 자유를 선택하며 사회주의 체제를 부정한 것입니다. 그리고 1991년 소비에트 연방이 붕괴하였습니다. 이런 현실의 국제정치정세 아래, '전후 역사학'은 동시대적인 역할을 마친 것입니다.

현대사회는 너무나도 복잡합니다. 1980년대 포스트모더니즘 풍조로 근대나 발전에 대한 회의감이 확대되었는데, 결정적 계기가 2011년 동일본대지진과 원전 사고였습니다. 인류는 근대·과학을 상징하는 원자력을 통제하지 못했습니다. 우리는 핵전쟁의 공포뿐만 아니라 핵채해 시대를 살아가고 있는 것입니다. 우리들의 생활은 에도시대 빈농에 비해 풍요로워지고, 여가와 정신적 영위에 시간을 들이게 되었습니다. 확실히 역사는 발전하고 있는 듯이 보입니다. 하지만 일본이라는 국가에서 살아가는 사람들이 모두 그렇다고는 할 수 없습니다. 현대사회의 경제와 생활격차 해결은커녕 확대되고 있습니다. 정말로 우리들의 역사는 발전하고 있는 것일까요? 가령 발전한다고 해도 그것은 누구의 발전일까요?

1990년대에는 '사실이나 현실 등 존재하지 않는 역사는 스토리다'라는 세계적인 흐름, 즉 역사학에서의 언어론적 회전이 일어났습니다. 너무나도 극단적인 표현이라 애초에는 혼란도 일으켰습니다. 이에 반해 이탈리아 역사가인 카를로 진즈부르그(Carlo Ginzburg)는 역사가는 역시 사실에 연연하며, 그것을 확정할 필요가 있다고 명언하였습니다. 저도 이것에 찬성합니다. 사료史料에는 그것이 기록된 단계에서 필자의 의도와 속내가 반영되어 있습니다. 사료란 과거 인물이 어떤 일정한 의도로 작성한 것입니다. 그것은 정치사나 제도사에서 사용되는 이른바 '1급 사료'(이와 같은 오만한 표현이 있는 것입니다)라 불리는 사료 중 농민의 일기에서도 마찬가지입니다. 우리 연구자들은 어떤 일정한 목적과 의도를 갖고, (예를 들어, 19세기 후기 미토학水戶学 사상은 히타치常陸(현재의 이바라키현) 지역의 부농층에 어떻게 수용되어 갔는지) 그에 맞는 사료 조사를 통해 찾아내고, 역사적 사실(단편적 사실)을 확정하며 일정한 목적과 의도에 따라 읽고 해석한 역사상을 서술하는 셈입니다. 객관적인 역사연구라는 것은 존재하지 않는 것입니다. 언어론적 회전(Linguistic turn) 이후 '현대 역사학'에서는 그 이상의 것을 중시하고 있습니다. 물론 연구자는 논문이나 저서에 사용한 사료와 그 출전을 명기할 책무를 지고 있습니다. 이 당연한 행위 때문에 그 논문(해석한 역사상)의 채현성이 담보되는 셈입니다(역사학이 과학이라고 한다면 이 행위 때문에 보증되는 셈입니다).

포스트모더니즘과 언어론적 회전의 영향을 받은 1990년대 이후 역사학은 '현대 역사학'이라 불리고 있습니다.[4] '현대 역사학'의 영역에서도 역사적 사실(단편적 사실)을 확정하는 작업은 중요하지만, 그것이 이 학문의 목적은 아닙니다. 역사학은 인식론 단계에 들어갔다고 할 수 있습니다. 철학자인 다카하시 데쓰야高橋哲哉가 서술한 것처럼 「역사학을 둘러싼 아레나」가 형성된 것입니다.[5] 증거를 제시하면서 역사적 사실(단편적 사실)을 확정한 후에 다양한 역사해석이 가능하다고 한다면(그 의미에서 역사 수정주의자를 아레나에 출장시킬 수는 없습니다), 아레나에서 받는 질문이란, 역사·과거와 마주 볼 때의 윤리이고 나아가서는 연구자의 입장이라고 할 수 있습니다. 저는 현실사회와의 긴장감을 유지하면서 누구를 위해서, 무엇을 위해서 역사를 서술할까?라는 점에 집중해 가려고 합니다. 연구자는 각각 다양한 문제의 관심과 역사 인식을 하고 있습니다. 그들은 논문 및 저서와 함께 자신감을 가지고 아레나에 출장합니다. 그 일이 훌륭한 것인지, 별 볼 일 없는 것인지를 '판정'=판단하는 주체적 행위를 하는 것은 '관객'='역사를 배우는 사람들' 즉, 여러분입니다.

프랑스 사회사 연구자 니노미야 히로유키二宮宏之의 정리에 따르면 '현대 역사학'의 연구 대상은 다양하며, 죽음·광기·몸짓·신체 등 인간 활동 거의 전부에 연구 관심이 미치게 되었다고 합니다.[6] 알랭 코르뱅(Alain Corbin), 나탈리 제먼 데이비스(Natalie Zemon Davis)나 카를로 진즈부르그에 의해 역사연구에 사용하는 문헌의 영역도

---

4 스다 쓰토무, 「이콘의 붕괴로부터」, 『사조史潮』신 73호, 2013년.

5 다카하시 데쓰야 편, 『〈역사 인식〉논쟁』, 사쿠힌샤作品社, 2002년.

6 니노미야 히로유키, 「역사의 작법」, 우에무라 다다오上村忠男 외 편『역사를 묻다』 4권, 이와나미쇼텐, 2004년(후『니노미야 히로유키 저작집』1권, 이와나미쇼텐, 2011년).

확대되고 있습니다.[7] 일본사에서도 나리타 류이치成田龍一가 나카자토 가이잔中里介山의 장편소설 『대보살 고개大菩薩峠』를 사료로 사용하여, 그 소설에서 일본 근대사회의 양상을 읽어내고 있습니다.[8] 허구 세계인 라쿠고落語 작품·조루리浄瑠璃·가부키歌舞伎 작품 등의 미디어를 역사연구의 소재로 사용하여 민중의 집합 심성 양상을 고찰하는 연구도 나오고 있습니다.[9] 이처럼 '현대 역사학'의 세계는 넓어지고 있습니다.

역사를 배우는 의미

일찍이 동역연은 역사를 배우는 의미에 관한 질문을 계속 던져왔습니다. 『역사를 배우는 사람들을 위해서』 제1집에서는 오에 시노부大江志乃夫·동역연 학생부회·하야시 모토이林基가, 제2집에서는 가토 분조加藤文三가, 제3집에서는 동역연 위원회가 각각 논하였습니다. 제1집과 제3집의 논문을 비교해 보려고 합니다. 먼저 제1집의

7　나탈리 제먼 데이비스, 『고문서 속의 픽션 — 16세기 프랑스의 특별사면 탄원 이야기』, 나루세 고마오成瀬駒男 외 역, 헤이본샤平凡社, 1990년. 알랭 코르뱅, 『기록을 남기지 않은 남자의 역사 — 어느 목화장이의 세계 1798-1876』, 와타나베 쿄코渡辺響子 역, 후지와라쇼텐藤原書店, 1999년. 카를로 진즈부르그, 『역사·레토릭·입증』, 우에무라 다다오 역, 미스즈쇼보みすず書房, 2001년.

8　나리타 류이치, 『대보살 고개'론』, 세이도샤青土社, 2006년.

9　스다 쓰토무, 「에도시대 중기 민중의 심성과 사회문화의 특질」, 조경달·스다 쓰토무 편『비교사적으로 본 근세일본 — '동아시아화'를 둘러싸고』, 도쿄도쇼판東京堂出版, 2011년. 동, 「체관諦観의 사회문화」, 관동근세사 연구회 편『관동근세사 연구론집』2, 이와타쇼인岩田書院, 2012년. 동, 「에도시대에서의 미디어 스터디즈」, 『메이지대학 인문과학연구소 기요』72권, 2013년. 동, 『산유테이 엔쵸三遊亭円朝와 민중세계』, 유시샤有志舍, 2017년. 나카다이 노조미中臺希実, 「미디어에 표상되는 근세중기에서 '집'에 대한 도시부 민중의 집합심성」, 『가족연구연보』39호, 2014년. 동, 「지카마쓰이야기近松世物語로부터 해독하는 '집' 존속과 혈연우대의 딜레마」, 『비교가족사연구』29호, 2015년.

동역연 학생 부회는 "역사학은 골동품 진열학이 아니다. 그것은 언제나 유효성을 질문받는 학문"이라고 하였습니다. 그리고 역사학은 '인생의 학문'이고 '사회변혁의 학문'이라고 하였습니다. "과학적 역사학의 유효성이란 이렇게 형성되어 가는 역사의식, 바꿔 말하면 사람에게 자본주의 사회에 살고 다음 시대를 짊어져야 할 인민으로서의 권리의식을 자각하게 하여 변혁에 대한 확신과 전망을 주는 것에 있다"라고 서술하고 있습니다.[10] 이에 반해 제3집에서 동역연 위원회는 격동의 현대사회를 '확신을 하고 살아가기 위해서는' 과거 격동의 시대에 살았던 '사람들이 어떤 삶의 방식을 취하고, 어떤 확신을 쟁취해 왔는지'에 대해 배울 필요가 있고, 역사학이란 그것을 위한 학문이라고 규정하고 있습니다.[11] 제1집 논문은 70년대 안보 투쟁의 소용돌이 속이기도 했고, 또 '전후 역사학' 전성기의 설명구조를 반영하여 '사회변혁' '변혁 주체'와 같은 어휘가 많이 나타나는 한편, 1988년 제3집에서는 이와 같은 톤이 다운되었습니다. 역사학은 현실사회와의 긴상 관계에 있다는 것의 증거라고도 할 수 있을 것입니다.

1990년대 후반부터 현저해진 신자유주의 대두 영향 아래, 학문에는 즉효성(경제효과)이 요구되어 대학개혁의 이름 아래, 사색과 변별하는 형태의 인문계 학문을 없애버리려고 하였습니다. 지식의 붕괴입니다. 저는 담당하는 강의 모두에서 "나의 강의(역사학)는 돈을 벌거나 취직에 도움이 되지 않습니다. 단지 그대들이 살아가는 데

---

10 도쿄역사과학연구회 학생부회, 「역사학의 유효성이란 무엇인가?」앞에 게재한 주2『역사를 배우는 사람들을 위해서』제1집.

11 도쿄역사과학연구회 위원회, 「머리말」앞에 게재한 주2『역사를 배우는 사람들을 위해서』제3집.

힘이 될 것입니다"라고 이야기하고 있습니다. 70년대에는 '밝은 내셔널' '빛나는 도시바' '히타치의 푸른 하늘'과 같은 가전 메이커 CF가 줄지었던 것처럼, 고도 경제성장하에 미래는 반짝반짝 빛나고 있었습니다. '전후 역사학'도 밝은 미래를 이야기하는 학문으로 현대로 이어지는 성공의 역사를 서술해 왔습니다. 80년대 이후 그것들에 대한 의구심이 넓게 퍼졌고, 2011년 밝은 미래상이 붕괴하였다고 서술했습니다.

그렇다면 현재, 역사학을 배우는 의미란 무엇일까요? 앞의 이야기에 덧붙이자면, 저는 역사학이란 현재를 상대화하는 학문이라고 생각합니다. 지금이 최선은 아니라는 것입니다. 비근한 예를 들자면, 왜 현대 일본 정치가는 이렇게까지 무책임하고 사회에는 이지메나 증오 연설 등의 폭력이 확대되어버린 것일까?라는 질문입니다. 발전과 성공의 역사가 아닌, 어디에서 길을 잘못 들었는지, 그 분기점을 파헤치고 다른 선택지의 가능성을 찾는 것도 필요하다고 생각합니다. '역사에 if는 없다'와 같은 통속적인 표현이 있습니다. 그것은 역사를 성공과 단선적 발전의 이야기로 인식하는 것을 전제로 한 표현입니다. '현대 역사학'에서는 if라는 물음 자체를 부정하는 것은 아닙니다(망상적 발언은 제외합니다).

'현대 역사학'은 다양한 역사 인식 때문에 형성되는 것이라 해도, 저는 그것을 "보다 나은 미래"를 희구하는 학문이라고 생각합니다. 단, 교조적인 단선적 미래상은 자취를 감추었기 때문에, 앞서 이야기했듯이 다양한 역사 인식을 인정한 후에, 아레나에서의 논의가 필요한 셈입니다.

역사 인식이란

『역사를 배우는 사람들을 위해서』제1집부터 제3집에서는 역사 인식이라는 개념이 반복하여 등장합니다. 후카야 가쓰미深谷克근는 "인간은 살아있는 한 '역사를 만드는' 존재이다"라는 재미있는 표현을 하면서 "역사 인식이란 궁극적으로는 역사적인 자기인식이다. 역사적으로 사회적으로 발견되며 자리 잡은 자기의 인식이다"라고 이야기하고 있습니다.[12] 역사 인식이란 도슈사이 샤라쿠東洲斎写楽는 언제 태어났는지, 특정 도서가 어느 나라의 영토에 속하는지, 와 같은 것을 문제로 삼거나 논의할 때 사용되는 개념이 아닙니다(한일 정부가 역사 인식 논쟁이라고 하는데, 용법을 잘못 사용하고 있습니다). 역사 인식이란 우리가 역사를 해석할 때 기준으로 삼는 통일된 생각이고, 개인의 경험·가치관·도덕관·사회관·국가관 등 다양한 문제 관심을 통합한 주관적이며, 우리 개개인의 주체적인 삶과 생각이 반영된 것입니다. 만연한 역사의 호기심으로부터 역사를 현재로 잇는 것으로 이해하는 단계에 이르고, 역사 인식이란 것을 내면화시키기에는 훈련이 필요합니다. 그것은 고문서를 읽을 수 있게 되는 것이 아니라, 현대사회에서 발생한 여러 가지 사건을 역사적 문맥에서 생각하는 센스(역사적 통찰력)나 체계적·전체적인 역사의 견해를 터득하고, 현실사회나 국가의 '보다 나은' 존재 방법을 생각하며, 그 안에 자기 위치를 부여하면서, 어떻게 행동하면 좋을까?와 같은 보편적인 구상력·판단력을 습득하는 것입니다. 그 힘이란 상대적인 것으로 사

---

12 후카야 가쓰미深谷克근, 「무엇을 어떻게 읽어야만 할까?」, 앞에 게재한 주2『역사를 배우는 사람들을 위해서』제1집.

람들 각자 다른 지향성을 가지는 것입니다. '올바른 역사 인식'이라는 표현이 있습니다만, 그 발신자의 대부분은 우익·민족주의자들입니다. 이렇게까지 수상쩍은 칭찬은 없습니다. 역사 인식이란 다양한 것입니다.

맺음말

개인적인 일이라서 죄송합니다만, 저는 1959년에 태어나 대학 졸업 후 고향인 군마현으로 돌아가 문화재(고고학) 발굴업무에 종사하였습니다. 동료들과 밤에 모여 『역사를 배우는 사람들을 위해서』 제1집, 제2집을 교재로 삼아 연구회도 열었습니다. 이 두 권은 대학교를 떠나 일하면서 역사 공부를 재개한 제게 바이블이었습니다. 이 생각은 이 세대에 공통된 것일지도 모르겠습니다. 발굴 현장에서 도립 고교로 직장을 옮기고, 정규 학생들을 접하면서 저는 사회적 모순이라는 것을 책상에서 느끼기 시작했습니다. 학생 시절에 대충 공부한 학문으로는 눈앞에 있는 현실적 과제를 극복할 수 없다고 느껴, 1989년에는 일을 그만두고 대학원에 진학하였습니다. 마침 그즈음 『역사를 배우는 사람들을 위해서』 제3집이 발행되었습니다. 하지만 저는 그 제3집을 이해한 기억이 없습니다. '전후 역사학'이 내건 역사상이나 단편적인 미래상(발전단계론)에 대하여 안고 있던 위화감이 취업 경험에 따라 증폭되었기 때문이라 생각합니다. 어느새 발전단계론·투쟁, 민중적 관점과 같은 주제·인식에 공감할 수 없었습니다. 극히 평범한 샐러리맨 가정에서 태어나 정시제 고교에서 일하고, 대학원 진학 후에도 가족을 떠안고 일을 계속했던 저에게 민중적 관점이라는 것을 진지하게 강조하는 아카데미즘 설명은 경박하게 느껴졌습니다. 앞서 이야기했듯이 '전후 역사학'은 동시대적인 역할을 끝냈습니다. 제3집에 게재된 논문은 「사적 유물론의 유효성」 「민중사 발굴 운동과 역사학」 「나의 자유 민권 연구」처럼 '전후 역사학'의 왕도라고 할 수 있는 주제와 역사 서술론, 그리고 그림을 사료로 이용하여 역사상을 그려내려고 하는 듯한, 새로운 시도가 혼재된 것이었습니다. 1980년대 후반 역사학의 혼란스러운 양상이 이 제3집에 반영되었다고 할 수 있습니다.

그 후, 동역연이 『역사를 배우는 사람들을 위해서』를 출판하는 일은 없었습니다. 그 이유를 굳이 유추하자면, 1970년대까지 몇 번인가 있었던 역사 붐, 그 아래에서 역사서 인기라는 현상은 일어나지 않으며 악화하기만 한 출판 사정 때문만은 아니라고 생각합니다. 단선적인 미래상이 붕괴하면 가치관은 다양해지고, 여러 가지 역사 인식이 형성되어 그것들이 공존하는 시대에서 '같은 방향을 향한' 논문집을 만드는 의미가 줄어들었다고 할 수 있습니다. 앞서 이야기했듯이 동역연은 '전후 역사학'의 일익을 담당했던 것입니다.

하지만 저희 동역연 위원회는 첫머리에서 이야기했듯이 『역사를 배우는 사람들을 위해서』를 부활시키기로 결단하였습니다. 그것은 현재 동역연도 현실사회(현대사회)의 모든 문제와 마주하고 있기 때문입니다. 2013년 이후 동역연은 아베 신조 정권의 제동을 걸수 없는 우경화 정책에 대하여 '성명'을 내며 비판해왔습니다. 또한 '요시미 재판'[13]에서는 요시미 요시아키吉見義明 씨를 적극적으로 지

---

13 2013년 5월 "위안부 제도가 필요하다는 것은 누구나 안다"고 발언하여 국내외 강한 비판을 받은 오사카시장 하시모토 도루橋下徹는 변명을 위한 기자회견을 열었습니다. 거기에 동석한 일본유신회의 사쿠라우치 후미키桜內文城 중의원 의원은 하시모토를 지원하기 위해 '위안부'의 실

원하고 있습니다. 최근 동역연의 대회 보고 주제를 확인하면 '신자유주의' '자기책임' '차별' '배제' '약자' '여성'과 같은 키워드가 나오고 있습니다. 신자유주의가 가져온 영향과 죄악의 한 고리로 자기책임론과 격차·차별의 확대, 사회적 약자(여성도 포함)를 도외시해왔습니다. 동역연은 이 문제를 역사적 과제로 평가하고, 대회 보고 주제로 한 셈입니다. 또, 2011년 이후 '재일 특권을 허락하지 않는 시민의 모임' 일행들에 의한 혐오 발언의 격화와 같은 사회적 풍조에 위기감을 가지고, '차별' '배제'와 같은 문제에도 깊이 파고들어 왔습니다. 그리고 "동일본대지진과 후쿠시마 제1 원전 사고 피해지에서는 '유대(紐帶)'라는 이름으로 정부·지자체나 대자본 중심의 '부흥'이 이루어져 사람들의 생존이 등한시되고 있다"는 현실을 고려하여 '생존 위기에 직면한 사람들의 주체성'이야말로 중시해야 한다는 역사 인식으로부터 2013년부터는 '생존'이라는 문제를 연속하여 다루었고, 2016년에는 '전환기를 살아가는 사람들'과 같은 주제를 논의해왔습니다. 그뿐만 아니라 매년 여름에는 학생·시민들을 대상으로 한 '역사학 입문강좌'를 기획하고 있습니다. 거기에서는 '여성사·젠더사 연구'와 '위안부' 문제와 같은 현실사회에서 문제가 되는 사실과 현상을 다루었습니다. 또 '사회사 연구의 성과와 역사 드라마의 현재'에서는 2009년부터 2014년까지 NHK가 방송한 역사드라마 〈타임 스쿠프 헌터(Time Scoop Hunter)〉를 소재로 하여 '시대고증'이란 무엇인가라는 주제로 강연을 하였습니다. 이는 풋워크가 좋은 동역연다운 기획이라 할 수 있습니다. 일찍이 『역사를 공부하는 사람들을 위

태를 추구한 요시미 요시아키吉見義明의 연구 성과(저서)를 '날조'라고 발언하였습니다. 연구자에게 이만한 굴욕은 없으며, 요시미는 그 발언의 철회와 사죄를 요구하였지만, 사쿠라우치에게 무시당해 명예훼손 손해배상청구 재판을 실행하였습니다. 이것이 '요시미 재판'의 개요입니다.

해』에서는 '역사학의 의의란, 역사 인식이란 무엇인가?'와 같은 추상
도가 높은 문제나 현실사회와의 접점으로부터 계급투쟁·인민 투쟁,
천황제 문제와 같은 정치색이 강한 사실과 현상을 다루었습니다. 한
편, 현재 동역연의 활동은 앞에서 소개했듯이 다양해졌습니다. 거기
에는 '현대 역사학'의 문제의식이 반영되어 있다고 할 수 있습니다.

이번『역사를 배우는 사람들을 위해서』에는 '전후 역사학'을 담
당해 온 동역연의 '현대사회에서의 여러 가지 문제에 관심을 기울이
며 역사를 배우고 생각한다'라는 전통적인 자세가 살아있음과 동시
에 '현대 역사학'의 한가운데에 있는 우리들의 새로운 시도도 담겨
있습니다. 각 논문의 구성은 시대별(시대순)이 아니라 「Ⅰ "지금 여기
에 있는 위기"에 깊이 파고든다」, 「Ⅱ 마이너리티·지역에서의 관점」,
「Ⅲ 사회사·문화사를 묻다」라는 주제성을 중시하였습니다. 목차를
보시면 정치사·제도사 중심이 아니며, 또한 구태의연한 교과서적인
주제와도 다르다는 것을 알 수 있을 것입니다. 아무쪼록 모든 논문
을 읽고 '역사학의 현재'를 접하셨으면 좋겠습니다.

참고문헌

- 카를로 진즈부르그, 『역사를 거꾸로 읽다』, 우에무라 다다오 역, 미스즈쇼보, 2003년.
- 스다 쓰토무, 『이콘의 붕괴까지 ―「전후 역사학」과 운동사 연구』, 아오키쇼텐靑木書店, 2008년.
- 나탈리 제먼 데이비스, 『마틴 기어의 귀향 ― 16세기 프랑스의 가짜 정주 소동』, 나루세 고마오成瀨駒男 역, 헤이본샤, 1993년.
- 하세가와 다카히코長谷川貴彦, 『현대 역사학에 대한 전망 ― 언어론적 회전을 넘어』, 이와 나미쇼텐, 2016년.
- 후카야 가쓰미, 『후카야 가쓰미 근세사론집』제6권, 아제쿠라쇼보校倉書房, 2010년.

I

"지금 여기에 있는 위기"에 깊이 파고 들다

3 · 11로부터의 역사학
— 산업혁명기의 아시오 광독足尾鉱毒 문제에서 생각하다

나카지마 히사토中嶋久人

머리말

2011년 3월 11일에 발생한 동일본대지진과 후쿠시마 제1 원전 사고는 동시대를 살아가고 있던 우리에게 큰 충격을 주었다. 3·11은 일부에서 '천벌' '천혜'로 건주어[1] 많은 사람에게 '역사의 전환'을 이미지화하도록 만들었다.[2]

하지만 어떤 의미의 '전환'인 것일까? 이번 논집 전편에 해당하는 도쿄역사과학연구회 편『역사를 배우는 사람들을 위해서』제3집은 체르노빌 원전 사고(1986년) 후인 1988년에 출판되었는데, 그 안

---

1 3·11 당시에 유포된 '천벌론' '천혜론'과 그것들에 대한 비판은 다카하시 데쓰야,『희생의 시스템 후쿠시마·오키나와』(슈에이샤신쇼集英社新書, 2012년)를 참조

2 예를 들어, 연구회,「전후과 제1세대의 역사연구자는 21세기에 무엇을 해야 할까?」편,『21세기 역사학의 창조 별권 2 '3·11'과 역사학』(유시샤有志舎, 2013년)에서는 "2011년 3월 11일에 일어난 동일본대지진과 후쿠시마 원전 붕괴사건(3·11)은 역사학에 근본적인 전환을 요구하고 있다"고 기술하고 있다.

에서 고대사 연구자인 요시에 아키오義江彰夫는 「현대 위기와 역사학의 과제 – 자연 파괴를 시점으로 새로운 역사학을」이라는 논문을 보냈는데, 다음과 같은 문장을 모두에 내걸었다.

석유 에너지는 가까운 미래에 고갈된다고들 한다. 그것의 대체로 여겨지는 원자력 에너지의 위험성은 체르노빌 사고에서도 나타난 대로이고, 가령 이런 종류의 사고가 없어져도 핵폐기물 처리의 안전성은 여전히 확립되어 있지 않다. 그 확립을 위해서는 적어도 원전으로 얻을 수 있는 정도의 에너지를 다른 것에서 찾아야만 한다. 에너지 소비나 인구급증에 따른 탄산가스의 증대는 지구 온도를 매년 상승시키는 이상기후의 원인이기도 하다. 화학 폐기물에 의한 오염은 멈출 줄 모르고, 무질서한 개발은 자연환경의 일부가 된 역사적 문화유산을 파괴하고, 기근이나 홍수를 일으키는 규모로까지 발전했다. 인간 손에 의한 자연 파괴는, 이제는 인간의 존립 기반 그 자체를 위험하게 할지도 모르는 지경까지 이른 것이다.

이 문장이 집필된 것은 지금으로부터 약 30년 전이다. 하지만 3·11 이후라도 '석유 에너지'를 '탄소계 에너지'로, '체르노빌'을 '후쿠시마'로 바꾸기만 하면 거의 통용된다. '역사는 반복된다'라고 하는데, 결국 30년 만에 무엇이 변한 것일까?

요시에義江는 인류사 총체를 내다보고 "인간의 자연으로부터의 자립과 진보·발전의 과정은 좋든 싫든 자연을 정복하고 지배하는 역사이기도 하고, 필연적으로 자연의 파괴를 만들어 낸다"라고 지적했다. 또한 "지금까지의 진보 및 발전의 역사와 역사관이 동시에 인류 사멸에 도달하는 자연 파괴가 증대되는 과정이고, 그것을 조장하는 이념이었던 것을 인정"해야 한다고 주장했다. 게다가 요시에는 종교적 권위와 그 밖의 것에 의해 제약되던 전근대의 자연 지배와 파멸의 모습을 구체적으로 검토했다. 더구나 요시에는 산업혁명과 자본주의 경제의 전개하에 직접 자연을 압박하여 부를 만드는 자연 경제 구조를 교환경제가 걷어치우고, 공업생산으로 인간 생활이 지탱되게 되었다며 "그 결과 자연은 끝없이 부를 만들어 내는 대상으로만 여겨져, 봉건사회까지 농작을 통해 그 나름대로 살아가던 인간과 자연의 호환 작용, 상호 규정적 관계는 완전히 잊혀 버린다"라고 지적했다. 그리고 요시에는 '새로운 역사관과 전체 역사'로 "우리는 인간의 문명과 진보의 불가역성과 가치를 인정한 후에, 그것이 만들어 내는 자연 파괴의 필연성과 실태를 역사적으로 찾아야 한다. 또한 그것에 따라 파괴된 자연과의 관계 수복의 전 과정을 인간이 지금까지 실현한 적 없는 자연과의 진짜 공존과 조화를 향한, 인간지배를 필연적으로 파생시키지 않을 수 없는 자연에 대한 배타적·독점적인 소유의 진짜 폐기를 향한 꾸준한 발걸음으로서 종합적으로 그려낼" 것을 제기했다.

이 요시에의 제기든, 체르노빌 사고의 충격이든, 많은 근현대사 연구자는 등한시하고 있었다.[3] 이 원고에서는 요시에의 제기에 따르면서 자본주의가 발전함에 따라 끝없는 자연 파괴가 시작된 근현대 사회의 모습에 대하여, 구체적인 사례로 일본의 아시오 광독 문제를 들면서, 일본의 산업혁명기로 거슬러 올라가 시론으로서 검토하고 3·11로부터의 역사학을 전망하고자 한다.[4]

---

3 전쟁 문제와 얽히면서 체르노빌 사고 등을 포함한 환경문제에 대한 논의를 근현대사 입장에서 펼친 몇 안 되는 실천으로, 가노 마사나오鹿野政直, 『도리시마섬'은 들어 있는가?』(이와나미쇼텐岩波書店, 1988년)를 들 수 있다.

4 고마쓰 유타카小松裕는 「아시오 동광 광독 사건의 역사적 의의」(역사학연구회 편, 『지진재해·핵재해 시

1. 아시오 광독에 의한 자연 파괴

도치기현에 있는 아시오 동광, 개산開山은 전국시대로 거슬러 올라가는데, 1610년부터 바쿠후 직할로 바뀌고, 그 직후에는 연간 생산량이 1,300톤 이상을 기록했다. 근세에서도 광독에 의한 와타라세강渡良瀬川 어업에 대한 피해를 볼 수 있다. 그러나 근세에서 계속 생산량을 유지 못하고 19세기에는 연간 100톤 이하가 되었다. 1876년에 원래 비단 장수였던 후루카와 이치베에古河市兵衛가 메이지 정부로부터 아시오 광산을 불하 받은 후, 1881년과 1884년에 새로운 광맥이 발견되어, 1884년에는 2,286톤으로 전국 제일의 생산량을 기록했다. 이 아시오 동광에는 후루카와가 다른 관영의 광산을 매득하여 입수한 최신에 기술이 도입되었고, 일본을 대표하는 동광이 되었다.

한편 아시오 동광은 생산량 증가에 비례해서 심각한 환경파괴를 일으켰다. 와타라세강 상류부 산림의 자연 파괴는 현저했고, 100년 이상 지난 후에도 그 상처 자국을 볼 수 있다.[5] 아시오 광독의 주변 산림은 연료 혹은 갱목으로 이용되기 때문에 남벌이 되어, 대규모 산불도 있었다. 게다가 구리 제련 등을 위해 발생하는 연기에 포함된 아황산가스 등으로 오랫동안 풀조차 자랄 수 없었다. 또한 이들

대와 역사학』, 아오키쇼텐青木書店, 2012년)에서 아시오 광독 문제를 미나마타병과 비교하여 후쿠시마 제1 원전 사고로까지 연결시켜 생각하고 있다. 저자도 그런 시각으로 생각하고 있는데, 이 원고에서 아시오 광독 문제는 근현대사회가 자연환경과의 사이에서 가지고 있는 내재적인 모순을 제기한 것이다. 그리고 그 모순을 극복하는 영위야말로 근현대사회에서의 과격한 대안을 제기하는 것이라고 의식하고 있다.

5 아시오의 현재 상황에 대해서는 후카와 료布川了, 『(개정) 다나카 쇼조와 아시오 광독 사건을 걷다』(즈이쇼샤随想舎, 2009년)를 참조

의 산림은 광재와 같은 폐기물의 퇴적장이 되어 각지에서 광독을 포함한 불모의 토사가 버려졌다. 이와 같은 산림황폐 때문에 1902년에 와타라세강 최상류부에 있던 마쓰키松木 취락이 방치되며 그 자리에는 거대한 마쓰키 퇴적장이 만들어졌다. 결국 풍화와 침식으로 겉흙을 잃어 기반암이 드러나 보수력을 잃었고, 와타라세강 중하류 지역은 이전보다 더 심한 수해를 입게 되었다. 또 아시오 동광의 폐광과 구리 제련 후의 폐기물 등은 아시오 산중에 퇴적되어서, 그 퇴적물로부터 황산구리 등의 광독이 유출되었고, 홍수 시에 대량으로 와타라세강으로 흘러 들어가 중하류 지역을 오염시켰다. 이것이 아시오 광독 문제이다.

아시오 동광에서의 채광은 1973년에 끝났다. 아시오 제련소의 연기 피해도 1978년에 제련 방법이 자용제련법自溶製鍊法으로 바뀌고 다소 개선되었는데, 1989년에는 제련 자체가 사실상 정지되었다. 국토교통부 등에 의한 대규모 녹화사업도 있어, 2017년 현재 상태에서는 조금이나마 식물을 볼 수 있다. 하지만 기반암이 노출되어 있거나 광재가 대규모로 퇴적되어 있어 아직도 불모 그대로인 것이다.

2. 환경파괴 방지인가? 동광의 조업 계속인가?
─ '공익'을 둘러싼 대치

이와 같은 황량한 광경은 마쓰키 마을이 폐촌이 되기 전부터 틀림없이 확대되고 있었다. 이렇게까지 심하게 황폐해졌기 때문에 와타라세강은 수도 없이 큰 수해를 일으킨 것이다. 그리고 앞에서 이미 서술했듯이 와타라세강 중하류 지역에도 광독을 초래했다. 메기,

은어 등으로 잘 알려진 와타라세강 어업은 괴멸하였고, 광독으로 오염된 물은 농작물 등 식물을 고사시켰다. 사람들의 건강에도 악영향을 주었다고 한다. 도치기·군마 두 현을 중심으로 한 와타라세강 중하류 지역에서는 광독 피해가 드러난 1890년 수해 이후, 다나카 쇼조田中正造를 중심으로 한 아시오 광독에 대한 반대운동이 펼쳐졌다. 예를 들어, 1896년 12월 4일에 가결된 군마현 의회에서 광독鉱毒에 대한 의견을 말하고 아시오 동산銅山의 사업 확장에 따라 와타라세강에 유출된 광독이 증가하여 "이제는 완전히 국가 공익에 관한 한도"에 도달했다고 지적하고 "하루속히 이것의 구제 방법을 세워 와타라세강 일대의 지방은 적막한 불모지로 변할" 일이 멀지 않다고 하며, 광독조례 제19조에 의한 '영업정지 처분'을 내무대신에게 요구하고 있다(『다테바야시사館林市史』자료편6).

하지만 광산조업으로 이익을 보고 있던 아시오 지역 사람들의 대응은 달랐다. 그 한 예로 전술한 군마현 의회의 '광독에 대한 의견'에 반론한 도치기현 우쓰노미야시·아시오·이마이치 등의 사람들을 대표로 1897년에 나온 「아시오 구리 광업 비정지 진정서」(우치미즈 마모루内水護 편, 『자료 아시오 광독 사건』)를 살펴보자. 이 진정서에서는 아시오 동광을 '제국의 부원富源'이라 부르며, 구체적으로는 구리를 수출하여 1896년도에만 300만 엔을 벌어들였고, 관세도 13만 엔에 이른다고 지적했다. 또, 아시오 동광의 노동자·갱부만으로 1만 명을 넘겼으며 그들에게 의식주 외 기타 서비스를 제공하는 사람들도 모여 "옛날 깊은 산골짜기의 추운 동네가 이제는 변해 번영 공업도시를 이루었다"며 아시오 지역뿐만 아니라, 도치기·군마 두 현의 각지 농공상은 그 혜택을 받지 않는 곳이 없다고 했다. 게다가 후루카와에 의해 아시오 동광 개발 초기에는 광독이 발생했지만, 분광 채집기 설치 이후에는 개선되었으며, 현재는 과거에 축적된 광독이 수해로 유출되고 있을 뿐, 개수 문제에 지나지 않다고 기술했다. 그리고 광업뿐만 아니라 증기·전기 등의 "광대한 공익사업은 모두 다소의 폐해를 동반하는 것으로, 혹시 작은 폐해라도 생겨서 영업을 정지해야 한다고 말하면 큰 공익사업은 하나도 할 수 없기 때문이다"라고 주장하고 있다. 또 광업이 정지되면 "이것은 실업계를 매우 힘들게 하고 가끔 국가 희유의 부원富源을 폐쇄하고 많은 국민의 활로를 방해하여 국가의 피해가 되는 이른바 광독의 몇 배가 되는 참상을 보게 될 것이다"라고 진술하고 있다.

이대로 광독을 방치하면 와타라세강 일대가 불모의 땅으로 변하는 상황은 명백했다. 환경사 연구자인 이지마 노부코飯島伸子에 따르면 근세 전반까지는 광산으로 농어업에 피해가 가거나 혹은 예상된다고 농민들이 호소한 경우, 조업 및 개발이 정지되는 일이 많았다고 한다.[6] 근세 후반이 되고 화폐경제가 침투해오자 오히려 보조금으로 해결하려고 하게 되었다. 이처럼 이미 근세부터 산업에 의한 환경파괴는 존재하고 있었는데, 근세에는 체제 기반이 농업이고 환경파괴에 의한 피해에 대해서는 대책을 세우고 있었다. 이러한 생각은 와타라세강 지역의 자연과 생업 보전하는 것을 '국가 공익'으로 하려는 군마현 의회 의견이라고 생각된다.

그러나 아시오에서는 동광에 대한 책임이 과소하게 책정되었고, 현상의 피해는 개수 문제에 그치며, 나아가서는 다소의 폐해 없이는 동광과 같은 공익사업은 성립하지 않는다며 조업정지는 '제국의 부원'을 폐쇄하고 동광에 관련된 사람들의 생존을 침해하는 것으로,

---

6　이지마 노부코飯島伸,『환경문제의 사회사』, 유히카쿠有斐閣, 2000년.

그 폐해는 광해鑛害의 수배에 달한다고 했다. 아시오 동광 유지는 단지 그것을 경영하는 후루카와 자본 문제뿐만 아니라 국가와 지역사회의 '공익'으로 인식되어, 와타라세강류 지역의 자연과 생업 유지를 주장하는 군마현회 등의 '공익'과 강하게 대립하게 되었다. 이런 생각은 아시오뿐만 아니라 전후까지 포함, 그 후의 근현대사회에 내포된 것이었다.

그리고 메이지 정부는 아시오 동광의 조업을 옹호하게 되었다. 다나카 쇼조의 의회 연설이나 광독 피해민들이 도쿄시위행동東京押し出し의 영향으로, 1987년에 메이지 정부는 광독 대책으로 아시오 동광 연기피해의 예방을 위해 굴뚝에 탈황 장치 설치와 광독유출을 방지하는 침전지·여과지·진흙 퇴적장 설치 등이 담긴 예방공사 명령을 내렸다. 아울러 광독 피해지에 대해서는 농작물 피해를 구제하기 위해 토지세 면제를 꺼내 들었는데, 조업정지 등의 근본적인 해결은 도모할 수 없었다. 이것은 단순히 후루카와 이치베에와 당시의 빈벌藩閥[메이지시대에 같은 번 출신들이 만든 정치적인 파벌]의 이익 때문만은 아니었다. 당시 구리는 생사生系와 어깨를 나란히 하는 외화획득산업이었기에, 동광의 기수에 있던 아시오를 간단히 폐쇄할 수 없었을 것이다. 아시오에서 생산된 구리가 벌어들인 외화는 기계나 무기 등의 구매자금으로 충당되었다. 문자 그대로 아시오 동광은 '부국강병'의 중요한 일환이었다.

3. 광독 문제의 치수문제로의 전환과 야나카촌의 폐촌

광독 피해가 계속되던 와타라세강 중하류 주민들은 1897년 이후에도 다나카 쇼조의 지도 아래, 가와마타川俣 사건(1899년) 등 정부로부터 탄압을 받으면서 조업정지를 요구하는 반대운동을 계속했다. 의원을 사퇴한 다나카 쇼조의 메이지 천황에 대한 '직소直訴'(1901년)도 그 일환이었다.

1903년 메이지 정부는 예방공사를 실시한 1897년 이후에는 새로운 광독유출은 없다고 한 후에 와타라세강과 그것이 합류하는 도네강利根川이나 그 지류들을 개수하고, 와타라세강·도네강 합류 지점 부근에 유수지를 설치하는 등 치수治水 사업을 실시하였다. 그리고 와타라세강 연안 지역의 땅값 수정 실행 등을 요점으로 한 대책을 제기했다. 이후 도치기현 야나카촌이 유수지의 대상이 되었는데, 야나카촌은 도치기현에 의해 제방을 파괴당했고, 많은 주민은 소유지를 매수당해 어쩔 수 없이 이주하였다. 1906년에 폐촌이 되어 1907년에는 잔존하던 주민의 가옥을 파괴하는 강제수용이 이루어졌다. 하지만 그 후에도 일부 주민은 다나카 쇼조와 함께 구 야나카촌내로 이주하면서 저항을 이어갔다.

그러나 큰 수해를 예방하기 위한 와타라세강 치수 사업에 대해서 야나카촌 이외의 광독 피해지의 주민들은 다나카 쇼조와 상반된 대응을 보였다. 이 지역의 주민들은 다나카 쇼조의 전 동지이기도 했는데, 최종적으로는 야나카촌을 희생으로 내모는 치수 사업 실시에 찬성해간다. 1908년에 오쓰카 겐쥬로大塚源十郎·오이데 기헤이大出喜平 등 다나카 쇼조의 전 동지들을 대표로, 군마현 측 주민 약 2,500명이 「와타라세강 수해 구치 청원서」(『다테바야시사史館林市史』자료편6)를 제출했다. 이 청원서에는 와타라세강류 지역의 수해는 광업을 위함이고 방지를 위해서는 광독·연기 피해의 확산을 끊고, 산림 벌채를 금지하여 식생의 회복에 힘쓸 것이 필요하다고 되어 있다.

그러나 "그렇기는 하지만 이것은 오랜 세월에 거쳐 정치 도덕의 개선과 진보에 대한 기대가 많지만, 단지 이것만은 지금 긴급하게 대응할 수 없다"고 체념했다. 그러나 현시점의 대책으로서는 "도네천川의 하천개수改修와 함께 와타라세강의 보수를 서두르는 것이 가장 중요한 사업이므로" 국가와 현의 자금을 쏟아붓는 치수 사업의 실행을 기대하게 되었다.

이 청원서의 대표자였던 다나카 쇼조의 전 동지들은 군마현 선출 중의원 의원 무토 긴키치武藤金吉(그 자신도 광해 피해민의 이익대표자로서 다나카 쇼조로부터 추천받았다)에 의해 후루카와 이치베에와 관계되는 입헌정우회의 지방기반으로 조직되어간다. 자신의 반대 측을 후루카와에게 매수되었다고 간주하는 일이 많았던 다나카 쇼조조차도 치수 사업 추진 입장을 취한 광독 피해민에 대해서 "수천의 주민이 여기에 동정하고 강하게 대항했지만, 결코 도리에 맞지 않는 것은 아니다. 어떤 방편으로도 구원받는 길이 있다고 해도 보통의 일이다"(1909년 9월 16일자, 헨미 오노키치逸見斧吉, 기쿠에菊枝 앞으로의 서간 『다나카 쇼조 전집』제18권, 이하 쇼조 전집으로 약기)라고 하고 있다.

정리하자면 치수 사업이라는 지방이익의 배분으로 광독 피해민의 다수는 자본 국가 측으로 통합되어 결과적으로 야나카촌의 폐촌에 가담해 간다. 이 안에서 무토 긴키치 및 정당 정치가 큰 역할을 한다. 이 시기 입헌정우회 등 기성 정당이 국가통합의 중요한 장치로써 빌트인되어 가는데, 그것은 그때까지의 자연환경을 자본 국가가 극한까지 파괴해가는 것을 지역 주민에게 수용시키려는 기능도 완수하고 있었다.

4. 대안에 대한 희구
― 다나카 쇼조의 사상을 중심으로

이와 같은 논리에 대항하는 대안을 희구한 것이 아시오 광독 반대운동 지도자인 다나카 쇼조였다. 다나카 쇼조는 도치기현 고나카小中촌의 촌장 가문에서 태어났다. 다나카 쇼조 사상의 모티브의 하나로, 근세 민중사상사 연구자인 후카와 기요시布川清司는 "민중을 행복하게 만들기 위해 전념할 것이 정치가 본연의 모습"이라고 하는 "위정자為政者윤리"가 있었다고 하며, "민생안정과 정의 실천을 위정자의 윤리로써 당연하다고 보는 인정주의仁政主義"는 "위정자 윤리의 요구 그 자체"라고 지적하고 있다.[7] 바쿠후 말 유신기에 다나카 쇼조가 명주로서 영주 롯카쿠야六角家의 비정秕政(악정)을 호소한 롯카쿠야 소동에 그 원형이 잘 나타나 있다. 이 자세는 다나카 쇼조 인생전체의 통주저음通奏低音으로 흐르고 있었다. 그러나 근대가 도래하고 근대사상을 접하자, 다나카 쇼조는 그 자세를 자유 민권으로 바꿔 읽는 것으로 관철하려고 했다. 쇼조는 자유 민권운동에 헌신적으로 참여하면서 도치기현 의회 의원을 거쳐 1890년 제1회 총선거에서 중의원 의원으로 선출되었다. 다나카 쇼조는 1891년부터 중의원에서 아시오 광독 문제를 다루며 아시오 동광의 조업정지를 호소했는데, 이 시기에 중심적으로 의거하던 논리가 '공익'과 '소유권'으로, 크게 보면 '민권'의 연장선에 있다고 할 수 있다.[8]

---

7 후카와 기요시布川清司, 『다나카 쇼조』, 시미즈쇼인清水書院, 1997년.

8 이것에 대해서는 고마쓰 유타카小松裕, 『다나카 쇼조 ― 미래를 만드는 사상인』(이와나미겐다이분코岩波現代文庫, 2013년)을 참조

하지만 광독 피해가 심각해지고 주민들의 신체에 대한 영향이 걱정되자 쇼조는 지금까지의 논리에 덧붙여, '생명' '인권'의 논리를 강조하게 되었다. 후루카와나 메이지 정부는 광독이 주민들의 몸에 끼치는 영향을 부정했는데, 「헌법 법률의 보호 없이 호소해야 하는 피해민의 구제에 대한 청원서 초고」(1897년 10월, 쇼조 전집 제2권)에서 다나카 쇼조는 광독 피해는 잠재적이고 광독의 농수산업에 대한 피해는 주민들의 의식주 결핍을 낳으며 그 자체가 신체에 유해하다고 했다. 쇼조에 의하면 광독은 오히려 신체에 필요하다는 설이 유포되는 한편, 피해민들은 재산뿐만 아니라 위생에도 피해가 있다며 결혼에도 영향을 주기 때문에 위생상의 피해는 용이하게 이야기할 수 없는 상황이 됐다고 한다. 쇼조는 피해민들은 '비명非命'의 재해를 입고 있어 "광독 문제는 결코 영리적 문제가 아니라 단순한 큰 손해문제이다. 그 피해가 커지면 생명의 문제가 된다"고 지적하고 있다.

한편 가와마타 사건을 계기로 정부에 의한 탄압 강화, 다나카 쇼조의 의원 사퇴와 천황에 대한 직소의 좌절, 광독 문제에서 치수 문제로의 전환 등, 다나카 쇼조에게 인위에 의한 운동 수단이 한정되어 옴에 따라, '인륜人道'을 넘는 절대적인 존재로서의 '하늘', '자연'이 강조되게 되었다.[9] 1902년 7월 29일에 나온 「아시오 동광 광업 정지 청원서」(쇼조 전집 제3권)에서는 "천연, 기후, 토지세地勢, 물세水勢만큼 지질, 수질 등은 도저히 해독의 인력을 가지고 예방되는 것이 아니다"라고 기술하고 있다. 이 청원서는 인력으로 천연에 이길 수 있다면 일부러 후루카와 이치베에도 피해민을 학대하지 않고 무용한

---

9 이것에 대해서는 졸고 「아시오 광독 반대운동 지도자 다나카 쇼조에서의 '자연' – '하늘'의 사상과 관련하여」(아시아민중사연구회·역사문제연구소 편, 『한일민중사연구의 최전선 새로운 민중사를 추구하여』, 유시샤有志舍, 2015년)에서 상술했다. 또한 만년의 다나카 쇼조의 사상에 대한 연구사는 졸고 참조.

예방공사를 실행하는 게 아닌 "즉, 토지세 물세 지질 수질의 모든 천연 실력을 수용하는 데 있다. 국법도 또 이와 같다. 이것은 결국 이기지 못하는 일에 대항하지 말고 국토를 얕보지 않을 수 있다"고 하며, 천연의 실력을 순용順用하고, 천부의 정도를 실행하면 된다고 이야기하고 있다. 여기에서는 인간의 작위를 넘는 절대적인 '하늘' '자연' 개념이 표출되어 있다고 할 수 있다. 이 시기 이후, 쇼조는 기독교 등의 종교에 대한 이해를 쌓았는데, 예를 들어 광독에 의해 황폐해진 피해지에서 자연 회복력으로 풀 등이 자라나는 것에 대하여 "신에 의한 자연의 작용은 인류 이상의 작용이 있다는 것도 명백히 보일 것이다"라고 하며, 나아가서는 "와타라세강 근처에 그리스도가 있을 것"(1903년 12월 하라다 사다스케原田定助·하라다 마사시치原田政七·다나카 가쓰코田中かつ子 앞으로의 편지, 쇼조 전집 제16권)이라고 말하고 있다.

1911년 2월에 쓰인 「치수 논고治水論考」(쇼조 전집 제5권)에서 다나카 쇼조는 군국郡国·촌락과 같은 지역사회는 천연 지형에 따라 만들어지는데, 그것은 신이 정한 질서라고 하며 원래 사람은 이 천연 지형으로 정해진 천여天與의 생활을 즐기고 있었는데 문명발전의 결과, 개간·관개灌漑·성곽 건설 등에 의해 천연 지형에 큰 변동이 더해져 왔다고 했다. 다나카 쇼조는 "원래 하천개수의 본의는 천연 지세를 순용하는 데에 있다. 수세가 향하는 곳에 맡기고, 여기에 간섭하지 않는 것이 본의다"라며 현시점의 집중이었던 메이지 정부의 하천개수뿐만 아니라, 도네강·아라강·와타라세강·기누강 등을 대규모로 바꾼 근세 바쿠후에 의한 하천개수로 거슬러 올라가 비판했다. 쇼조는 대규모 개수예산을 의회가 인정한다고 해도 "의회가 어떠한 결의를 해도 비리 부당한 결의는 무효가 되며 해로움이 된다고" 말하고 새로운 하천을 만드는 것보다 "오히려 오래된 강줄기의 지세를 회복하는 것이 타당하다"고 주장했다. 쇼조에게는 신이 정한 '하늘'의 질서인 '자연'으로 회복하는 것이 과제였다.

이 '대자연天' 앞에서는 인간사회의 현 질서는 상대화되어간다. 1911년 8월 29일 일기(쇼조 전집 제12권)에서는 "세계 인류의 대다수는 이제는 기계문명이라고 하는 것에 뜯겨 죽는다"고 적어 두었다. 그리고 1911년 5월 일기(쇼조 전집 제12권)에서는 "사람은 만사의 영령이 아니라도 좋다. 만물의 노예라도 좋고, 만물의 고용인이라도 좋고, 심부름꾼이라도 좋다"고 이야기한다. 인간중심주의가 훌륭하게 상대화되어 있는 것이다.

그렇다고는 하지만 만년에 이르기까지 제기한 청원서·진정서에서는 헌법·인권이 정당성의 근거가 되어 있다. 단, 그것은 인간사회의 논리로부터뿐만 아니라, "인권도 산천처럼"(「광업 정지 헌법 옹호 3현 회의 결의에 대한 진정서」, 1910년 1월 25일, 쇼조 전집 제4권)이라고 자연 산천에 의해 정당화되었다.

맺음말

요시에 아키오의 제기에 따르면서 여기까지 논문으로 검토해 온 것을 정리해보자. 산업혁명기 아시오 광독 문제는 근현대사회의 무제한 자연 파괴의 새로운 시기가 되었다. 인간사회는 원래 그 성립 시점부터 자연을 개혁·파괴하는 의향을 가지고 있다고 한다. 하지만 농수산업 등 자연경제 중심이던 전근대에서는 적어도 지역의 농수산업을 근저부터 쇠퇴시키려는 자연 파괴는 억제되었는데, 그것이 '공익'이었다. 산업혁명기 이후 자본주의는 자연과학의 성과 도입에 따라 크게 발전되어 가는데, 그것은 '억제'를 벗어나 무제한 자연 파괴로 이어져 간다. 그리고 무제한의 자연 파괴를 동반하는 자본의 발전은 그 기업경영에서 이윤을 얻는 자본가들만의 이익이 아닌 지역사회의 '공익'이고, 나아가서는 국가의 '공익'이 되어 간다. 그 위에 많은 광독 피해민이 입헌정우회 등의 기성 정당을 통해 치수 사업비 등의 지방이익 분배로 자본 국가의 논리로 통합되었다. 전근대에서 볼 수 없는 공업생산이라는 인위에 의한 무제한 자연 파괴는 자본주의 발전과 그것을 옹호하는 국민국가에 의한 새로운 인간지배 방식의 성립으로 이어졌다. 현실적으로 그때까지 생업을 파괴하고, 신체에 광독의 피해를 준, 아시오 동광의 조업을 지역사회와 국가 번영의 초석으로 인식해간다. 아시오 동광의 위험은 기성 정당을 통한 국가에 의한 치수 사업 실시라는 지방이익＝돌려준다(return)라는 교환으로 표면상 보상되는 것이다.

이 구조는 미나마타병을 초래한 질소 조업에서도, 후쿠시마 원전 건설에서도 반복되고 있다. 자본 발전은 국가와 지역사회의 발전과 같다며, 자본주의에 의한 위험은 지방이익 등의 보상(return)과 교환된다.[10] 그 배후에서 대우주로서의 자연환경은 파괴되고, 이른바 내적 자연의 소우주인 인간의 신체도 파괴되어 간다. 그 최종적 국면을 암시하는 것이 체르노빌 사고이고, 후쿠시마 제1 원전 사고였다.[11] 그렇다고는 하지만 같은 위기는 산업혁명이자 국민국가 건설

---

10 후쿠시마 원전에 대해서는 졸고『전후사 속의 후쿠시마 원전 - 개발정책과 지역사회』(오쓰키쇼텐 大月書店, 2014년) 참조.

11 체르노빌 사고 직후에 원작이 출판된 울리히 벡(Ulrich Beck), 『위험사회 새로운 근대성을 향하여』(아즈마 렌東廉·이토 미도리伊藤美登里 역, 법정대학출판국, 1998년)는 근현대사회의 자연환경오염이 지구 규모가 되어, 그 피해가 특정지역·계층에 그치지 않는 상황을 날카롭게 서술하고 있다. 하지만 이와 같은 자연환경오염은 근현대사회 당초부터 내포되어 있어서 체르노빌 사고도

의 시기였던 근대 초기부터 내포되어 있었다. 이와 같은 인식은 구체적으로는 아시오 광독 문제 검토로 얻을 수 있던 시론에 그치지만, 근현대사회 전체의 문제로 생각할 수 있을 것이다.

그리고 근현대사회가 내포하고 있는 위기는 간단히 해결할 수 있는 것이 아니다. 애초부터 아시오 광독 문제와 같은 자연 파괴를 동반하는 산업의 근대화는 어떤 종류의 과학기술 도입이라도 그것을 쉽게 비판할 수 없다. 예를 들어 나치즘과 싸우다 사망한 철학자 발터 벤야민(Walter Benjamin)은 1940년 작고하기 직전에 쓴 「역사철학 논제」에서 당시 독일 사회민주당의 강령에 대하여 "자연제어의 진보만을 인정하고 사회의 퇴보를 인정하려고 하지 않는다"고 비판하며, 그 후 파시즘으로 나타날 기술지상주의 특징을 거기에 나타내고 있다.[12] 이것은 독일 사회민주당뿐만 아닌, 근현대사회에서 일반적으로 볼 수 있다. 게다가 이 원고에서 이야기해왔듯이 개인이나 개별 지역사회에서는 자연환경을 파괴하는 국가나 자본에 종속하여, 그 위험을 보상(return)과 교환하는 것이 개별적으로는 생존의 길로 인식되고 있다. 이와 같은 근현대사회 총체를 상대화해 가야 한다.

다나카 쇼조는 자신이나 선행 세대의 전근대적인 사상기반을 전제로 하면서 그것을 근현대사회의 논리로 바꾸어 주장했다. 그리고 최종적으로 근현대사회 총체를 비판하는 거점으로 다나카 쇼조가 선택한 것이 인간의 작위에 의해 파괴되어 가는 자연이고, '하늘'이었다. 만년의 쇼조도 헌법에 따라 '인권'을 주장했는데, 쇼조는 보다 고차원의 세계 법칙으로서의 '천칙'에 헌법 – 인권의 정당성 원리

후쿠시마 제1 원전 사고도 그것을 가시화한 것이었다고 할 수 있다.

12 발터 벤야민, 『폭력비판론』, 노무라 오사무野村修 역, 쇼분샤晶文社, 1969년.

I 부 "지금 여기에 있는 위기"에 깊이 파고 들다

를 추구했다. 다나카 쇼조의 생애는 과거에 제기하던 것을 '근대'라는 경험을 거쳐 미래에 살리는 것이었다.

쇼조가 말하는, 전부를 '자연'에 맡기는 것이 근현대사회에서 가능할지 어떤지 모르겠다. 하지만 그렇게 생각하는 다나카 쇼조의 사상 안에 무제한 자연 파괴를 내포하는 근현대사회의 위기에 대한 과격한 대안을 찾아낼 수 있다. 예를 들어 세계적인 의미에서 환경보호 운동 확산의 계기가 된 『침묵의 봄』(1962년 발행)을 쓴 레이철 카슨(Rachel Carson)은 이 책에서 "우리가 사는 지구는 우리 인간만의 것이 아니다. — 이 생각에서 출발하는 새로운 꿈 많은, 창조적인 노력에는 '자신들이 다루고 있는 상대는 생명이 있는 것이다'라는 인식이 시종 반짝이고 있다"고 기술하고 있다.[13] 그녀는 제2차 세계대전 후세계 각지에서 일반화된 무궤도한 농약의 대량살포를 반대했는데, 그녀는 자주 오해받고 있는 것처럼 과학기술 이용 일반에 반대한 것이 아니다. 그녀는 천적이나 방사선으로 불임이 된 곤충 도입 등 "컨트롤 하려는 상대 생물을 잘 이해하고, 그런 생물을 감싸는 생의 사회 전체를 밝히는" "생물학적인 해결"을 중심으로 해야 한다고 제기한 것이다. 물론 다나카 쇼조와 레이철 카슨과는 직접적인 계보 관계를 갖지는 않지만, 기계제 대공업이 개시된 산업혁명기에 다나카 쇼조에 의해 구상되던 대안은 레이철 카슨에 의해서 보다 세련되고, 현대사회에 적응하는 형태로 표현되었다고 할 수 있다.

그리고 모두에서 제기한 3·11로부터의 역사학 전망에 대하여 생각해보자. 3·11은 '묵시록黙示録'적인 대참사이지, 아직 한 번도 없었던 것은 아니다. 그 의미로 '전환'은 아닐 것이다. 하지만 근현대

---

13 레이철 카슨, 『침묵의 봄』, 아오키 류이치青樹簗一 역, 신초샤新潮社, 2001년.

사회가 처음부터 내포하고 있던 위기를 역력히 보여주게 되었다. 반대로 위기이기 때문에 '자연제어의 진보만을 인정하고 사회의 퇴보를 인정하려고 하지 않는' 사람들에 의해 필사적으로 그것을 어물어물 넘기는 영위가 계속되고 있다. 그렇다고는 하지만 전술한 벤야민의 「역사철학 테제」는 "우리에게는 우리에게 선행한 많은 세대와 같고, 어렴풋하지만 구세주적인 능력이 부여되고 있는데 과거는 이 능력에 기대하고 있다. 이 기대에는 어설프게는 부응할 수 없다"고 주장하고 있다. 이 말은 다나카 쇼조에게도 들어맞고 그 역사적 경험을 보아온 우리에게도 해당될 것이다. 이 지점부터 3·11 이후를 전망해가야 한다고 생각한다.

참고문헌

• 가노 마사나오, 『'도리시마 섬'은 들어있는가?』, 이와나미쇼텐岩波書店, 1988년.

• 고마쓰 유타카, 『다나카 쇼조의 근대』, 현대기획실現代企画室, 2001년.

• 하야시 다케지林竹二, 『다나카 쇼조의 생애』, 고단샤講談社, 1976년(추후 『하야시 다케지 저작집』제3권, 지쿠마쇼보筑摩書房, 1985년에 수록).

• 요시에 아키오, 「현대의 위기와 역사학의 과제 – 자연 파괴를 시점으로 새로운 역사학을」, 도쿄역사과학연구회東京歷史科学研究会 편 『역사를 배우는 사람들을 위해서』제3집, 산세이도三省堂, 1988년.

신자유주의 시대의 역사학

오카도 마사카쓰大門正克

머리말

신자유주의 시대는 세계사의 새로운 시기이다. 소련·동유럽의 사회주의가 와해하고 냉전 구조가 붕괴한 1990년대 이후 세계화와 신자유주의 시대의 모습이 명료해졌다. 2017년 현재는 세계화와 신자유주의 시대이다. 1990년대 이후에 신자유주의 시대가 명료해지자, 그 시대를 기점으로 1970년대에 일어났던 것이 더 분명해졌다. 1970년대는 신자유주의 시대로 세계사가 시작되는 시대이고, 또한 전후 일본사를 나누는 큰 시기이기도 하다.

'신자유주의 시대의 역사학'을 생각하는 데 앞서, 이하의 세 가지 점에 유의하고 싶다. ① 신자유주의 시대에 대한 소묘와 함께 ② 냉전 구조의 붕괴와 지역통합 등이 겹쳐진 1990년대에는 글로벌화와 신자유주의와는 다른 또 하나의 역사 재검토가 진행된 것에 유의해야 한다. 일본에서는 보기 힘든 일이지만, 냉전 구조 붕괴 후인 1990

년대에는 식민지주의나 노예제를 재검토하고, 사회적 공정을 재정의하려는 움직임이나 지역통합을 통해 분쟁을 평화적 수단으로 해결하려는 조류가 만들어졌다. ③ 위의 ①과 ②의 진행은 역사학에도 큰 영향을 주어 21세기의 역사학에서는 세계사에 대한 인식구조를 비중 있게 묻고 있다. 동시에 이 시기의 역사학은 1970년대 이후 사회사의 전개, 1990년대의 국민국가론과 언어론적 회전 영향 아래에 있다는 것에도 유의할 필요가 있다.

1. 기점으로서의 1990년대 ① − 신자유주의 시대

1980년대 동유럽혁명과 소련 붕괴, 그에 따른 냉전 구조 붕괴로 미합중국 중심의 자본으로 글로벌리즘의 경향이 강해졌다. 금융의 세계화나 다국적기업의 한층 심화한 세계 전개가 진행되는 중에, 시장원리나 개인의 자유를 최우선으로 하며 정부에 의한 시장개입을 억제하는 신자유주의(네오 리버럴리즘, NEO-liberalism) 사상이 급속히 퍼졌다. 신자유주의 아래에서 국제시장에 대한 접근성이 쉬운 다국적기업은 경쟁사가 우위를 차지하는 한편, 개발도상국은 선진국보다 불리한 조건으로 있는 경향이 강해졌다. 금융의 세계화 아래에서 국제적 투기가 과열되었고, 자본은 더욱 저렴한 노동력을 원하며 외국인 노동력이나 비정규 노동력 등을 도입, 혹은 임금이 낮은 개발도상국으로 진출하기 때문에 세계 각지의 경제가 불안정해졌다.

신자유주의 사상이 출현한 것은 1930년대였는데, 1990년대 이후에 신자유주의 사상이 세계적인 규모로 확산하자, 그 중요한 기점이 1970년대에 있던 것을 잘 알 수 있었다. 1970년대에는 달러 쇼크와 석유 파동의 두 가지 쇼크에 의해 세계적인 규모로 경기가 침체하였다. 석유 가격의 폭등으로 불경기 중에도 가격상승이 계속되는 스태그플레이션(stagflation)이 되자, 케인스주의(Keynes主義)에서는 효과가 나오지 않는다며 경제정책 중심이 재정에서 금융으로 이행되었고, 금융정책을 축으로 물가 억제를 도모하는 경제정책이 세계에서 영향력을 가지게 되었다. 1979년에 탄생한 영국의 대처(Margaret Thatcher) 정권에 의한 대처리즘, 1981년에 성립된 미국 레이건(Ronald Reagan) 정권에 의한 레이건 믹스, 1982년 성립된 일본 나카소네 야스히로中曽根康弘 정권에 의한 경제정책은 복지·공공서비스 축소와 공영사업의 민영화, 규제 완화에 의한 경쟁 촉진을 진행하려고 한 점에서 공통성이 있다. 모두 자기책임을 표방하며 작은 정부를 추진, 시장원리주의를 강화하는 점에서 신자유주의 경제정책을 특징지을 수 있다.

1990년대 이후 신자유주의 진행은 경제나 사회로부터 학문 등 여러 곳에 미치며 큰 영향을 주고 있다. 특히 역사학을 짊어진 젊은 연구자 양성에 관계되는 대학에는 지식 자본주의를 핵심에 두는 정책이 진행되며, 국립대학의 '자율성'을 높이는 명목하에 법인화가 진행되었다. 이런 상황에서 국립대학의 기반 경비인 운영비 교부금의 감소와 경쟁적 자금의 증가가 계획되며, 치열한 대학 간 경쟁 시대가 도래했다. 대학에서는 지식 자본주의를 지탱하는 이과계 과학기술진흥의 우선과 문과계 인문 사회과학의 축소가 대조적으로 진행되었는데, 역사학에 관련된 교육조직이나 직책은 축소 재편되어, 경쟁적 자본증대하에서 젊은 연구자에게는 임기제 자리가 증가하고 역사학의 학문적 축적을 계승할 기반과 담당자가 감퇴했다. 역사학은 이와 같은 신자유주의 시대 아래에서 연구를 진행할 수 없는 상황으로 내몰리고 있다.

자본이나 경제의 세계화는 역사학에도 큰 영향을 주어 글로벌 히스토리에 대한 관심이 높아졌다. 글로벌 히스토리란 장기 역사적 동향에 관심을 나타내고, 노예무역, 이민, 통상, 질병, 환경 등 지역 횡단적인 주제를 설정하여 국민국가의 구조를 넘어 전개되는 역사의 동향에 초점을 맞춘 것이다. 한편 세계화와 신자유주의하에서 시장원리주의의 강화로 격차 확대로 인한 답답함이 세계적인 규모로 확대되어, 내셔널리즘이나 대립(증오 발언, 민족 간 대립 등)을 부추기는 분위기로부터 나치스나 과거 제국을 찬미하는 움직임도 나오고 있다.

2. 기점으로서의 1990년대 ② ― 또 하나의 역사 재검토

냉전 구조의 붕괴와 세계화, EU(유럽연합) 등의 지역통합 진전하에서 20세기 역사를 재검토하고, 나아가서는 역사 전체를 재검토하는 기운이 거세졌다. 거기에는 세계화와 신자유주의 영향에 따른 역사의 재검토화는 다른 또 하나의 역사 재검토의 기운이 나타나고 있다. 그 상징이 2001년의 더반회의다. 남아프리카공화국 더반(Durban)에서 국제연합이 주체한 '인종주의, 인종차별, 배외주의 및 관련되는 불관용에 반대하는 국제회의'는 노예제와 노예무역, 식민지주의에 대하여 역사적 평가를 하며, '인류에 대한 죄'도 언급한 획기적인 회의였다. 식민지 문제가 다시 현재화되어 '식민지 책임'을 논할 필요성이 제기되었다(나가하라 요코永原陽子 편, 『'식민지 책임'론』, 아오키쇼텐青木書店, 2009년).

더반(Durban)회의 이전 역사에는 제2차 세계대전 후의 국제군사

재판 등이 있었는데, 1990년대 이후의 식민지와 군사 폭력에 대한 인식변화가 있었다. 제2차 세계대전에서의 독일 전쟁범죄를 재판하기 위해 1945년 11월부터 다음 해 10월까지 국제군사재판으로 열린 뉘른베르크재판에서는 '인류에 대한 죄'가 제기되었고, 1948년에는 전시·평시의 집단살해를 죄로 여기는 제노사이드(Genocide)조약이 체결되었다. 일본은 미비준을 이유로 오랫동안 이 조약이 실행되지 않았다. 제노사이드조약이 처음 적용된 것은 1990년대 유고슬라비아 내전과 르완다 내전이었다. 게다가 1998년에는 국제형사재판소가 설치되었고, 성폭력도 '인류에 대한 죄'로 규정되었다. 이 규정은 '위안부' 문제나 식민지 문제의 이해에 관한 것으로 식민지배를 재검토하는 기운을 만들게 되었다.

아울러 1990년대에는 미국의 '흑인에 대한 보상'이 진전되었고, 또한 남아프리카의 만델라(Nelson Rolihlahla Mandela) 대통령은 아파르트헤이트에 대하여 1996년에 진실화해위원회를 설치했다. 진실화해위원회 설치 배경에는 '위안부' 문제의 새로운 전개가 있었다. 1991년 한국의 김학순 할머니는 자신이 예전에 '위안부'였던 사실을 고백했다. 아시아·태평양전쟁에서의 일본군 위안소와 '위안부'의 존재는 이미 알려져 있었지만, 당사자의 고백은 세계와 일본에 큰 충격을 주었다. 남아프리카의 진실화해위원회 설치는 '위안부'였던 여성들이 공공연하게 일본 정부에 보상을 요구한 것에 큰 영향을 받은 것이었다. 현재 진실화해위원회는 세계 15개국에 설치되어 있다.

1990년대 식민지와 군사 폭력에 대한 인식이 변화된 배경에는 냉전 구조의 붕괴가 있다. 냉전 구조가 강하게 존재하던 20세기 후반에는 다양한 역사적 사상을 동서 냉전으로 설명하는 경향이 강했다. 냉전 구조의 붕괴는 동서 냉전에 의한 역사 설명에 재검토를 재촉했다. 거기에서 떠오른 것은 식민지주의(포스트콜로니얼 postcolonial)의 과제가 여전히 강하게 계속되며 역사의 군사 폭력이 나 노예 문제가 방치되어 온 현실이었다.

미국의 역사학자인 캐럴 글럭(Carol N. Gluck)은 세계화는 신자 유주의와 하나가 되어 시장원리주의를 강화할 뿐만 아니라, 역사의 국제규범화를 촉구하고 있으며, 1990년대 이후 '글로벌 기억문화'가 형성되었다고 한다(「아베 정권과 전쟁의 기억」, 『아사히신문』, 2013년 8월 20일). 제2차 세계대전 후부터 1950년대까지 국가는 집단살해나 식 민지에서의 학살, 성폭력에 대하여 개인에게 사죄하는 일이 없었는 데, 1993년에 EU가 탄생하자 독일에서의 홀로코스트[Holocaust, 나치 가 12년(1933-1945) 동안 자행한 대학살]는 독일 역사에 그치지 않고 EU 가맹국에서 홀로코스트에 관한 교육에 힘써 홀로코스트는 유럽 공 통의 기억이 되어 왔다.

일본에서는 보기 어려운 일이지만, 냉전 구조의 붕괴와 세계화하 에서의 또 하나의 역사 재검토는 일본 내외에서 찾아볼 수 있다.

일본 외에서는 일본을 둘러싼 지역통합의 움직임이 있다. 동 아시아에서는 1967년에 5개국으로 설립된 동남아시아국가연합 (ASEAN)이 '모든 동남아시아 나라에 문호를 개방'(설립 시의 방콕 선언) 하고, 현재 가맹국은 10개국으로까지 확대되었다. 얼마 전 동남아 시아에서는 동남아시아 우호 협력조약(1976년에 '분쟁의 평화적 수단에 의한 해결'을 위해 체결, 현재 31개국 비준), ASEAN 지역 포럼(1994년), 동 남아시아 비핵무기지대조약(1995년), 남중국해 관련국의 행동 선언 (2002년), 동아시아 수뇌 회의(2005년), ASEAN 헌장(2007년에 '전쟁포 기'로 체결), 인도·태평양 우호 협력조약(2013년), ASEAN 경제공동체 창설(2015년, ASEAN가맹 10개국이 지역 내 무역자유화와 시장의 통합에 따른 경제공동체창설을 목표로 함)과 같은 방식으로, 조약과 헌장을 첩첩이 맺으며 동남아시아 지역통합의 유대관계를 강하게 만들고 있다. 얼마 전 중국은 남중국해의 영토권을 주장하며 동남아시아 각국과 대립하고 있는데, 일본과 아주 가까운 동남아시아에서는 세계화와 신자유주의가 세계적으로 강해지는 1990년대 이후 지역통합을 강화하는 형태로 대응하고 있는 것에 유의하고자 한다.

이와 같은 동향은 남아시아에서도 확인할 수 있다. 남아시아에서는 인도, 파키스탄 등 7개국이 가맹하여 1985년에 남아시아지역협력연합(SAARC)이 창설되었다. 오랜 기간에 걸친 인도와 파키스탄의 분쟁에 대한 억제, 인도에 대한 타국의 대항 등, 몇 가지 의도가 쌓여 창설된 것인데, 지역통합을 통해 인근 분쟁을 억제하고 경제협력을 통해 복지와 생활 수준을 향상시키려는 공통목적으로 추진되었다.

지역통합의 움직임이 강해지고 있는 것은 세계의 비핵지역 조약의 확대에서도 확인할 수 있다. 1959년에 체결된 남극조약은 군사기지를 만들지 않는 것에 덧붙여, 핵실험도 핵의 반입도 금지하며, 남극의 평화 이용을 제정하였다. 남극조약을 출발점으로 한 비핵지역 조약은 그 후 우주, 라틴 아메리카, 서인도 제도, 해저, 남태평양에서 체결되었으며, 1990년대 이후에도 동남아시아, 몽골, 중앙아시아, 아프리카대륙에서 체결되었다. 현재 세계의 남반구는 모두 비핵지역 조약으로 덮여 있다.

세계 국민국가는 정치·종교·민족·경제발전 등 여러 가지 차이를 갖는다. 그것들이 인근 각국과의 대립이나 분쟁의 원인이 되는 일이 적지 않다. 이러한 대립이 군사적 수단을 이용한 전쟁으로의 발전을 억제하고, 평화적 수단으로 분쟁 해결을 도모하기 위해 세계 각국은 종교나 민족의 대립을 넘어 대화와 신뢰를 양성하는 지역적 노력을 거듭해왔다. 전후에 각 지역에서 시작된 지역통합 움직임은 세계화와 신자유주의가 강해지는 1990년대 이후에도 그치지 않았으며, 오히려 신자유주의에 의한 경제 불안정화에 대처하기 위해 강해지는 경향을 보인다.

일본 외에서의 동향 이상으로, 일본 안에서 또 하나의 역사 재검토는 더더욱 보기 어렵다. 오히려 일본에서는 혐오 발언이 길거리나 인터넷상에서 고조되는 인상이 강하다. 그렇다고는 하지만 1990년대 이후에 일본에서 역사를 재검토하는 또 하나의 움직임이 없었던 것은 아니다.

무엇보다도 1990년대는 앞서 이야기한 대로 김학순 할머니의 고백으로 막을 열었다. '위안부' 문제를 둘러싸고 부족하지만 고노 요헤이河野洋平 관방장관에 의한 정부 공식 견해(「고노 담화」, 1993년 8월)가 나왔고, 또한 2000년에는 시민 NGO에 의한 여성 국제법정이 도쿄에서 실현되었다. 하지만 이때부터 '위안부'의 발언을 부정·봉쇄하는 움직임이 강해졌고, 2010년대에 들어서자 '위안부'의 강제 연행 사실 자체가 근거를 잃었다며 '위안부'에 대한 폭력 사실 자체를 부정하는 언동이 잇따르고 있다.

한편 2000년대에는 역사의 국가책임을 인정하는 재판이 계속되었다. 2001년 구마모토 지방재판소는 국가의 나병 정책은 헌법위반이라며 국가배상을 인정하는 판결을 내놓았다. 2006년 고베 지방재판소는 중국 잔류 일본인의 국가배상 청구를 인정하는 획기적인 판결을 했다. 이 판결이 획기적이었던 이유는 일본국헌법 가치관에서 생각하면 전투원이 아닌 일반 일본인을 구 '만주국'에서 무방비한 상태로 둔 것은 자국민의 생명과 신체를 매우 경시한 정책으로, 그 정치적 책임이 중대하다며 국가배상 청구를 인정한 것이다. 판결문에서는 잔류고아를 발생시킨 전전戰前 정부의 만주 이민정책의 평가는 사학가의 문제라고 하면서도, 일본국헌법과 정부의 정치적 책임 관계를 명쾌하게 지적하였고, 이 점으로부터 전전에도 관계된 문제에 대해 깊이 파고든 판단을 보였다. 냉전 구조 붕괴 후에는 세계 역사 뿐만 아니라 일본 역사도 또 되묻고 있었기 때문에 2개의 판결은 이 시대 상황에서 국가의 책임을 명확하게 인정한 것이었다.

1990년대 이후에는 세계화와 신자유주의가 결부되어 국가가 지탱하는 시장원리주의가 강력하게 전개되는 상황에서, 사람들이 놓인 상황은 불안정해지고 곳곳에서 내셔널리즘이나 민족주의가 강해졌다. 한편 냉전 구조의 붕괴는 또 하나의 역사 재검토를 촉진하여 식민지주의나 군사 폭력, 노예 등을 둘러싸고 역사의 새로운 국제규범이 논의되고 있다. 역사의 공정과 정의가 치열하게 공방하고 재정의가 시도되고 있는 것이 신자유주의 시대임이 틀림없다.

3. 신자유주의 시대의 역사학

신자유주의 시대의 역사학에 대해서는 특히 다음 세 가지가 중요한 과제이다.

첫 번째는 세계사 인식이 큰 초점이 된 것이다. 예를 들어 2014년에는 이와나미신쇼岩波新書에서 대조적인 두 권의 책이 발행되었다. 스기야마 신야杉山伸也의 『글로벌 경제사 입문』과 기바타 요이치木畑洋一의 『20세기 역사』이다. 전서는 프롤로그에 '글로벌 역사 속의 아시아'를 설정하고 현재 아시아 경제의 발전, 지역사(해역사海域史)의 발전을 중시하며 글로벌 경제사를 기술하고 있다. 그에 반해 두 번째 책에서는 정점관측定点観測(아일랜드, 남아프리카, 오키나와)을 하면서 제국주의 시점에서 다시 20세기의 역사를 재검토한다.

두 책의 초점은 세계사·아시아·지역(해역)의 모든 관계의 이해에 있고, 그 배경으로 1990년대 이후의 세계화를 어떻게 파악할지가 큰 논점이 되어 있다. 전서는 1990년대 이후의 세계화에 앞서 글로벌 경제화, 아시아의 경제발전, 제국의 역사·해역사海域史와의 접점을 중요시하며 역사를 다시 파악하고 있는데 반해 두 번째 서적은 1990년대 세계화 이후, 다시 제국주의 역사가 중요한 초점이 되어 있다는 인식 아래, 20세기 역사를 제국주의와 식민지주의의 시점에서 다시금 살피고자 한다.

1990년대 이후, 세계화에 두 책이 지적하는 측면이 각각 존재하는 것을 먼저 언급했다. 여기에서 '공정'과 '정의'의 역사 인식을 가질 수 있는지 아닌지를 일본 안에서 질문하고 있는 두 가지 사례를 소개하고자 한다. 하나는 2015년 11월, 가노 미시니오鹿野正直, 도비 히데아키戸邉秀明, 도미야마 이치로冨山一郎, 모리 요시오森宣雄, 4명에 의해 나온「전후 오키나와·역사 인식 어필」이다. 그해 여름, 미군 후텐마普天間 비행장의 대체 시설로 오키나와현 나고시 헤노코沖縄県名護市辺野古에 신기지를 건설하는 문제의 시비를 둘러싸고 오키나와현과 일본 정부 사이에서 1개월에 걸친 집중 협의가 이루어졌다. 집중 협의장에서 스가 요시히데菅義偉 관방장관은 "나는 전후 출생이라 오키나와 역사는 좀처럼 알지 못한다", 그 때문에 미일 양 정부 간의 19년 전의 "헤노코 합의가 전부다"라고 이야기했다고 한다.

「전후 오키나와·역사 인식 어필」에서는 스가 관방장관이 "자신이 계승하는 정부 행위를 '전쟁 후의 출생'이라는 개인적 이유로 부정을 하는 놀라울 정도의 무책임함"을 비판했다. 그뿐만이 아니라, 정부 당국자에게 "역사의 사실이나, 그 역사 속에서 희생을 강요당한 사람의 고통을 뒤돌아보지 않는 발언을 해도 상관없다는 생각을 만드는 일본 정부·언론 상황과 역사 인식의 현상이야말로 문제의 근원이다"라며 '공정한 역사 인식을 함께 만들 것을 호소하는 성명'이 나와 찬동을 요구했다. 여기에서 '공정한 역사 인식을 함께 만들 것'이라고 지적하고 있는 것에 유의하고 싶다. 세계화와 신자유주의 시대에 앞서 '공정한 역사 인식'의 정의가 다시금 요구되고 있다.

다른 하나는 '위안부' 문제에 대해서다. 2015년 12월 한일외교장관 회담 후 공동 기자발표에서 '위안부' 문제에 대하여 일본 측이 한국에 10억 엔의 자금을 출연하는 것으로 합의하고 이번 합의에 따라 '위안부' 문제는 "최종적이고 불가역적으로 해결되는 것을 확인"했다고 기술했다. 그러나 '위안부' 피해자들의 부재, 역사 인식 강탈로 이어질 가능성조차 있는 '불가역적인 해결'은 1990년대 이후 또 하나의 역사 재검토나 '공정' '정의'의 재정의의 시행과는 정반대의 움직임이며, 세계의 역사 인식을 둘러싼 논의에 감당할 수 있는 것이 아니다. 또 하나의 역사 재인식을 포함하여 세계사 인식을 어떻게 재구축할지를 묻고 있다.

두 번째로 1990년대 이후 역사학에서 '살아가는 것' '생명' '생존'에 대한 관심이 넓어지고 있다. 그 배경으로는 1990년대 이후 격차와 답답함이 확산하는 가운데 사람들의 역사적 존재를 근본적으로 다시 파악하려는 기운이 있는 것, 세계화와 신자유주의하에서 세계사 인식이 비중 있게 다루어지는 중에 역사 파악의 방법을 근본적으로 다시 파악하려는 기운이 있는 것을 지적할 수 있다.

예를 들어 얼마 전 '살아가는 것'을 제목으로 정한 역사서가 두

권 발행되었다. 쓰카모토 마나부塚本学의 『살아가는 것의 근세사 –
인명人命 환경의 역사로부터』(헤이본샤平凡社, 2001년)와 구라치 가쓰
나오倉地克直『살아가는 것』의 역사학 – 도쿠가와德川 일본의 삶과 마
음』(게이분샤敬文社, 2015년)이다. 전서는 '살아가는 것'이 중요한 문제
라며 자연부터 정치까지 에도시대의 인명을 둘러싼 환경을 종합적
으로 다루려고 한 것이다. 후자는 에도시대의 삶과 마음에 관하여
연구해 온 저자가 '신장'(몸과 마음, 집, 일편의 사료史料)으로부터 생각하
여 촌이나 국가에 미치는, 다시 '신장'으로 돌아오는 형태로 '살아가
는 것을' 생각하였고 거기에서부터 역사 전체를 전망할 필요성을 제
기한 것이다. 전서에는 세계화하에서 역사를 근원적으로 생각하려
는 자세가 있고, 후자에는 2011년 3월 11일 후에 다시금 역사를 생
각하려는 자세가 있다.

　'생명'에 대해서는 사와야마 미카코沢山美果子의 문제 제기가 있
다. 사와야마는 『에도의 버려진 아이들』(요시카와코분칸吉川弘文館, 2008
년)이나 『근대가족과 육아』(요시카와코분칸, 2013년) 등을 통해 지역에서
버려진 아이를 지켜온 근세 단계부터, 근대가 되자 근대가족의 형성
과 육아에 집약된 역사 과정을 규명하고 거기에서 '생명'을 핵심으로
하여 가족·지역·국가의 관계를 다시금 검토하는 과제를 제기하고
있다. 또한 '생존'에 대해서는 오카도 마사카쓰大門正克는 「서론 '생
존'의 역사학」(『역사학 연구』846호, 2008년)이나, 「'생존'의 역사 – 그 가
능성과 의의」(오카도 외 편, 『'생존'의 동북사』, 오쓰키쇼텐大月書店, 2013년)
등에 의해 '생존'한 즉, 살아가는 것의 측면에서 인간과 자연, 노동
과 생활, 국가와 사회, 3개 차원의 관계로 정리할 수 있는 '생존'의 구
조 검토를 통해 역사의 전체성을 재검토할 필요성이 제기되고 있다.
'살아가는 것'이나 '생존' '생명'의 시점으로부터의 역사학이 신자유주

의 시대에서 어떻게 전개될지, 주시할 필요가 있을 것이다.

세 번째로 1970년대 이후 사회사의 전개, 1990년대 이후의 국민국가론과 언어론적 회전, 구축주의하에서 역사학의 존재가 비중 있게 재검토되어 왔다. 신자유주의 시대의 역사학도, 역사학을 재검토할 큰 파도 속에 있다는 점에 유의할 필요가 있다.

이 점에서 하세가와 다카히코長谷川貴彦의『현대 역사학에 대한 전망』(이와나미쇼텐岩波書店, 2016년)은 언어론적 전환, 전환 후 서양 역사학의 최신 상황을 알리고, 거기에서 일본 역사학의 존재에 대해 제언을 하는 것으로, 역사학의 동향을 아는 데 참고가 된다. 하세가와에 의하면 언어론적 전환 후의 서양 역사학에서는 도를 넘은 회전 영향을 시정하고 언어론적인 위상을 구체적인 역사의 과정에 재삽입하여 역사의 복잡한 인과관계를 해석하는 것에 발을 내디뎠다고 한다. 초점은 다시금 사료를 엄밀하게 어떻게 읽어야 하는지, 이며 그때 1인칭으로 기록된 자전이나 일기, 서간 등의 에고 도큐먼트(Ego-document)에 관심이 쏠리며 여성이나 빈민, 노예 등의 이야기 독해를 통해 개인 이야기의 역사학 연구가 성행하고 있다고 한다.

위와 같은 관심은 역사학 영위의 전면적인 재검토와 통하는 것으로 실제, 얼마 전 일본에서도 역사학의 전면적인 재검토 움직임을 곳곳에서 볼 수 있다. 두 가지 예를 소개하고자 한다.

첫 번째는『역사학 연구』의 특집「사료의 힘, 역사가를 둘러싼 자기장 – 사료 독해의 인식구조」이다(Ⅰ-Ⅲ, 912-914호, 2013-2014년). 지금까지의 사료론이 사료와 '사실'의 관계에 대하여 논의해온 데에 반해, 이 특집에서는 역사가가 사료를 해독하는 것에 초점을 맞춰, 사료를 독해할 때 역사가의 인식구조에 빛을 대는 것으로 역사학 영위(역사가의 일)의 중요한 부분을 해명하는 것으로 되어 있다. 역사학에서는 대개 사료 수집-역사상 형성-역사 서술과 같은 과정에 따라 작품을 완성한다. 이 과정에 실제로는 수집한 사료를 어떻게 해독할지, 와 같은 작업이 있는데 역사 서술에서는 사용한 사료나 문헌이 명기되기는 하지만, 사료를 어떻게 해독했는지는 서술되는 일이 거의 없고, 역사가의 숨겨진 작업이 되고 있다. 다만 사료를 어떻게 해석했는지, 사료 독해 인식구조는 어떤 것인지, 와 같은 것은 역사학의 영위(사학자의 일)를 특징짓는 극히 중요한 일로, 위의 특집은 그 점에 빗대어 역사학의 모습 그 자체를 되묻는 것이다. 이 특집에는 또 언어론적 전환에 따라 새로운 사료 해석을 시도한 논문도 포함되어 있다(후지노 유코藤野裕子, 「표상을 잇는 상상력」, 마쓰하라 히로유키松原宏之, 「역사의 변동, 역사가와 변혁」, 모두 913호). 그 점에서 이 특집에는 언어론적 회전 후의 역사학의 모습을 생각하는 데도 중요한 문제 제기가 포함되어 있다.

다른 하나는 이케가미 슌이치池上俊一의 연재 「역사학의 예법」이다(도쿄대학출판회, 『UP』). 제1회 「모두를 역사의 모습 아래로」(2015년 1월호)부터 제12회 「되살아나는 정치사」(2016년 11월호)까지, 이케가미는 다시금 역사학 예법의 전면적 검토로 역사학이 존재하는 의미를 근본적으로 되물으려 하고 있다. 이 작업의 배경에 언어론적 회전 후의 역사학을 둘러싼 환경과 신자유주의 시대가 존재하는 것은 말할 필요도 없다.

일본에서 1990년대 이후 세계화와 신자유주의 시대 상황을 받아들이면서 언어론적 회전 후의 역사학을 둘러싼 환경을 정면으로 바라보려고 한 것은 야스마루 요시오安丸良夫였다. 1990년대 이후 야스마루의 종적을 쫓는 것으로 일본의 신자유주의 시대의 역사학 문제 상황을 확인할 수 있다(오카도 마사카쓰大門正克, 「서론 역사학의 현재

- 2000~2015년」, 역사학연구회 편『현대 역사학의 성과와 과제(제4차)』제1권, 아오키쇼텐青木書店, 2017년).

맺음말

'머리말'에서 이야기했듯이 신자유주의 시대는 세계사의 새로운 시기이다. '신자유주의 시대의 역사학'에 대하여 생각하기 위해서는 세계사의 신자유주의 시대가 어떤 새로운 시기인지를 파악함과 동시에, 신자유주의가 역사학에 끼친 영향을 검증하고 나아가서 신자유주의 시대 이전부터의 역사학 변화와의 관계나(언어론적 회전·회전 후 등), 신자유주의 시대에서 시도되고 있는 역사학의 새로운 동향에 주목할 필요가 있다.

참고문헌

- 오카도 마사카쓰大門正克, 『역사에 대한 질문·현재에 대한 질문』, 아제쿠라쇼보校倉書房, 2008년.
- 오카도 마사카쓰, 「서론 역사학의 현재 - 2000~2015년」, 역사학연구회 편『현대 역사학의 성과와 과제(제4차)』제1권, 아오키쇼텐青木書店, 2017년.
- 나가하라 요코永原陽子 편, 『'식민지 책임'론』, 아오키쇼텐, 2009년.
- 미즈시마 쓰카사水島司, 『글로벌 히스토리 입문』, 야마카와슛판샤山川出版社, 2010년.
- 야스마루 요시오安丸良夫, 『〈방법〉으로서의 상상사』, 아제쿠라쇼보, 1996년.
- 역사학연구회 편, 『현대 역사학의 성과와 과제(제 4차)』전3권, 아오키쇼텐, 2017년.

역사학 · 역사교육의 현재
— 역사를 배우는 즐거움을 국경을 넘어 생각한다

사이토 가즈하루齋藤一晴

머리말

역사를 배우는 것이 즐겁다고 느끼는 순간은 어떤 경험을 통해서일까? 예를 들어 역사상 인물의 삶에 공감하거나 역사상 사건에 대해서 그때 이렇게 했더라면, 과 같은 'if'(만약)를 떠올렸을 때일까? 혹은 그때까지 상식이라 여겨진 역사적 사실이 새로운 사료 때문에 뒤집혀 새로운 학설로 다루었을 때나, 토론 등에서 자신의 역사 견해가 다른 사람들로부터 공감을 얻었을 때일까? 어쨌든 역사를 주체적으로 독해하고 다른 사람과의 대화나 관계성 속에서 자기 나름의 역사 인식을 얻었을 때 즐거움을 느끼는 것으로 생각한다. 독자 여러분은 최근 그런 역사를 배우는 즐거움을 느끼고 있을까? 어쩌면 좀처럼 생각해 내지 못하며, 애초 지금까지 역사를 배우고 가르치는 일에 즐거움을 느낀 적이 없었다는 분도 있을지 모른다.

역사를 배운다는 것은 습득한 것을 다음 세대로 계승한다는 의미에서 역사를 가르치는 것이기도 하다. 교실에서의 역사교육을 예로 들자면 일본 역사학의 최첨단 연구 성과를 꼭 가르치기만 하면 된다는 것은 아니다. 왜냐하면 가령 최첨단 연구 성과라 해도 다른 나라나 다른 지역이 꼭 그렇다고는 할 수 없기 때문이다. 하물며 배우는 입장에서 보면 그것은 단순한 정보만이 아니라, 어디까지나 자기 나름대로 취득 선택하여 활용하지 못한다면 그저 지식에 지나지 않기 때문이다. 지금 역사를 배우는 일, 가르치는 일에 즐거움을 느끼기 위해서 역사학이나 역사교육은 무엇이 가능할까?

이 원고에서는 위의 문제의식에 근거하면서 역사학과 역사교육의 현재라는 큰 주제에 대해서 일본 근현대사에서의 전쟁과 식민지배에 관한 역사 인식 문제에 초점을 맞춰 논하고자 한다. 이렇게 하는 것도 역사를 배우는 우리가 처한 오늘날의 상황과 역사학이나 역사교육이 교차하는 장의 하나로서, 과거 전쟁이나 식민지배의 역사를 어떻게 마주하면 좋을지에 관한 질문이 있다고 생각하기 때문이다.

1. 중고등학생, 대학생을 둘러싼 사회의 변화

일본 근현대사에서의 전쟁이나 식민지배를 둘러싼 역사학의 연구 성과는 최근 지금까지 없을 정도로 심화한 모습을 보여주고 있다. 그에 비례하여 중고등학생이나 대학생들의 역사 인식도 깊어졌지만, 가해, 피해의 양면에서 국경을 넘어 타국과의 상호이해가 진척되면서, 반드시 화해나 교류로 이어지고 있다고는 할 수 없다. 오히려 일본의 과거를 학생들에게 가르치는 것이 역효과를 낳아, 자학적인 역사관이라고 취급되어버리는 일도 있다. 이런 아이들의 반응이나 이해는 특별히 이제 시작된 것은 아니다.

일본의 패전부터 반세기가 지난 1995년경, 일본의 전쟁이나 식민지배와 관련된 역사 인식이 아시아로부터, 그리고 피해자 개인으로부터 문초 받게 되었다. 당시에, 전쟁의 시대를 살고 있지 않은 것을 이유로 자신과는 관계가 없다, 반성이나 사죄를 원해도 난감하다며 거절을 하는 중고등학생이나 대학생들이 적지 않았다. 일본의 전쟁범죄나 전쟁책임 등에 대해서 깊게 배울 기회가 적었던 것을 고려하면 주체적으로 받아들일 수 없는 것도 예상 가능한 일이었다고 생각된다. 그렇다면 당시와 현재를 비교해보면 어떤 차이와 변화가 있을까?

1998년에 간행된 고바야시 요시노리小林よしのり의 『전쟁론』의 영향을 받아 일본의 전쟁책임이나 전후 책임을 지적받자, 자위전쟁이고 아시아의 독립에 도움을 주려는 전쟁이었다고 되받아치는 중고등학생이나 대학생들도 있었다. 또 '새로운 역사 교과서를 만드는 모임'이 대표하는 역사 수정주의 동향이 강해진 것도 같은 시기이며 '일반 대중의 보수 운동'이라고도 불리는 움직임이 생겨났다.

그러던 중에 역사 인식에 관계하여 스스로가 주체적으로 무언가를 판단하거나 공감하거나, 의심하거나 했던 경험이 적고 일방통행적인 수업을 받아 역사를 배우는 것이 암기라고밖에 여기지 않았던 학생 중에는 역사 수정주의가 역사학과 '같은' 수법으로 역사자료를 다루면서 역사적 사실의 일부를 부정하여 전체를 거절하는 과정을 간접 체험했을 때, 마치 스스로가 역사를 검증, 판단했다고 믿어버려, 비뚤어진 '오리지널리티(originality)'로 착각하는 때도 있었다. 이때 설령 역사 수정주의에 영향을 받은 학생이라도, 예를 들어 교실에서 친구들과 토론을 하고 역사 인식의 차이를 자기 점검할 기회가 있다면, 진급이나 진학을 거치면서 제각각 역사 인식을 쌓아갈 수 있었을 것으로 생각된다. 그러나 그런 기회를 자주 만나지 못했기 때문이 아닐까?

최근 일본군 '위안부'에 대하여 수업을 하면, 그것을 '알고 있다'라고 대답하는 학생들은 90년대와 비교하면 늘어난 것처럼 느끼는 일이 적지 않다. 하지만 그것은 어디까지나 단어로서이고, 집요하게 일본의 책임을 추궁해오는 '집요한 한국이나 중국'을 식별하는 키워드로서이다. 게다가 "전쟁에서는 남성이 전장에서 죽기 때문에, 여성도 자신의 성을 제공하는 것은 어쩔 수 없는 면이 있다"와 같은 의견이거나, "'위안부'였던 여성도 불쌍하지만, 가해자인 남성만 나쁘다고 할 수는 없다. 양자에게 각각 어떤 나쁜 점이 있는지 평등하게 들어봐야 한다"와 같은 감상을 수업 시간에 듣는 일이 늘고 있다. 모두 전시하의 폭력이 약자를 향하는 것을 깨닫지 못하고 있다.

오늘날, 시대나 환경이 달라져 상술한 것 같은 전시 성폭력과 비교하는 일은 불가능하지만, 학생들이 약자에게 향하는 폭력과 전혀 무관계인 것은 아니다. 90년대에 등교하지 않은 중학생 수는 배로 늘었고, 오늘날 등교하지 않는 학생은 평균 한 반에 한 명의 비율로 존재한다. 하지만 비율적으로는 친숙한 존재일 터인 등교 거부 학생에 관한 관심은 대체로 낮고, 다른 사람과의 관계나 공감이 부족하기는커녕 애초부터 관심이 적은 것에 대하여 의문조차 갖는 일이 적다. 게다가 아이들의 빈곤이 더 심각한 것도 이 20년 정도일 것이다. 오늘날 상대적 빈곤율은 16%를 넘어 6명에 1명의 비율로, 특히 한부모 가정의 빈곤율은 반수를 넘기고 있다. 학생들은 빈곤이 자기의 미래를 좁히는 것이라는 사실을 자각하지 못할 리 없다.

한편 빈곤을 스스로 나타내는 사람에 대한 격렬한 비난이 강해지고 있는 것도 사실이다. 사회 속의 빈곤, 가난한 사람들은 이렇다는 이미지로 나타내는 자를 밀어 넣고, 그것과 조금이라도 어긋나는 사람은 인터넷상 등에서 공격대상으로 삼는다. 즉, 사회 각 계층에서의 경제 상황에 적합한 모습이 있고 그것을 일탈하는 것을 용서하지 않는 사회, 바꿔 말하자면 약자가 더한 약자를 때리는 폭력의 구도 속에 학생들이 놓여있다.

교실을 둘러싼 환경이 격변한 것도 같은 시기이다. 2006년에 교실 기본법이 개정되자 애국심이나 '공공'이 담긴, 마땅한 국가상, 국민상을 가르치는 일이 역사교육에 강하게 요구되었다. 2016년부터는 도덕이 교과로 되어 실질적으로 애국심이 평가대상이 되었다. 또 교과서 제도의 개혁을 통해 일본의 전쟁이나 식민지배를 수업에서 다루는 것에 대한 정치적 압력이 강해져, 집필자나 출판사의 자율 규제가 진행되고 있다. 즉, 학생들 처지에서 보면 개인의 자기실현보다도 공공, 애국을 요구받으며 역사를 배우는 즐거움을 느낄 일이 더욱 어렵게 되었다.

이런 상황이 진행되면서 학생들의 역사 인식에 영향을 주고 있는 역사정책이 2015년 8월에 전후 70년을 맞이하기에 앞서 이루어진 내각총리대신 담화(아베 담화)나 같은 해 12월에 일본군 '위안부' 문제에 관하여 일본 정부와 한국 정부 사이에서 '최종적이며 불가역적으로 해결'시킨 한일합의이다.

아베 담화에서는 아시아·태평양전쟁에 대하여 '희생'이나 '단장斷腸', '회개'와 같은 역사를 되돌아보는 단어를 늘어놓으면서, 중요한 '희생'이 생긴 원인에 대해서는 전혀 언급하지 않는다. 또 전쟁책임을 지어야 할 인물, 조직을 지적하지 않은 채 역사상 어떤 선택지 중에서 전쟁이나 식민지배라는 길을 선택했는지와 같은 책임의 주체와 사죄, 반성의 재료가 전혀 제시되지 않는다.

게다가 "그 전쟁과는 아무런 관계가 없는 우리들의 아이나 손자, 그리고 그다음 세대의 아이들에게, 계속 사죄해야 하는 숙명을 지게 해서는 안 됩니다"라고 지금까지 계속 사죄해온 것을 전제로, 일본의 '사죄'와 '반성'이 어디까지나 일본 측의 선의인 것을 강조하면서 문명적인 일본의 노력과 그것을 이해하지 못한 채 집요하게 추궁해오는 비문명적인 중국이나 한국과는 대조적인 모습을 그려내 언제까지 사과하면 좋은지와 같은 이미지와 지겨운 느낌을 주고 있다.

일본군 '위안부' 문제에 관한 한일합의도 같은 결점을 안고 있다. 일본군 '위안부' 문제는 일본군에 의한 전시하에서의 성폭력, 즉 피해자의 심신에 평생 회복할 수 없는 상처를 주고, 인간의 존엄성을 짓밟은, 국제법을 위반한 전쟁범죄라고 할 수 있다. 또 여성이 남성과의 관계성에서 역사적, 사회적으로 놓여온 상황과 전장의 폭력이 밀접하게 결부되어 있다는 의미에서 성 문제이기도 하다. 이런 여성에 대한 폭력에 피해자들은 존엄성 회복과 국가로서의 공식 사죄 그리고 전시하에 입은 정신적 고통과 지금까지 지속되고 있는 트라우마에 대한 사죄와 보상, 역사교육에 의한 다음 세대로의 사실史實 계승과 같은, 눈에 보이지 않는 것을 포함한 개인 보상을 오랜 시간에 걸쳐 요구해왔다.

그런데 이 한일합의는 그런 피해자를 등한시한 채 한국 정부가 설립한 일본군 '위안부'를 지원하는 재단에 일본 정부가 10억 엔을 갹출하는 것으로 정치적으로 '최종' 결착을 도모했을 뿐만 아니라, 한국 측으로부터 같은 문제에 대한 비판이나 제기를 앞으로 일절 받지 않는다는 내용이다. 일본군 '위안부' 문제는 해결되었음에도 불구하고 일본이 어쩔 수 없이 금전을 지급했다는 인상을 학생들에게 줌으로써, 자기나 자국의 정당성과 우수성을 확보하고 있다.

모두 전쟁이나 식민지배의 내실, 당사자의 존재를 적당히 넘긴 채 상대국이 변할 것을 '해결'로 삼고 있는 점에 특징이 있다.

2. 역사학·역사교육의 현재

역사학이나 역사교육에 관한 전국 각지의 학회는 일본군 '위안부' 문제에 대하여 2015년 5월과 2016년 5월에 연명으로 성명을 발표했다. 여기서는 지금까지 쌓아온 연구 성과와 수업 실천에 근거하여 과거 가해 사실 및 그 피해자와 진지하게 마주할 것을 요구하였다. 또 당사자를 방치한 채 맺은 한일 합의의 억지스러운 일본군 '위안부' 문제의 마무리에 항의하는 등 역사를 배우고 가르치는 것으로 책임을 다하려고 해 왔다.[1]

그러면서도 아베 담화나 일본군 '위안부' 문제를 둘러싼 한일합의에 보이는 특징, 혹은 그것과 친화성을 갖는 생각이 역사학이나 인접한 연구영역에 보이게 된 것 또한 사실이다. 이하 그 몇 가지 사례를 들어보고자 한다.

역사연구자인 고스게 노부코小管信子는 『전후 화해』의 후기에서 다음과 같이 이야기하고 있다.

---

[1] 2015년 5월 25일에 역사학 관계 16단체가 낸 「'위안부'문제에 관한 일본의 역사학회·역사교육자 단체의 성명」의 내용에 대해서는 http://www.torekiken.org/trk/blog/oshirase/20150525.html을 참조. 2016년 5월 30일에 역사학 관계 15단체가 낸 「일본군 '위안부'문제를 둘러싼 최근 움직임에 대한 일본의 역사학회·역사교육자 단체의 성명」의 내용에 대해서는 http://www.torekiken.org/trk/blog/oshirase/20160530.html을 참조

정의 앞에서 타협이라는 단어는 참으로 초라하다. 그렇지만 함께 살아가야 한다면 과거를 잊어버리는 것보다도 용서하는 편이 훨씬 쉽다. 개인이든 집단이든 정의를 추구하는 것만으로 화해는 성립하지 않는다. 중요한 것은 수정할 수 없는 과거를 고려하여 미래를 똑바로 응시하고, 당연히 그러하여야 할 미래를 담보로 현재를 사는 우리가 어떻게 타협을 결의하고 어떻게 용서를 디자인해 갈지에 있다.[2]

여기에서 말하는 타협의 주체란 누구일까? 애초에 용서라는 것은 디자인할 수 있는 것이나, 잊기보다 쉽다는 난이도로 이야기할 수 있는 것이 아닐 것이다.

정치학자 기무라 간木村幹은 『한일 역사 인식 문제란 무엇일까?』에서 다음과 같이 기록하고 있다.

자기의 요구를 돌이켜보지 못하는 원인이 상대측이 자신을 중요하지 않다고 생각하게 되는 것이라면, 실행해야 할 것은 자기의 중요성을 상대측에게 다시 한번 이해시키고 우리와 협력하는 인센티브를 재구축하는 것이다.[3]

일본에 대한 협력이 한국에게 이익이고 그것을 자각시키는 마치 비즈니스의 흥정, 교섭인 것 같은 서술이라고 말할 수 있지 않을까?

---

2 고스게 노부코小菅信子, 『전후 화해 일본은〈과거〉에서 해방될까?』, 쥬코신쇼中公新書, 2005년, pp. 213-214.

3 기무라 간木村幹, 『한일 역사 인식 문제란 무엇일까? 역사 교과서·'위안부'·포퓰리즘』, 미네르바쇼보ミネルヴァ書房, 2014년, p. 251.

이것들에 공통적인 것은 화해나 피해자의 존엄성 회복이라는 것에 대한 시야이다. 원래 화해나 존엄성 회복은 피해자 본인이 정하는 것으로, 용서하고 안 하고의 판단은 존엄성을 짓밟혀온 피해자나 유족 등에게 맡겨야 한다. 그것은 오늘날 그들과 그녀들에게 남겨진 마지막 그리고 유일한 저항의 수단 혹은 용서의 표현일 것이다.

또한 자국 중심의 일국사적 시야로 역사 인식 문제를 파악하고, 해결 방책을 생각하는 것에도 특징이 있다. 어디까지나 타인과 타국이 먼저 변할 것을 전제로 한 타협이나 분석, 양보, 상호이해가 상정되어 있고 서로 삼가야 할 것은 삼가려는 자세를 알아챌 수 있다.

위에서 언급한 연구 상황이 아베 담화나 일본군 '위안부' 문제에 관한 한일협의와 상응하여 학생들의 역사 인식에 영향을 주고 있다. 그들이나 그녀들 처지에서 보면 무엇이 어떤 문제라서 누구에게 어떻게 사과할 필요가 있는지의 판단을 강요당하고 있다. 그런데 그런 판단재료를 역사학이나 역사교육이 충분히 나타내지 못한 채 일부라고는 하지만, 오히려 그것을 피하면서 국가 간의 외교나 경제 교섭의 하나인 것처럼 치부하는 것은 피해자의 소리 없는 소리를 학생들이 알아채는 것을 어렵게 만들고 있다.

어쨌든 교실에서 공부하는 학생들은 사회의 상황을 고려하며, 또 영향을 받으면서 자기 나름대로 역사 인식 문제에 대처하려고 하기 때문에 그들을 책망하고 변화를 요구해도 소용없다. 오히려 역사학이나 역사교육에 종사하는 사람이 역사 인식을 구성하고 있는 시대상이나 사회상 대외관對外觀을 스스로 돌이켜보는 자세를 구체적으로 나타낼 것이 요구되고 있다.

예전에 고등학교 교사였던 메라 세지로目良誠二郎는 일본의 전쟁이나 식민지배 역사를 수업 시간에 배우는 것에 대한 거부가 생기

고 있는 것을 지적하며, 그 원인을『역사지리교육』1990년 12월호에
「후쿠자와 유키치福沢諭吉의 시점에서 야나기 무네요시柳宗悦의 시점
으로 – 한일관계사의 폭로형 수업을 극복하는 노력」으로 정리하고
있다. 이것에 따르면 일본군의 전쟁범죄, 잔학성에만 초점을 맞춘
폭로형 수업의 한계를 반성하고, 일본과 한반도의 관계사 속에서 대
립과 인물의 교류 등 다양한 시점에서 역사를 파악하여, 단순한 가
해와 피해의 이항대립二項対立 사관에 빠지지 않는 수업을 모색하고
있다.

그 후 역사학이나 역사교육에서는 가해와 피해뿐만 아니라 동
원이나 가담, 염전厭戦 등 다양한 사회상이나 시대상을 고려한 수업,
연구 성과가 쌓여 전쟁이나 식민지배를 배우는 시점이 충실해져 왔
다고 할 수 있다.

하지만 최근 더 큰 과제도 주목받고 있다. 그것은 인터넷 보급
이나 국경을 초월한 사람들의 왕래가 왕성하게 이루어져, 역사 인식
의 차이에 직면할 기회가 증가하는 한편, 쌍방이 왜 어떻게 어긋나
는지, 그 형성 과정까지를 이해할 기회가 역사교육에 충분하지 않다
는 점이다. 그런 과제를 극복하기 위해 국경을 초월한 공동 역사교
재 작성이나 수업 교류가 일본과 한국을 중심으로, 또한 일본과 중
국 등의 사이에서도 진전되고 있다.

3. 동아시아에서의 공동 역사교재 작성과 수업 교류

공동 역사교재 작성은 전쟁이나 분쟁을 경험한 유럽에서 19세
기 후반에 자국 중심, 일국사적 역사 교과서 내용을 인접국이나 주

변국과의 대화에 근거하여 개선하는 것으로, 화해나 공생을 목표로 한 노력이 시작이다. 오늘날에는 독일과 프랑스, 독일과 폴란드 사이에 공통 역사 교과서가 존재하고 있고, 보스니아 헤르체고비나, 크로아티아, 세르비아 몬테네그로, 슬로베니아 등 민족분쟁이나 종교대립을 경험한 남동유럽의 12개국 그리고 이스라엘과 팔레스타인 등에서 각각 공동 역사교재가 만들어지고 있다.

동아시아에서는 1982년에 일본 역사 교과서의 전쟁과 식민지배에 관한 기술이 아시아 모든 나라로부터 비판을 받은, 이른바 교과서 문제에 대하여 민간 레벨로 대화하고 개선해가려고 하는 움직임 속에서 생겨, 지금까지 한일 공동 역사교재가 5종류 6권, 한·중·일 공동 역사교재가 2종류 3권 발행되었다.

공동 역사교재에서는 역사 인식의 공유를 지향하는데, 여기에서 말하는 공유란 한쪽 나라나 인간이 타국이나 타인이 주장하는 역사해석을 그대로 받아들이는 것이 아니다. 다양한 차이를 서로 확인하면서 의견 대립이 발생했을 때 국가의 이익이나 연구상의 자기 의견만을 위해서가 아닌 피해자의 존엄성 회복이라는 한 점으로부터 서로 논의를 쌓아가기 위해 협력할 것을 지향하고 있다. 즉, 먼저 피해자에게 이름과 얼굴을 가지게 하는 것에서 시작해, 존엄성이란 무엇인가를 계속 질문하게 된다.

예전에는 중국이나 한국 등, 타국의 역사교육을 알기 위해서 번역된 역사 교과서를 참고하여 유추할 수밖에 없었다. 지금까지 여러 교과서가 번역되었고, 교과서 내용분석도 이전보다 용이해졌다고 할 수 있다. 그러나 그것만으로는 교실의 모습이나 학생들이 수업을 통해 실제 무엇을 배우고 느끼고 생각했는지를 잘 알 수 없다.

예를 들어 중국에서는 일본에 침략당한 역사를 '나라의 수치'라고 부르며 국민의 기억 속에 자리 잡아 왔다. 이 나라의 수치라는 것이 개인의 경험, 기억과 내셔널리즘과의 관계성 안에서 어떤 감각을 가리키는지, 누구에게 무엇에 대한 수치이고 중국인에게 무엇을 의미하는지를 이해하는 것은 오늘날에도 여전히 어렵다고 할 수 있다.

이러한 가운데 일본과 한국 사이에는 공동 역사교재의 작성뿐만 아니라 역사 인식의 차이나 그것이 생기는 배경에 대하여 역사교육을 통해 상호이해하기 위해서 중학교나 고등학교를 중심으로 대학을 포함하여 국경을 초월한 거듭된 수업 교류의 역사가 20년 정도된다. 일본과 중국 사이에서도 이루어지고 있는데 지속적인 것은 얼마 되지 않는다.

다양한 스타일의 수업 교류가 존재하는데, 각국에서 일상적으로 이루어지고 있는 수업을 서로 보여주는 것으로 학생들은 자국 수업과는 다른 교과서나 수업내용, 자료의 사용 방법부터 수업의 진행방식, 질문 방법에 이르기까지 다양한 차이를 경험할 수 있다. 이런 경험을 통해 역사 인식 차이가 어떻게 형성되어 있는지를 구체적으로 알 수 있다.

2015년에 중국 난징南京의 고등학생을 대상으로 고등학교 교사인 고바야시 다카스미小林孝純가 실시한 수업에서는 한 장의 반전反戰 전단을 단서로 일본인 투항병에 의한 반전운동에 대하여 다루었는데, 전쟁 시의 중일 '교류'를 생각하는 것으로 "침략과 저항 사이에 있는 '적'에게도 '아군'에게도 적의를 드러내는 일본의 군국주의"에 대한 배움을 시도하고 있다.[4]

---

4 고바야시 다카스미小林孝純, 「일본인 투항병에 의한 반전反戰운동 – 난징진링南京金陵중학교에서의 수업을 되돌아보며」, 『역사지리교육』2016년 8월호, p. 65.

그에 반해 중국 교사는 난징의 고등학생들에게 영토 문제를 주제로 수업을 진행하였는데, 학생을 일본, 중국, 미국 각각의 입장으로 배분한 후에 발언을 시켜, 어떤 해결책이 바람직한지를 토론시켰다. 그 결과 영토 문제는 제쳐두고 자원문제에 대한 공동개발이 바람직하다는 결론을 끌어냈다.[5]

한일 수업 교류로는 미쓰하시 히로오三橋広夫가 벚꽃과 후지산을 활용한 사례가 있다. 미쓰하시가 한국 고려대학교 학생들에게 한 수업에서 "'후지산' 설명이 일본의 내셔널리즘을 형성하는 역할의 일부를 담당한 것, 그리고 지금도 그 설명이 우리를 뒤덮고 있는 것이 분명해지며 동시에 한국 대학생들도 스스로 가진 내셔널리즘에 가두어진 것을 알 수 있었다"라고 한 후에 "자신들의 내셔널리즘을 상대화해 가는 가능성은 논의 중에 생긴다"라고 이야기하고 있다.[6]

모든 수업 교류에서 말할 수 있는 것은 학생들의 의문에서 출발하여 자국과는 다른 수업을 받음으로써 자신들의 역사 인식을 상대화히고, 토론올 통해 타인이나 자기와 마주할 준비를 하는 것이다. 게다가 각국 역사를 관계사나 세계사 속에서 재평가하고, 역사를 보는 구조 그 자체를 흔들며, 역사를 배우는 것은 자기와 타인, 시대나 사회와의 관계성 속에서 만들어지는 역사상을 바꾸어가는 것이다.

위에서 서술한 내용은 모두 하나의 수업 주제를 통한 일회성 교류였는데, 지속적인 수업으로 시험해보고 있는 사례도 있다. 류큐대학琉球大学의 야마구치 쓰요시山口剛史가 강의하고 있는 '평화 교육학

---

5 2015년에 난징에서 이루어진 수업 교류의 상세와 학생들의 감상에 대해서는 역사교육자협의회·중일교류위원회가 정리한 『중일역사교육교류 여행(난징·상하이)보고집』을 참조.

6 미쓰하시 히로오三橋広夫, 「한국 고려대 학생과 배우는 '후지산'의 수업 – 한일 내셔널리즘의 모습과 관련하여」, 『역사지리교육』2015년 7월호, pp. 27-28.

개론'에서는 도쿄, 상하이, 베이징, 서울, 조선대학교에서 참가하는 교사가 릴레이 방식으로 수업을 담당하고, 그것을 매번 같은 학생이 수강하는 것이다. 각국 혹은 각 지역, 각 도시에서의 일본의 전쟁이나 식민지배에 관한 수업의 차이를 배울 수 있다.[7] 이런 스타일의 수업은 자신과는 다른 생활을 보내며 역사를 배우고 있는 동년배들에게 답하면서 학생들이 깨닫는 계기가 된다. 타인을 인정하는 것으로 자신이 인정받고, 상대를 바꾸는 것이 아니라 스스로 바뀌어 가는 자세가 상호이해나 존중, 나아가서는 전쟁이나 식민지배를 받은 피해자들의 존엄성 회복으로 이어지고 있는 것을 깨닫는 기회가 되고 있다.

말하자면 국경을 초월한 수업 교류 속에서 학생들은 역사를 배우는 것뿐만 아니라 답을 하며, 가르치는 것에 관한 어려움 즉 역사교육을 교실에서 일방적으로 받는 것이 아니라 스스로가 주체적으로 실천하는 것의 필요성과 의미, 그리고 그 모습을 생각하는 것에 이르는 것이다.

맺음말

역사학과 역사교육의 현대적 역할을 생각하기 위해서는 아이들이 어떤 상황에 놓여있고, 무엇을 생각하고, 무엇을 원하고 있는지

---

7 각 교사가 한 수업 내용과 학생들의 반응에 대해서는 야마구치 쓰요시山口剛史 편저, 『평화와 공생을 지향하는 동아시아 공통 교재 역사 교과서·아시아공동체·평화적 공존』(아카시쇼텐明石書店, 2016년)을 참조. 또한 조선대학교가 조선민주주의 인민공화국이라는 국가나 그 역사교육을 대표한다고는 할 수 없지만, 동국으로부터 교원을 초청하는 것이 극히 곤란한 국제정세를 고려하여, 실현가능한 선택지의 하나로써 수업이 이루어진 것을 덧붙임.

파악하는 것에서 시작할 필요가 있다. 그것은 나날의 수업 속에서 수업을 진행하는 사람이 학생들의 주체성을 빼앗고 있지는 않은지 돌이켜보는 것에서 시작되어야 할 것이다.

현대사회를 살아가는 우리가 그 모든 과제를 마주하기 위해서는 과거의 역사를 마주하고 거기에서부터 배운 것을 지인들과의 공유를 통해 역사를 배우는 즐거움을 실감하는 것을 빠뜨릴 수 없다. 그것을 실현하기 위해서 역사학과 역사교육에는 교실이나 학교, 사회에서 또 국경을 초월한 타인과의 사이에 대화의 장을 만들어가는 것이 오늘날 더욱더 요구되고 있다고 할 수 있을 것이다.

참고문헌

- 아라이 신이치荒井信一, 『역사화해는 가능할까? - 동아시아에서의 대화를 바라며』, 이와나미쇼텐岩波書店, 2006년.
- 곤도 다카히로近藤孝弘, 『역사교육과 교과서 - 독일, 오스트리아 그리고 일본』, 이와나미 부클릿岩波ブックレット, 2001년.
- 한중일 삼국 공통 역사교재위원회 편, 『미래를 여는 역사 - 일본·중국·한국＝공동편집 동아시아 삼국의 근현대사 제2판』, 고분켄高文研, 2006년.

일본군 '위안부' 문제와 역사학

요시미 요시아키吉見義明

1. 왜 일본군 '위안부'문제를 연구하고 있는가?

오늘은 「일본군 '위안부' 문제와 역사학」이라는 큰 주제를 내걸고 있습니다. 거창한 제목을 붙였지만, 내용은 불충분할지도 모르니 용서 바랍니다.

왜 저는 '위안부' 문제를 연구하고 있는가?라는 것부터 시작하고자 합니다. 이유 중 하나는 다음과 같습니다. 1986년에 전 서독의 총리였던 헬무트 슈미트(Helmut Schmidt) 씨가 「성공했지만 고립했고」라는 논설을 발표했습니다. 이것이 잡지『세계』에 「친구를 갖지 않는 일본」이라는 제목으로 번역되었습니다. 이 논문을 읽고 쇼크라고 할까, 해야만 할 주제가 있다고 다시금 느꼈던 것을 기억하고 있습니다. 슈미트 씨는 이렇게 말했습니다.

일본은 어떠한 나라와도, 유럽공동체 가맹국끼리, 또 유럽 모든 국가와 미국, 캐나다와의 관계에 비교될 만한 긴밀한 관계가 아니다. 독일인은 그 최근의 과거와 또 미래에 대해서 엄격하게 분석할 필요가 있다고 통감했다. 깊이 있는 자기 검증을 하고, 그 결과 자기의 잘못을 정확히 인정하는 데 이르렀다. 히틀러의 지배로 고통당한 인접 모든 나라도 그것을 점차 알아주었다. 그러나 일본이 이런 자기 검증을 했다던가, 그 때문에 오늘날의 평화 일본을 깊게 신뢰하며 받아들이는 등과 같은 이야기를 동남아시아에서는 전혀 들을 수 없다.[1]

조금 보충하자면 "동남아시아에서는 그런 이야기를 전혀 들을 수 없다"만이 아니라 동북아시아에서도 마찬가지라고 생각하는데, 일본인이 제2차 대전에 대한 깊은 자기 검증을 하지 않은 것이 동아시아 안정에 큰 마이너스 요인이 되고 있다는 취지일 것입니다. 독일이 어디까지 깊이 자기 검증을 했는지 논의의 여지가 있다고 생각하지만 적어도 일본과 한국, 일본과 중국의 관계는 당시 겉으로는 좋게 보였지만 속으로는 신뢰할 수 있는 관계를 쌓지 않았습니다. 최근에는 관계가 더 좋지 않게 되었습니다. 이 부분에 하나의 큰 과제가 있다는 것을 느끼고 있었던 것입니다. 깊은 자기 검증, 바꿔 말하자면 '과거 극복'을 위한 자기 검증을 한다는 것은 무엇일까라는 것인데, 아시아태평양전쟁에 관한 자기 검증을 개별로 구체적으로 해야 한다고 통감한 것입니다(지금 생각하면 메이지 14년 정변 이후, 일본의 발자취를 자기 검증할 필요가 있다는 것입니다). 당시 저로서는, 일본인의 전쟁 체험 문제를 연구하고 개별 사례로 일본군의 독가스전 문제

---

1 헬무트 슈미트, 「친구를 갖지 않는 일본」(오아쿠 유지大阿久尤児 역), 『세계』1986년 11월호.

를 릿쿄대학立敎大學 아와야 겐타로粟屋憲太郎 씨와 함께 연구하고 있었습니다.

이러던 중에 1990년에 일본군 '위안부' 문제가 부상했고, 1991년에 김학순 할머니가 최초로 밝히고 나섰습니다. 그래서 '위안부' 문제가 큰 과제가 되었다고 생각합니다. 1991년 12월은 일본의 진주만 기습 공격 50주년에 해당하였기 때문에, 친구 역사연구자들과 함께 이 문제를 다룬 심포지엄을 열곤 했는데, 국회에서 과거 전쟁에 대한 사죄의 결의가 불가능하지 않겠냐는 것이 화제였습니다. 당시는 국회에서 도저히 그런 내용이 주제가 될 것 같은 상황이 아니라고 모두 느끼고 있던 것입니다. 그 이유는 전쟁에 대한 책임 문제에 관한 개개의 사례가 그다지 해명되지 않았기 때문인 것 같습니다. 거기에 '위안부' 문제가 나타났기 때문에 다시금 또 하나의 주제로 이것에 몰두하면 상황이 바뀔 수도 있다는 생각에 연구를 시작했고 지금에까지 이르게 된 셈입니다.

그 과정에서 나온 하나의 논의는 일본인의 자긍심이란 무엇인가?라는 문제입니다. 과거 일본군의 전쟁범죄나 전쟁책임에 관한 문제를 해명하면 일본인의 자긍심을 잃어버리는 것인가?에 관한 문제입니다만, 과거의 잘못이 있다면 외국에서 말하기 전에 먼저 일본인 자신이 제대로 해명하고, 잘못이 있다면 잘못이 있었다고 확실히 하는 것이 일본인의 자긍심으로 연결되는 것이 아닐까, 라고 저는 생각합니다. 하지만 그렇지 않다고 생각하는 사람들이 많은 것 또한 현실입니다. 어쨌든 어떻게 하면 아시아태평양전쟁에 관한 '과거 극복'을 하고 인근 모든 국가와의 신뢰 관계를 쌓아갈 수 있을지, 라는 점은 변함없이 중요한 과제로 현재까지 이르고 있다고 생각합니다.

2. '위안부' 문제에 나타나 있는 현대 일본의 역사 인식

다음으로 좀 더 구체적인 이야기를 해보려고 합니다. 그것은 역사 인식 문제의 한 면이라 생각하는데, 일본군 '위안부' 문제에 대해서 일본의 지도자들은 어떻게 생각하는지입니다. 일본 사회에서 나타나고 있는 한쪽 편, 아베 신조 총리, 일본유신회(현 유신의 당)의 하시모토 도루橋下徹 오사카시장(당시), NHK의 모미 가쓰토籾井勝人 회장(당시)과 같은 사람들이 주장하고 있는 것, 또는 그 입장에 공통되는 문제로는 어떤 것이 있을까요?

공통되는 발상은 일본군 '위안부' 문제에서 일본군에 의한 강제는 없었다. 따라서 일본 정부는 책임이 없다고 주장하고 있는 것입니다. 그것과 관련하여 만약 그런 책임이 있다고 한다면 일본인의 자긍심을 잃어버린다는 강한 발상이 있다고 생각합니다.

한편 일본 이외의 세계를 살펴보면 군 위안소에서 여성들이 심한 일을 당한 것은 사실이며 이것은 용서받지 못하는 일이라는 인식이 거의 확립되어 있다고 생각합니다. 예를 들어 미국의 오바마 대통령은 2014년 4월에 한국을 방문했는데, 그때 그는 "이것은 무서울 정도이다. 실로 심한 인권침해이다. 여성들이 전쟁의 한가운데에서 이런 폭력을 당했다는 것은 충격적이다"라고 이야기하였습니다.

또 '위안부' 문제가 부상하고 나서부터 국제연합의 인권, 각 기관으로부터 일본 정부에 대하여 여러 가지 권고가 내려졌습니다. 미국 의회 하원, 캐나다 하원, 네덜란드 하원, 한국 국회, 대만 의회, 유럽 의회 등에서도 일본 정부에 대한 권고가 내려졌는데, 이것도 거의 동일하다고 생각합니다. 그런 엄격한 인식이 있다는 것입니다.

다음으로 일본의 지도자들이 강제성에 관하여 어떤 것을 말하고 있는지 확인하고자 합니다. 먼저 '위안부'를 연행할 때 '군·관청에 의한' '폭행·협박을 사용한 연행'이 없다면 강제성이 없다는 주장입니다. 그리고 그것이 없으면 일본 정부에 책임이 없다는 주장입니다. '군·관청에 의한' 것에 더해, '폭행·협박을 사용한 연행'(이것을 형법에서는 약취라고 합니다), 즉 군·관청에 의한 약취가 없으면 문제없다는 주장입니다.

다른 하나는 군 위안소에서 여성들이 어떤 심한 일을 당했는지, 어떤 피해를 보았는지, 에 대해서는 관심이 없다는 것입니다.

이런 논법에 대하여 해외에서 어떤 반응을 보이는지를 살펴보면, 전형적인 것은 '그렇게 말하지만 속은 경우는 어떤지? 인신매매는 상관이 없는지?'와 같은 것입니다. 또 많은 일본인은 중요한 것을 깨닫지 못한 것 아닌가, 라는 반응입니다. 미국 내 여론의 동향을 소개한 것을 살펴봅시다. 먼저 외무 고위직 공무원이었던 도고 가즈히코東鄕和彦 씨가 2007년에 미국에서 '위안부' 문제에 관한 심포지엄에 참가하여 어느 미국인으로부터 이런 말을 들어 깜짝 놀랐다고 합니다.

일본인 중에서 '강제 연행'의 유무에 대하여 반복되고 있는 논의는 이 문제의 본질에 있어서 전혀 의미가 없다. 세계의 많은 사람은 누구도 관심을 두고 있지 않다. 성, 젠더, 여성의 권리에 대하여 미국인은 일찍이 전혀 다른 생각을 하고 있다. 위안부 이야기를 들었을 때 그들이 생각한 것은 '자기 딸이 위안부가 되었다면 어떻게 생각할까?' 한 가지뿐이었다. 그리고 오싹했다. 이것이 문제의 본질이다.[2]

---

2 『세계』, 2012년 12월호.

도고 씨는 이 이야기를 듣고 깜짝 놀랐는데, 이것은 미국 사회 속에서 여성에 대한 폭력 또는 여성의 권리문제에 대하여 인식구조의 발전, 전환, 변화가 크게 일어나고 있는 것을 나타내는 것으로 생각합니다. 게다가 그는 다음과 같이 기록하였습니다.

> 하물며 위안부가 '감언이설'에 즉, 속았다는 사례가 있다는 것만으로도 완전히 아웃이다. '강제 연행'과 '감언이설에 속아서'라는 사실을 알았을 때는 도망칠 수 없다는 것과 어디가 다를까? 만약 그런 제도를 '옛날에는 어쩔 수 없었다'라며 긍정했다가는 여성 권리의 '부정자(denier)'로 동맹의 담당자에게 받아들여져, 문제에서 제외되는 나라가 된다.[3]

이것은 감언이설로 또는 속여서 데리고 간 경우는 괜찮은지 묻는다면 반론할 수 없으리라 생각합니다.

또 다른 하나의 예를 살펴봅시다. 재미 작가 레이제이 아키히코 冷泉彰彦 씨에 의한 소개입니다. 그는 NHK-BS1의 쿨저팬 방송에 가끔 등장하는 사람이라서 아는 분들도 많을 것으로 생각합니다. 그는 인신 거래(인신매매) 문제에 대하여 이렇게 이야기하고 있습니다.

> 현재 미국적인 인권 감각에서 보자면 '본인의 의사에 반하여 빚을 져, 매춘업자에게 팔려나가 업자의 재산권 확보 입장에서 사실상 신변을 구속당하고 있는 여성'이라는 것은 '인신매매'이고 '성노예'라고 간주합니다. 영화 '레 미제라블'에서는 팡틴이라는 여성이 싱

---

3 상동

글 맘으로 경제적 곤경으로부터 매춘부가 되는 설정이 있는데 '강제 연행은 없었다'라는 것이 문제없다는 주장은 그녀의 고통을 부정하는 것과 마찬가지이며, 두 번째 강간(second rape)에 가까운 행위로 간주할 수도 있다. 일본은 현재진행형으로 '여성의 권리에 자각이 없는 나라'라고 생각됩니다.[4]

이것도 미국 사회 속에서 인식구조의 전환, 발전 혹은 변화가 일어나고 있는 것을 나타내는 것으로 생각합니다. 일본에서 강한 어조로 주장되고 있는 논의는 이러한 인식구조의 발전, 변화에 대응할 수 없는 것은 아닌지 강하게 느낍니다. 바꿔 말하자면 일본 사회에서 그런 인식구조의 발전 혹은 전환이 전국 규모로는 일어나고 있지 않다는 것에 큰 문제가 있다고 생각합니다. 이것은 역사학의 과제이기도 하지 않을까요?

다른 하나는 반복적으로 나오는 논의인데, '위안부' 제도는 전쟁 중에는 어느 나라에서도 있었던 것이 아니냐는 것입니다. 이것은 모미 회장이나 하시모토 시장도 같은 주장을 하고 있는데, 이런 논의가 매우 뿌리 깊다는 점을 살펴봅시다. 군대와 성폭력, 전쟁과 성의 문제는 확실히 각 나라에 깊게 엉겨 붙어있는 문제라는 점은 틀림없다. 하지만 그런 문제는 어떤 처지에서 다루는지에 따라 크게 달라지는 것으로 생각합니다. 하시모토 시장이나 모미 회장 등은 옛날 일본군을 변명하기 위해 그런 말을 하고 있는데, 그렇지 않고 무력전쟁에서 성폭력 폐지를 지향하는 처지에서 다루어야 한다고 생각합니다.

---

4 『아사히신문』, 2013년 1월 29일.

또 제2차 대전 중은 어떤 상황이었는지, 라는 점입니다. 정부 혹은 군 수뇌부가 공인하는 군 설치의 성적인 시설을 가지고 있었던 것은, 제2차 대전 중 일본과 독일 등에 한정되는 사실이 매우 확실하다고 생각됩니다.[5] 예를 들어 미국군에서도 제2차 대전 중에 전장에서 공인된 매춘소를 설치한 부대가 있었던 것 같은데, 그런 경우가 분명해진 경우에는 미국 정부 혹은 미국군의 수뇌부가 그것을 폐쇄하는 조치를 하고 있습니다. 일본처럼 육군이 그것을 인정하며 적극적으로 만들어간 상황은 아닙니다.

그렇다고는 하지만 군대와 성폭력 문제, 전쟁과 성 문제의 전면적인 연구가 나오고 있는 것도 아닙니다. 이것은 우리 앞에 놓인 매우 큰 과제라 생각합니다. 일본의 경우를 예를 들어보자면, 제2차 세계대전 말기에 중국 베이징 동북부에 침투한 소련군의 성폭력 문제, 그리고 일본 점령 후 점령군의 성폭력, 오키나와 미군의 성폭력 문제를 포함하여, 해명해갈 필요가 있다는 것입니다.

다음으로 또 한 가지, 지금의 윤리로는 나쁘지만, 당시에는 어쩔 수 없었다. 라는 반복적인 논의에 대하여 살펴보겠습니다. 결론부터 말하자면 당시에도 나빴다는 점을 확실히 하고 싶습니다. 전쟁 전 일본 형법에는 제33장에 「약취 또는 유괴죄」라는 것이 있습니다. 혹시 몰라 언급하자면 이 형법은 일본의 식민지였던 조선, 대만에서도 동일 문장이 발행되었습니다. 따라서 이 법조문은 일본 국내뿐만 아니라 식민지에도 적용되는 것입니다. '위안부' 문제에 특히 깊게 관

---

5 보충: 최근 연구에서는 프랑스군도 군전용 성적 시설을 가지고 있었던 것이 밝혀졌습니다. 나가하라 요코永原陽子, 「'위안부'의 비교사를 향해」, 역사학연구회·일본사연구회 편『'위안부' 문제를 생각하다』(이와나미쇼텐岩波書店, 2014년), 기무라 가요코木村嘉代子, 「문헌소개 프랑스군 전용 매춘소 BMC」(『전쟁책임연구』 2016년 6월호)등 참조.

련되는 것은 이 중 제226조인데, 이렇게 쓰여 있습니다.

> 제국 밖으로 이송할 목적으로 사람을 약취 또는 유괴하는 자는 2년
> 이상의 유기징역에 처한다. 일본제국 밖으로 이송할 목적으로 사
> 람을 매매하거나 유괴·약취자 또는 매춘부를 일본제국 외로 이송
> 하는 자는 역시 같은 죄로 처벌한다.

일본제국 밖으로 이송할 목적으로 사람을 약취 또는 유괴한 경
우는 2년 이상 엄하게 벌한다고 되어 있습니다. '약취'란 폭행 또는
협박하여 데리고 가는 것을 말합니다. '유괴'란 기망(사기) 또는 유혹
(감언)하여 데리고 가는 경우를 말합니다. '위안부' 문제의 경우에서
는 매우 편한 일이다, 월급이 꽤 높다, 등과 같은 유혹(감언)을 이용
하기 때문에 유괴죄에 해당합니다. 위안소에서 군인의 성 상대를 한
다는 사실을 말하지 않고 레스토랑과 같은 곳에서 일한다, 간호사와
같은 일이라고 하며 데리고 가면, 이것은 기망(사기)이나 유괴죄가
됩니다.

국외로 이송할 목적으로 사람을 매매한 때도 역시 2년 이상의
유기징역이 됩니다(국외 이송목적 인신매매 죄). '위안부'로 여겨진 여성
들을 국외로 데리고 가는 경우, 인신매매인 경우가 매우 많았던 것
입니다. 군대 위안소는 그 대부분이 일본제국 외에 설치되었기 때문
에, 인신매매의 경우도 범죄라는 사실이 확실합니다. 또 약취 또는
유괴, 인신매매 당한 자를 국외로 이송한 사람도 같은 죄에 해당한
다고 기록되어 있습니다.

더욱이 「약취 또는 유괴죄」는 제224조에도 있는데, 이것은 국내
의 경우로 3개월 이상 2년 이하의 징역으로 국외보다도 훨씬 가볍습

니다. 국외로 끌려가면 구속 상태에서 벗어나기가 매우 곤란하므로 무거운 죄가 되는 점도 이 규정으로부터 알 수 있습니다.

국외 이송목적 약취죄, 국외 이송목적 유괴죄, 국외 이송목적 인신매매, 국외로 이송하는 죄가 존재하고 있는 셈입니다. 일본, 조선, 대만에서 여성들을 '위안부'로서 국외 이송하는 경우는 제226조에 해당하는 범죄인 경우가 매우 많다는 것입니다. 그렇다면 지금의 윤리로 나쁠 뿐만 아니라, 당시에도 확실하게 나빴던 것이 됩니다.

'위안부' 문제에서는 1937년 3월 5일에 대심원(대법원)의 판결이 확정되고, 실제로 처벌을 받은 일도 있습니다. 이처럼 국외로 이송하는 유괴 피고 사건의 대심원 판결은 다음과 같습니다. 1932년 제1차 상해사변이 안정된 후, 일본군은 상하이에 위안소를 만듭니다. 그때 나가사키 여성들이 업자에게 속아 위안소로 들어간 셈입니다. 몇 년인가 상하이 위안소에 있다가 그 후 일본으로 돌아갑니다. 일본으로 돌아와서 경찰에게 호소하여, 업자가 체포되고 재판이 열립니다. 대심원에서는 징역 2년 6개월이 3명, 징역 2년이 4명 등 엄격한 실형 판결이 나옵니다. '위안부' 문제에서도 속임이나 감언을 이용한 연행은 범죄라는 것이 판례로서 확립하고 있었던 것입니다.

그런데 같은 일이 그 후 대규모로 일어났음에도 불구하고 실제로는 죄를 묻지 않았습니다. 왜 그럴까?라는 것이 문제입니다. 이 판결이 나온 것은 1937년 3월 5일입니다. 중일 전면전쟁이 시작되는 것이 7월 7일입니다. 일본군이 대규모로 중국에 위안소를 만들기 시작한 것이 같은 해 가을부터 겨울 무렵입니다. 이때 육군은 적극적으로 위안소를 설치했기 때문에 형법에 위반되는 사례가 있었다고 해도, 경찰은 군이 하는 일이라 어쩔 수 없다며 묵인했다고 생각할 수밖에 없지 않을까요?

다음으로 배상·보상 문제는 모두 조약으로 해결하고 있지 않은
가?라는 심도 있는 논의가 있는데, 이것도 살펴볼 필요가 있다고 생
각합니다. 일본 정부는 1965년 한일조약과 한일 청구권 협정으로
전부 해결했다는 태도인데, 한국 정부는 최근 이것과 다른 입장을
주장하고 있는 것입니다. 어떻게 생각하면 좋을지라는 것은 여러 논
의가 있을 수 있다고 생각하지만 저는 이렇게 생각하고 있습니다.

　한일조약·한일 청구권 협정으로 해결된 것은 재산 및 경제적 청
구권뿐입니다. 한일 청구권 협정에서 유상·무상 5억 달러의 자금이
한국에 현금이 아닌 현물과 역무로 지급되는데 이것은 어떠한 의미
로도 배상이 아닙니다. 당시 일본 정부는 식민지배책임을 인정하지
않았기 때문에 식민지배에 대한 배상으로 지급된 것이 아닙니다. 어
떤 성격의 것이냐면 일본이 한국에 대해서 갖고 있는 재산 및 경제
적 청구권과 한국이 일본에 대해서 갖고 있는 재산 및 경제적 청구
권을 상쇄하여 부족한 쪽에 대한 지급이다. 일본 쪽이 부족하므로
지급한다는 성격의 것이었다고 생각합니다.

　또 일본군 '위안부' 문제에 대하여 일본 정부가 책임을 인정하는
것은 1992년 이후입니다. 한일 청구권 협정 당시에는 그 책임을 인
정하지 않았기 때문에 이것으로 해결했다고 할 수는 없지 않을까요?
그리고 또 하나의 논점은 '위안부'에 대한 중대한 인권침해는 재산
및 경제적 청구권의 협정으로 해결했다고 할 수 없는 게 아닐까요?
중대한 인권침해를 인정한 단계에서 비로소 배상·보상이라는 문제
가 나오는 것입니다.

　다른 하나는 중국과의 관계인데, 일본 최고재판소는 최근 개인
의 배상청구권에 대하여 외교 보호권과 재판을 일으키는 권리가 소
멸했다는 태도를 보이고 있습니다. 재판에서 호소해도 다루지 않는

것인데, 청구권 자체는 실태적으로는 소멸하지 않는다는 입장인 것 같습니다. 중국의 피해자 개개인이 가지고 있는 청구권에 대해서는 재판에서는 다루지 않기 때문에, 그것을 일본 정부, 혹은 일본 국회가 어떻게 판단할지가 문제라 생각합니다. 청구권이 실태적으로는 소멸하지 않는다는 점도 생각해 둘 필요가 있는 것 같습니다.

또 하나 무라야마 도미이치村山富一 내각에서 1995년에 아시아 여성기금이 만들어졌는데, 이 기금으로 피해자들에게 보상금이 지급되었기 때문에 해결되었다는 논의가 있습니다. 아시아 여성기금이 만들어질 때, 저는 내각 외정심의실內閣外政審議室에 가서 설명을 들었습니다. 그때 담당자의 말이 강하게 인상에 남았습니다. 아시아 여성기금이라는 것은 일본 정부가 보상금을 1엔도 내지 않는 시스템이다, 그런 시스템을 만든 것이라고 외무성 출신 담당자는 의기양양하게 이야기했습니다. 여기에 가장 큰 문제가 있다고 생각합니다.

아시아 여성기금에서 일정한 금전적 지급이 이루어지는데, 보상금은 민간에서 모은 모금으로 지급되는, 즉 일본 정부로부터의 보상금은 1엔도 나오지 않는다는 선을 무너뜨리고 있지 않습니다. 정부는 일정한 돈을 내지만 그것은 어디까지나 의료지원금이고 보상금이 아니라는 것입니다. 그렇다고 한다면 일본 정부는 '위안부' 문제에 대해서 책임은 없지만, 안타까우니까 의료지원금을 내는 것이 됩니다. 민간인이 보상금을 지급하는 것은 민간인의 책임이라는 것이됩니다. 이 관계가 역전되어 있다면 문제는 해결되었을 것입니다. 즉 정부가 보상금을 낸다, 보상금으로는 부족하기에 민간모금으로 의료지원금을 추가한다, 라면 전혀 달라졌을 것이지만, 그것이 반대로 돼 있기 때문에 해결되지 않았던 것입니다.

그리고 NHK의 모미 회장은 여성들이 돈을 보내라고 말하고 있다고 하였습니다. 돈 문제처럼 축소화하려고 하는 것입니다. 저는 얼마 전 '위안부'였던 피해자의 사정 청취를 계속하고 있었는데, 그녀들은 돈이 아니라 피해 사실을 명확하게 인정할 것을 무엇보다도 요구하고 있습니다. 그리고 그것에 근거한 사죄를 원하고 있는 것입니다. 피해 사실을 명확하게 인정하지 않고, 책임을 인정하지 않은 채 해결하려 하는 것은 무리가 아닐까요?[6]

3. '위안부' 문제를 어떻게 생각해야 할까?

1) 징모徵募 시의 강제에 대하여

그렇다면 '위안부' 문제에 대하여 어떻게 생각해야 할까, 조금 이야기가 세세해지는 면도 있지만 몇 가지 포인트를 이야기하고자 합니다.

이미 지금까지 이야기한 것처럼 약취만이 문제가 아니라 유괴도 문제고, 인신매매도 문제가 됩니다. 게다가 또 한 가지, 국제조약에서 위법이라고 규정하고 있는 21세 미만의 미성년자 연행에 문제가 있는 점을 살펴보고자 합니다.

21세 미만의 여성 이송의 위법성 근거는 1910년에 체결된 「매춘을 위한 여성 매매금지에 관한 국제조약」이라는 국제조약이 있습니다. 이것은 서양에서 백인 노예 매매라는 것에서 기원한 것인데 그후 백인 여성의 매매만이 문제가 아니라며, 부인·아동의 매매금지

---

6 보충: 또한 2015년 12월 28일에 공표된 한일 '합의'에서는 문제가 해결되지 않았다는 점에 대해서는 요시미, 「진짜 해결에 역행하는 한일 '합의'」(『세계』 2016년 3월호) 참조.

모든 조약이 된 것입니다. 그 제1조에는 이렇게 기록되어 있습니다.

> 누구든 상관없이 타인의 정욕을 만족시키기 위한 부끄러운 행위를
> 목적으로 미성년의 여자를 유혹, 유인하고 또는 유괴한 자는 본인
> 의 승낙을 얻었다고 해도 또 범죄의 구성요소가 되는 각 행위가 다
> 른 나라에 걸쳐 수행되었다고 해도 처벌을 받아야 한다.

즉, 미성년 '여자'를 권유 등으로 매춘 목적을 위해 데리고 간 자
는 본인이 승낙했다고 해도 이 조약에 가맹한 나라는 처벌해야만 한
다고 규정하고 있습니다. 미성년자의 경우에는 본인이 승낙해도 범
죄가 된다는 것입니다. 미성년자는 1921년 「부인 또는 아동의 매매
금지에 관한 국제조약」에서, 21세 미만이 됩니다.

일본에서 데리고 나갈 때, 내무성은 21세 미만의 여성을 '위안
부'로 하면 안 된다고 문서로 알리고 있습니다. 그러나 조선·대만에
서는 그런 통지를 하지 않았습니다. 명백하게 차별적인 취급을 하고
있었던 것인데, 조선·대만에서 그런 통달이 나오지 않은 이유는 그
국제조약에서는 식민지를 제외할 수 있다는 규정이 있었기 때문입
니다. 그래서 일본 정부는 이 규정에 따라 식민지에는 적용하지 않
는다고 선언을 하였습니다. 이것이 합법적이라도 명백하게 차별하
고 있는 사실에는 변함이 없습니다.

또 식민지에 대한 적용을 제외한다고 선언했다는 자체에 문제가
있다는 지적도 있습니다. '위안부' 문제에 관하여 국제법률가 위원회
가 일본에 와서 조사하고 보고서를 냈습니다. 국제법률가 위원회의
견해는 식민지 제외 규정이 있는 것은 식민지에 따라서는 매매결혼
관행 등이 있어, 그런 관행이 있는 지역에 이 조항을 적용하면 문제

가 있어서 이 규정이 들어갔던 것입니다. 조선·대만은 그런 관행이 없는 곳으로 적용하지 않는다고 선언하는 것은 위법입니다.

이것과는 별개로 일본의 국제법학자 중에는, 여성들을 일본 국적의 배로 데려가는 경우, 배는 일본 본국과 같다고 간주하기 때문에, 즉 일본 국내 지역에서 데리고 간 것이므로 이 조약에 위반하는 것이라고 주장하는 사람도 있습니다. 가나가와대학神奈川大學의 아베 고키阿部浩己 씨도 그런 견해를 가지고 있는데, 그렇다면 조선반도에서 연행된 대부분의 여성은 일본의 군용선 등으로 연행되었기 때문에 이 조약이 적용되게 됩니다. 대만에서 연행된 여성은 배에 태우는 것 외에 방법이 없으므로 거의 전원이 이에 해당합니다. 21세 미만의 미성년 여성을 데리고 가는 것의 위법성에 대해서도 충분히 생각해야 한다고 생각합니다.

또 하나 확인해두고 싶은 것은 현재 매우 큰 문제인 북한에 의한 '납치'와의 비교 문제입니다. 경찰청이나 경시청은 납치란 무엇인가에 관하여 일정한 견해를 보이고 있습니다. 그것과 비교하고자 합니다. 먼저 「음식점 점원 납치용의 사안(효고)에 대하여」라는 경찰청 발표입니다.[7] 이것은 효고현에 있던 다나카 미노루田中実 씨가 납치된 경우인데, '사안의 개요'로는 고베 시내의 음식점 점주인 재일조선인의 꼬임에 의해 해외로 넘어간 후, 북한으로 끌려갔다고 되어 있습니다. 납치한 당사자는 북한의 군인도 관청도 아닌 민간인입니다. 그리고 데려간 방법은 감언이었다고 되어 있습니다. 즉, 유괴입니다. 납치라는 판단으로 보는 이유에 대해서 "북한의 국가적 의지가 추인推認되는 형태로 본인의 의사에 반하여 북한으로 끌려간 것

---

7   2005년 4월 25일 발표.

으로 생각한다"며 본인의 의사에 반하여 데려가는 경우는 납치라는 것이 경찰청의 견해입니다. 또 무엇에 의해 납치라고 판단했는지에 대한 이유는 "같은 사람이 감언에 속아 북한에 끌려간 것을 강하게 시사한 공술(진술) 증거 등을 새롭게 입수하기에 이르렀다" 즉 북한의 공문서가 아닌 관련된 사람들의 진술을 증거로 하는 것입니다.

또 경시청의 홈페이지에 의하면 유럽에서 '요도호よど号' 그룹에 의해 북한으로 납치된 사례에서, 납치된 이유는 "공산권을 여행하지 않을래?"라는 감언, "마켓 리서치 아르바이트를 소개한다"는 속임수에 넘어갔기 때문에 유괴되었다는 것이 되는데, 이것도 납치라고 보는 것입니다.[8]

그렇다면 '위안부' 문제에서도 상당히 많은 사람이 '납치'되었다는 결론에 도달하지 않을까요?

다음으로 군대나 관직에 있는 사람이 직접 손을 쓰지 않으면 문제없다는 것이 아베를 비롯한 사람들의 견해인 것 같은데 '위안부' 문제에서, 조선·대만에서 군·관헌이 업자를 선정하여 그 업자에게 여성들을 모으도록 한 사례가 매우 많았습니다. 그 업자들은 약취 또는 유괴 또는 인신매매라는 수단을 이용하여 여성들을 군 위안소로 데리고 갔습니다. 끌려간 여성들은 군 시설인 위안소에 들어가는 것인데, 그때 현지 일본군은 반드시 체크하고 있었습니다. 체크를 하면 여성들이 어떻게 끌려갔는지 알 수 있는데, 유괴 또는 인신매매되었다는 것을 알아도 여성들을 놓아주지 않았던 것입니다. 그런 식으로 끌려간 여성들을 군이 만들고, 관리·감독하는 위안소에

---

8 「유럽에서의 일본인 납치 용의사건」(경시청, 「북한에 의한 납치 용의사건」, http://www.keishicho.metro.tokyo.jp/jiken/rati/ratigian.html, 2014년 7월 열람)

넣었다면, 그것은 군에 의한 '강제'라고 생각합니다. 군 '위안부' 제도는 일본이 만든 것이기 때문에 업자도 군도 공범인 셈입니다만, 일본군이 '위안부' 제도를 만들지 않았다면 이런 문제는 일어나지 않았을 것이기에 일본군 측의 책임이 무거운 것이 아닐까요?

게다가 약취 또는 유괴 또는 인신매매한 업자는 범죄자이기 때문에 그것을 알게 된 단계에서 업자를 체포하여 재판에 넘겼어야 하는데, 그런 조치를 한 것은 한 번도 확인되지 않았습니다. 또 여성들을 풀어줘 고향으로 보냈다는 사례는 한 건도 없습니다. 이 점이 큰 포인트라 생각합니다.

(1) 조선반도에 있어서 유괴와 인신매매

조선반도에 있어서 사례를 살펴보고자 합니다. 조선에서 유괴 또는 인신매매로 여성들을 모집한 것에 대해서는 여러 가지 증거가 있습니다. 일본 정부의 책임을 부정하는 사람들도 이 점에 이론이 없다는 것이 흥미로운 점이라고 생각합니다. 대표적인 자료로 미국 전시 정보국 심리작전반이 작성한 「일본인 포로 심문 보고」 제49호라는 것이 있습니다. 1944년에 미얀마에 들어간 미군이 보호한 20명의 조선인 '위안부'와 2명의 일본인 업자 부부로부터 사정 청취한 결과를 정리한 것입니다. 어느 부분이 업자 진술에 근거하고 있고, 어느 부분이 피해자인 조선인 '위안부' 진술에 의한 것인지 잘 모르지만, 그래도 매우 흥미로운 점이 떠오릅니다. 포인트 중 하나는 약 703명의 조선인 여성이 유괴와 인신매매로 동남아시아로 연행되었다는 것을 기록하고 있는 점이라 생각합니다. "1942년 5월 초순, 일본의 주선업자가 일본군에 의해 새롭게 정복된 동남아시아 여러 지역에서의 '위안역무慰安役務'에 종사할 조선인 여성을 징집하기 위해 조선에 도착했다"라고 되어 있습니다.[9] '주선업자'라는 것은 군이 선정한 사람들입니다.

> 이 '역무役務' 성격은 명시되지 않았지만, 그것은 병원에 있는 부상
> 병을 위문하고, 붕대를 감아주거나, 그리고 일반적으로 말하면 장
> 병을 기쁘게 하는 일이라 생각된다. 이들 주선업자가 사용한 권유
> 의 말은 많은 금전과 가족의 부채를 갚을 호기, 게다가 편한 일과
> 신천지 싱가포르에서의 새로운 생활이라는 장래성이었다.

이것이 징모의 실태인데 군인의 성 상대를 한다고 알리지 않은 채 속여서 데리고 갔고, '편한 일'이라고 하거나 '많은 금전'을 얻을 수 있다고 말했기 때문에 감언과 속임수가 겹쳐있는 전형적인 유괴 사례입니다. 그리고 "이런 거짓 설명을 믿고, 많은 여성들이 해외 근무에 응모하여 2, 3백 엔의 선급금을 받았다"고 기록되어 있습니다. 가불금을 받고 간 셈입니다. 가불을 받은 금액은 가족에게 건네졌을 거로 생각하는데, 이것은 인신매매가 됩니다. '2, 3백 엔'이 현재 금액으로 얼마인지 계산하기 어렵지만, 일본 국내 지역에서도 마찬가지로 선급금으로 인신매매가 이루어진 경우가 많았던 것 같습니다. 게다가 "이들 여성 중에는 '지상에서 가장 오래된 직업'에 이전부터 관련되어 있던 사람도 약간 있었지만, 대부분은 매춘에 대하여 무지했고 아무런 교육도 받지 않았다"고 기록되어 있습니다. 매춘 전력이 없는 여성들이 많았던 것입니다.

---

9 요시미 요시아키吉見義明 편, 『종군위안부 자료집』(오쓰키쇼텐大月書店, 1992년)수록. 이하 이에
   따름.

"그녀들이 체결한 계약은 가족의 빚 변제 할당을 위해서 전도된 금액에 따라 6개월부터 1년에 걸쳐 그녀들을 군의 규칙과 '위안소의 주인'을 위한 역무에 구속됐다"라고 되어 있습니다. 빚을 다 갚을 때까지 군인의 성 상대를 해야만 하는 상황으로 내몰렸기 때문에 이것 자체가 여성들이 '성노예' 상태였다는 것을 나타내고 있다고 생각합니다.

다음으로 전 군인의 전후 회상기 중에서, 위안소에 다녔거나 '위안부'의 모습을 보고 여성들이 유괴 또는 인신매매 당했다는 이야기를 들었다고 기록되어 있는 것이 상당 부분 존재합니다. 국립 국회 도서관에는 많은 전쟁 체험기가 수장되어 있는데, 일본의 전쟁책임 자료센터에서 자원봉사자분들과 함께 그것을 확인하였고, 그런 사례를 발견하였습니다.

하나의 사례를 살펴보고자 합니다. 요미우리신문에서 파견된 종군기자의 회상인데, 미얀마에 있을 때인 1942년의 어느 날 일본에서 여자가 왔다는 통지가 있었고, 부두로 달려가자 조선인 여성 40~50명이 상륙하여 기숙사로 들어갔다고 기록되어 있습니다.[10] 거기에서 이야기를 들을 수 있었던 한 여성은 23~24살로 조선의 초등학교 선생님을 하고 있었습니다. 학교 선생님이 왜 이런 곳에 왔는지 묻자 이 여성은 진심으로 억울하다는 듯이 이렇게 말했다고 합니다.

우리는 속았습니다. 도쿄의 군수공장으로 간다는 이야기로 모집했습니다. 저는 도쿄에 가보고 싶어서 응모하였습니다. 인천 앞바다에 정박해 있던 배에 탔더니 도쿄로 가지 않고 계속 남쪽으로 와서,

---

10 오타마 유키오小俣行男, 『전장과 기자』, 도쥬샤冬樹社, 1967년.

도착한 곳이 싱가포르였습니다. 거기에서 반 정도가 내렸고 우리는 미얀마로 오게 되었습니다. 걸어서 돌아갈 수도 없고 도망칠 수도 없습니다. 우리는 포기하고 있습니다. 그저 불쌍한 것은 아무것도 모르는 여자아이들입니다. 16~17살의 아이들이 8명 있습니다. 이 일이 싫다며 울고 있습니다. 도와줄 방법은 없나요?

이 신문기자는 매우 곤란해하며 이 16~17살 소녀 8명을 헌병대로 데리고 갔다. 헌병대에서는 난감해했지만, 포주와 이야기를 나누고 8명의 소녀는 장교클럽에서 근무하게 되었다. 그 후 이 소녀들은 어떻게 되었을까?라고 기록되어 있습니다. 이 장교클럽이라는 곳이 어떤지 잘 모르지만, 초등학교 선생님에 대해서는 유괴되어 끌려왔음에도 불구하고 그대로 방치되어 있다는 것을 알 수 있습니다. 이것이 실태였던 것입니다.

다른 5개의 사례에 대하여 간단히 언급하자면, 1942년부터 1943년에 걸쳐 중국 둥베이東北의 훈춘琿春 헌병분대의 헌병대였던 하타야 요시하루畑谷好治 씨는 위안소에 끌려온 조선인 여성들의 면접을 몇 번인가 봤는데 "군인에게 안기는 것을 확실히 인식하고 있는 여자는 적었다"고 이야기하였고, 또 부모가 가불금을 받은 것을 확인하였습니다(『아득한 산하망망과』, 시카반私家版, 2002년).

보병 제59연대 제3대대 병사였던 마쓰모토 마사요시松本正嘉 씨는 1942년 말, 중국 둥베이에 있는 저우수이쯔周水子의 위안소에서 조선인 '위안부'로부터 일본인 업자에게 "황군 위문을 가지 않겠냐?"라고 권유받아 현금을 수령하고 계약서에 도장을 찍었더니 "인신매매가 성립되어 합법적인 노예가 되어 버렸다"라고 들었습니다(『우리 대평양 전기』, 시카반, 2001년).

해군 조종사였던 쓰노다 가즈오角田和男 씨는 1942년에 라바울 위안소에서 조선인 '위안부'로부터 '차를 대접하거나 식사·세탁 보조 정도'라고 생각해 응모했는데, 실제는 달랐다고 들었습니다(죠요신분샤常陽新聞社 편,『등신대 예과 연습생』, 죠요신분샤, 2002년).

1942년 이후 제3 항공군 연료보급창의 통역이었던 나가세 다카시永瀬隆 씨는 싱가포르, 센토사섬의 위안소에서 조선인 '위안부'에게 "식당에서 웨이트리스를 해라"는 소리를 듣고, 가불금 100엔을 받았는데, 싱가포르에 도착하자 '위안부'가 되라고 했다는 호소를 들었습니다(아오야마가쿠인대학 프로젝트 95편,『아오야마가쿠인과 학도 출진出陣学徒』, 시카반, 1995년).

수마트라섬에 있던 자동차부대의 전 병사는 부키팅기(Bukittinggi)의 위안소에서 조선인 '위안부'에게 "군인 상대 매점 점원이라고 해서 왔는데 이런 일이었다. 지금은 이제 포기했고, 돈이 되면 좋겠다"라는 이야기를 들었습니다(군인연금연맹우키와군지부軍人恩給連盟浮羽郡支部 편,『후에 계속될 진짜 일본인에게』, 메이쇼슛판明窓出版, 2001년). 이것들은 모두 유괴 또는 인신매매를 위해 조선인 여성이 연행된 것을 나타내고 있는 것입니다.

니혼대학 전 교수인 하타 이쿠히코秦郁彦 씨는 저의 논쟁 상대로 2번, 직접 논쟁한 적이 있습니다. 그 토론 중에 확인할 수 있었던 것은 조선인 여성이 유괴 또는 인신매매 당했다는 사실에 대해서 의견이 다르지 않다는 점입니다. 하타 씨가 쓴『위안부와 전장의 성』(신초샤新潮社, 1999년)의「위안부는 어떻게 모집되었는가?」라는 부분에서는 하타 씨가 신뢰성이 높다고 판단하여 선정한 것을 다루고 있는데, 유괴 또는 인신매매에 해당하는 사례가 다수 포함됩니다(조선인 여성의 유괴가 3건, 인신매매가 1건, 일본인 여성의 유괴가 2건, 약취에 해당하는 것이 1건[11]).

그렇다면 의견이 달라지는 것은 그것이 일본군 책임인지, 라는 점에 대해서일 것입니다. 하타 씨는 일본군의 책임이라고 보지 않는 것 같습니다.

(2) 전지·점령지에서의 군·관헌에 의한 약취

다음으로 아베 총리 측근 사람들이 말하는 군·관청에 의한 폭행·협박을 이용한 연행은 정말로 없었는가?라는 점을 살펴봅시다. 인도네시아, 중국, 필리핀 등의 사례가 있습니다.

인도네시아 사례는, 이른 시기에 스마랑 위안소 사건이 잘 알려지게 되었습니다. 1992년에 『아사히신문』은 이 사건에 대하여 자세하게 보도하였습니다. 억류소에 수용되어 있던 네덜란드 여성이 군인에 의해 폭력적으로 연행되어 위안소로 들어간 사례입니다. 이 보도가 있었던 다음 해에 고노 담화가 나옵니다. 고노 담화는 군·관헌이 폭력적으로 연행한 사례가 있다고 말하고 있습니다. 아베 내각은 그 근거 자료는 없다고 지속해서 말하고 있는데, 당시 법무성은 이 스마랑 사건에 관한 바타비아 임시군법회의 기록의 요약을 제출하였습니다. 고노 담화가 나온 단계에서 정부는 그런 자료를 파악하고 있었던 것입니다.

1994년에 네덜란드 정부는 자신들이 가지고 있는 자료를 조사

---

11 보충: 그 후, 필자가 TBS 라디오에서 하타 이쿠히코秦郁彦 씨와 토론했을 때 "군·관헌이 직접 하는지 아닌지는 제쳐두고, 약취나 유괴, 인신매매로 데리고 간 것이 대부분이었습니다. 그리고 조선반도에서 유괴나 인신매매가 있었던 일은 하타 씨도 인정하고 있습니다"라고 말했더니, 하타 씨는 "이론은 없습니다. 대부분 그랬었다고 생각합니다"라고 명확하고 인정하고 있습니다 (『하타 이쿠히토 × 요시미 요시아키 역사학의 제1인자와 생각하는 '위안부문제' - TBS 라디오 '오키우에 치키 세 선荻上チキ · Session-22'』, 2013년 6월 13일 방송 기록).

하였고, 네덜란드 여성의 피해에 관한 자세한 조사 결과를 네덜란드 국회에 보고하였습니다. 이 네덜란드 정부 보고서는 매우 흥미로운데, 일본어 번역도 이미 나와 있으니, 관심이 있는 분은 그것을 봐주시면 좋겠습니다.[12] 여기에 기록되어 있는 것 중에서 군·관헌에 의한 약취 사례는 미수 사건까지 포함하면 적어도 9건이 있다고 생각합니다.

일부를 소개하자면, 먼저 블로라 사건이라 불리는 것입니다. 도쿄재판에서도 이 사건이 나오는데, 미성년자 딸이 있는 어머니를 포함한, 적어도 15명 이상의 여성이 감금당한 채 여러 부대가 지나갈 때마다 강간당했다는 사례입니다.

다음으로 앞서 기술한 스마랑 사건으로, 24명의 여성이 군·관청에 의해 약취당해 매춘을 강요받은 사례입니다. 또 스마랑 사건과 꼭 닮은 사례로 마겔랑 사건이 있습니다.

다음으로 조금 성격은 다르지만 플로레스섬 이송사건이 있습니다. 이것은 1944년 4월에 헌병과 경찰이 스마랑에서 약 100명의 여성을 체포하여, 스마랑 클럽에서 선정해서 20명의 여성을 수라바야로 이송하였고, 그중 17명을 플로레스섬의 군 위안소로 이송시켜 매춘을 강요한 것입니다. 길을 걷던 여성을 체포한 것이기 때문에, 인도네시아인 여성이나 중국인 여성도 포함되어 있다고 보이는데, 이런 사례도 있었던 것을 알 수 있습니다.

위와 같은 사례를 보면, 군·관헌에 의한 약취가 없었다는 사실은 불가능하다고 생각합니다.

---

12 「일본 점령하 네덜란드령 동인도에서의 네덜란드인 여성에 대한 강제매춘에 관한 네덜란드 정부 소장문서 조사보고」, 가지무라 다이치로梶村太一郎 외, 『'위안부' 강제 연행』(금요일, 2008년)수록 일본어번역으로부터.

올해 들어와서 밝혀진 것도 살펴보고자 합니다. 간토가쿠인대학関東学院大学의 하야시 히로후미林博史 씨가 보내준 자료입니다. 이 자료는 법무성 법무도서관 안에 B,C급 전범재판 등으로 소장되어 있던 것인데 '위안부' 문제가 부상한 단계에서는 비공개였습니다. 최근 B,C급 전범재판 자료가 모두 국립공문서관으로 이관되어 공개 청구를 해야 볼 수 있게 되었습니다. 일부 비공개인 것도 있는데 그 확인 과정에서 네덜란드 정부 보고서에도 들어있지 않은 사례의 존재가 밝혀진 것입니다.

이것은 해군의 경우입니다. 전 해군 어느 조장이 B,C급 전범재판에서 유죄판결을 받았습니다. 재판으로부터 조금 시간이 지난 후, 법무성이 B,C급 전범재판의 실태를 조사하려고 관계자에게 사정 청취를 하며 주위를 돌았습니다. 그때 1962년인데, 전 해군 상사는 사실은 더 심각한 '위안부' 문제가 있었는데, 그에 관한 죄는 묻지 않고 끝났다는 것을 다음과 같이 이야기하였습니다.

내가 가장 두려워하던 사건은 위안소 사건이었다. 이것은 위안부 중에는 수라바야에서 네덜란드군 하사관의 부인 5명과 현지인 70명 정도를 발리섬으로 데리고 간 사건이다. 하사관의 부인 5명은 종전 후 즉시 되돌려보냈는데, 수라바야에 도착하자마자 현지 주민에게 살해당했다는 것이었다. 이것 외에도 전쟁 전후, 약 4년간 200명 정도의 부녀자를 위안부로서 오쿠야마 부대의 명령에 따라 발리섬으로 데리고 갔다. 나는 종전 후 군수부, 시설부와 강경하게 담판을 지어 약 70만 엔을 이 건의 공작비로서 받아, 각 촌장을 개입시켜 주민의 회유 공작에 사용했다. 이것은 완전하게 성공한 것으로 보

였고, 가장 걱정했던 위안소 건은 한 건도 호소가 나오지 않았다.[13]

처음에 75명 정도, 전체로는 200명 정도를 수라바야에서 발리섬으로 데리고 갔다, 이것이 발각되면 큰일이라고 생각했지만, 군사기밀비로 70만 엔을 사용, 촌장을 개입시키고 회유하여 증언을 완전히 억제했기 때문에 그것이 발각되지 않고 '위안부' 사건에서는 유죄가 되지 않았다는 것입니다. 인도네시아인 여성을 중심의 이런 피해는 더 광범위할 가능성을 나타낸 사례로 보입니다.

다음으로 중국의 사례인데 아시는 바와 같이 4건의 '위안부' 재판이 있었습니다. 모두 배상 청구는 기각되었는데, 고등재판소 단계까지 상세한 사실인정을 하고 있습니다. 그 사실인정에 의해 군이 폭력적으로 여성들을 위안소에 넣었다고 인정하고 있습니다. 예를 들어 중국인 1차 재판의 도쿄고등재판소 판결에서는 "일본군 구성원에 의해 주둔지 근처에 사는 중국인 여성(소녀도 포함)을 강제로 납치·연행하여 강간하고, 감금 상태로 연일 강간을 반복하는 행위, 이른바 위안부 상태로 둔 사건이 있었다"고 인정하고 있는 것입니다.[14]

이시다 요네코石田米子 씨와 우치다 도모유키內田知行 씨가 편집한 『황토촌의 성폭력』(소도샤創土社, 2004년)은 산시성山西省의 현지에 들어가 피해자 여성들뿐만 아니라 군에 의한 연행을 목격한 마을의 남성을 포함한 주민들의 증언을 모아, 군에 의한 약취가 있었던 것을 자세하게 증언한 것입니다. 이것에 반론은 거의 불가능하다고 생

---

13 「중국·바타비아 법정사건번호 제25호 3경 사건자료」, 국립공문서관 소장, 1962년.

14 쓰보카와 히로코坪川宏子·오모리 노리코大森典子 편, 『사법이 인정한 일본군 '위안부'』, 가모가와부클릿かもがわブックレット, 2011년.

각합니다.

　필리핀인 여성의 '위안부' 재판은 재판소가 사실인정을 하지 않고 청구를 기각한 것인데, 「필리핀 '종군위안부' 보상 청구 사건소장」을 살펴보면 그 대부분이 군에 의한 폭력적 연행이었던 것을 알 수 있습니다. 그중 마리아 로사 루나 헨슨(Maria Rosa L. Henson) 씨의 체험에 대하여 오사카대학大阪大学의 후지메 유키藤目ゆき 씨가 자세한 기록을 책으로 만들었으니 이것을 봐주셨으면 좋겠습니다(헨슨, 『어느 일본군 '위안부'의 회상』, 후지메 유키 역, 이와나미쇼텐岩波書店, 1995년). 헨슨 씨가 두 번 군에 잡혀 위안소로 연행되었던 사실이 명백하게 나타나 있습니다.

2) 위안소에서의 강제에 대하여

　위안소에서의 강제 문제에 관해서 이야기하고자 합니다. 이것은 위안소로 끌려간 여성들은 성노예 상태였는지 아닌지에 관한 문제입니다.

　먼저 국제법이 말하는 노예제 혹은 노예 상태로 두는 것(노예화)의 정의에 대하여 살펴봅시다. 1926년에 '노예제 조약'이 생깁니다. 제1조에는 "노예제란 그 사람에 대하여 소유권에 동반하는 일부 또는 모든 권한이 행사되는 사람의 지위 또는 상태를 말한다"라고 되어 있습니다. '위안부'로 여겨진 여성들이 이 정의에 들어맞는지 아닌지, 라는 것입니다.

　이것과 별개로 여성의 인신 거래·인신매매를 금지하려는 움직임이 19세기 중반부터 매우 강해졌습니다. 이른바 백인 노예의 거래를 금지하자는 것입니다. 당초에 도시에 있는 가난한 백인 여성이 인신매매되는 사례, 혹은 미국 등의 농촌에서 도시로 나온 여성들이 인신매매되어 구속되는 것을 의식하고 있었는데 백인만이 문제가 아니라며 발전해 간 것입니다. 최초의 대처가 국제조약이 되는 것은 1904년의 「매춘업을 위한 부녀 매매체결에 관한 국제협정」으로, 일본은 1925년에 비준하고 있습니다. 그다음이 1910년 「매춘업을 위한 부녀 매매금지에 관한 국제조약」입니다. 이어서 1921년에 「부인과 아동의 매매금지에 관한 국제조약」이 성립됩니다. 게다가 「성년 부녀자의 매매금지에 관한 국제조약」이 1933년에 생깁니다. 일본은 이 국제조약은 비준되지 않았지만, 그 내용은 성년 여자도 본인의 동의가 있다고 해도 매매하는 것은 위법이라는 것입니다.

제2차 세계대전이 끝난 후 「인신매매 및 타인의 매춘으로부터의 착취 금지에 관한 조약」이 1949년에 생깁니다. 1979년에는 「여자에 대한 모든 형태의 차별 철폐에 관한 조약」이 생깁니다. 그리고 2000년에는 「국제적인 조직범죄 방지에 관한 국제연합조약을 보충하는 사람(특히 여성과 아동)의 거래를 방지하고 제지 및 처벌하기 위한 의정서」(인신 거래 정의서)가 생깁니다. 이 의정서를 비준하기 위해서는 국내법의 정비가 필요하다며 2005년에 일본은 형법 일부를 개정하고, 간신히 인신매매 죄를 형법 안에 넣었습니다. 그때까지는 국내에서의 인신매매는 형법상 범죄가 아니었습니다.

1990년대가 되자 '위안부' 문제가 부상하고 동시기에 구 유고슬라비아나 르완다에서 무력 분쟁 시의 여성에 대한 성폭력 문제가 일어납니다. 이들 문제를 강하게 의식하여 1998년에는 「국제 형사 재판소에 관한 로마 규정」이 생깁니다.

이 규정의 제7조 제2항의 C에서 '노예 상태에 두는 것(노예화)'이란 무엇인가, 라는 정의가 세워집니다. "노예 상태로 두는 것이란 소유권에 동반하는 어느 것 또는 모든 권한을 사람에 대하여 행사하는 것을 말하며, 인신 거래(인신매매), 특히 여성과 아동의 거래(매매) 과정에서 그런 권한의 행사를 포함한다"라고 규정되어 있습니다. 노예제의 정의는 1926년 노예제 조약을 답습하고 있습니다.

또한 국제 형사 재판소의 「범죄 구성요건에 관한 문서」(2010년)에 의하면 '노예 상태로 두는 것(노예화)'으로 "실행자가 한 명 또는 그 이상의 인간 구매, 판매, 대여, 교환 또는 그것에 견주는 자유 박탈로 인해 한 명 또는 그 이상의 인간에 대한 소유권에 붙는 일부 또는 모든 권한을 행사한 것"을 들고 있습니다.

이 정의에는 '자유 박탈'이 가리키는 것에 대한 주가 붙어있는데, "이런 자유 박탈은 상황에 따라서는 강제노동의 강요 또는 1956년의 노예제도, 노예거래 및 노예제와 유사한 제도 및 관행 폐지에 관한 보충 조약으로 규정된 것으로 노예 상태로 인간을 모함하는 것을 포함한다고 이해된다. 또한, 이 요건에 기술된 행위는 특히 여성과 아동의 인신 거래를 포함하는 것으로 이해된다고 기술되어 있습니다.

이렇게 되면 여성들로부터 많은 자유를 박탈하는 '위안부' 제도는 이 '로마 규정'의 정의에 적합한 노예제였다고 저는 생각합니다.[15]

그렇다면 여성들의 '자유 박탈'에 대하여 살펴봅시다. 1920년대 이후 부인·아동의 매매금지에 관한 노력이 진행되어 가는 중에, 일본의 공창제도에 대하여 비판의 시선이 모이게 됩니다. 그래서 각 현의 의회 레벨에서 폐창廢娼을 결의하게 되는데, 그런 상황에서 일본의 공창제도는 사실상 노예제도라는 인식도 확대되어 갑니다.

1930년 가나가와현 의회 결의는 "공창제도는 인신매매와 자유

---

15 보충: 국제법학자 아베 고키阿部浩己 씨는 이 점을 치밀하게 논증하고 있습니다. 「아베 고키 의견서」, 『일본군 '위안부' 제도는 왜 성노예 제도라 할 수 있을까?』Part Ⅰ (YOSHIMI재판 함께 액션, 2014년) 및 아베, 「국제법에서의 성노예제와 '위안부' 제도」(『전쟁책임연구』, 2015년 6월호) 참조.

구속의 2대 죄악을 내용으로 하는 사실상의 노예제도"라고 하고 있습니다. 1932년 미야자키현 의회 결의, 1937년 가고시마현 의회 결의도 같은 문언을 담고 있습니다. 1932년 이와테현 의회 결의는 "공창제도는 노예 매매와 같다"라고 말하고 있습니다. 1930년에 열린 관동 동북 의사협회에서는 "공창제도는 일종의 노예시장으로 인륜에 상반"한다고 주장하고 있습니다. 공창제도는 사실상 노예제도라는 인식이 넓어지는 것을 알 수 있습니다.[16]

　그렇다면 '위안부' 제도는 어떤가? 지금까지의 검토로부터 여성들은 약취 또는 유괴 또는 인신매매로 위안소에 들어간 것이 명백합니다. 게다가 위안소에 들어간 여성들은 주거의 자유, 외출의 자유, 폐업의 자유, 거부할 자유를 박탈당했다는 것은 충분히 증언할 수 있습니다.

　지금까지 발견된 군에서 만든 위안소 규정 중에는 '위안부'로 여겨진 여성의 자유를 구속하는 규정이 상당 부분 포함되어 있습니다. 전부를 살펴볼 시간이 없어 대표적인 것을 보겠습니다. 예를 들어 독립공성중포병独立攻城重砲兵 제2대대의 「창저우常州 주둔 간 내무규정」(1938년 3월)에는 "영업자('위안부')는 특히 허락된 장소 이외로의 외출을 금함"이라고 기록되어 있습니다. 독립산포병独立山砲兵 제3연대의 「모리카와부대 특종 위안 업무에 관한 규정」(1939년 11월)에는 "위안부의 외출에 관해서는 연대장의 허가를 받아야 한다"라고 되어 있습니다. 허가를 받으면 외출이 가능하므로 외출의 자유가 있던 거 아니냐며 우파 사람들은 주장하지만, 허가제라면 외출의 자유가 있

16　보충: 「오노자와 아카네小野沢あかね 의견서」, 『일본군 '위안부' 제도는 왜 성노예제도라 할 수 있을까?』Part Ⅲ (YOSHIMI 재판 함께 액션, 2015년). 오노자와 아카네, 「성노예제를 둘러싸고」(『전쟁책임연구』, 2015년 6월호) 참조.

다고는 할 수 없습니다. 일본 내무성은 공창제도는 노예제도가 아니냐는 비판을 의식하여 1933년에 창기가 외출할 때는 경찰의 허가를 받아야 한다는 규정을 삭제합니다. 즉, 허가제라면 외출의 자유가 없다고 경찰도 인정하고 있는 셈입니다.

그 밖에 여성들의 산책 시간이나 산책 구역을 제한하거나 외출은 허락하지 않는다는 규정이 있는 군의 규정이 많이 발견되고 있는 것으로 외출의 자유가 없고, 자유가 현저하게 빼앗겼던 사실을 확실히 말할 수 있습니다.

다음으로 자유 폐업의 권리 유무인데, 군 위안소 규정에서 자유 폐업 규정을 쓴 것은 전혀 없습니다. 여성들은 빚을 진 채 군인·군무원의 성 상대를 해야만 했던 것인데 빚을 다 갚지 않으면 자유로워질 수 없어서 자유 폐업의 권리는 박탈당했던 것이고 확실한 노예 상태였다는 것입니다.

주거의 자유가 없고 거부할 자유도 없었던 것은 피해자의 증언 등으로부터 확실합니다.

또 하나의 논점은 일본군이 위안소를 만든 동기인데 그 동기에는 네 가지가 있습니다. 이것은 공문서 등에 나타나는 문언에 있는 것입니다. 첫 번째는 군인·군무원이 전지·점령지에서 강간 사건을 일으키는 것을 방지하기 위해서 위안소를 만든다는 것입니다. 두 번째는 군인·군무원이 민간 매춘소를 다니면 그곳에서 성병에 걸릴 위험이 있으므로 군이 관리하는 성적인 시설을 만들 필요가 있다, 즉 군인의 성병 방지를 위해 위안소를 만든다는 것입니다. 세 번째는 군인·군무원에게 성적 위안을 줄 필요가 있다는 것이 그 동기입니다. 네 번째는 군인·군무원이 민간 매춘소에 다니면서 그곳 여성과 정을 통하게 되면 군 기밀을 누설할 우려가 있어서 방첩을 위해

군인·군무원에게는 민간 매춘소에 다니는 것을 금지하고 그 대신 군이 관리하는 위안소를 만들 필요가 있다는 동기입니다.

이 네 가지는 모두 군의 사정을 위해 여성들을 물건으로 취급되고 있던 것을 나타내는 것입니다. '위안부' 제도의 본질은 이런 것이었습니다. 이렇게 '위안부' 제도는 노예제였다는 것이 명백할 것입니다.

또한 일본군 '위안부' 제도의 특징을 더욱 명확하게 하기 위해서는 다른 성노예제도와의 비교연구를 앞으로도 심도 있게 해갈 필요가 있다고 생각합니다. 그러나 이 비교연구는 아직 거의 손을 쓸 수 없는 큰 역사학 연구과제로 남아 있다고 생각합니다.

맺음말

마지막으로 '위안부' 문제를 연구하는 의의와 과제에는 어떤 것이 있을까요? 몇 가지 예를 들어보려고 합니다. 첫 번째로 '위안부' 문제의 연구는 전쟁이나 무력 분쟁 시, 여성에 대한 성폭력을 어떻게 방지할지에 관한 과제로 이어진다고 생각합니다. 현대의 무력 분쟁 시에도 반복하여 여성에 대한 성폭력이 일어나고 있습니다. 이것을 방지하지 못하고 있는 셈인데, 그렇다면 이것은 우리들의 현재와 미래를 위한 매우 큰 과제로 연결되는 게 아닐까 생각합니다. 2000년 10월 31일에 국제연합 안전보장이사회는 제1325호 결의안을 채택했습니다. 그중에는 다음과 같은 문언이 있습니다.

> 모든 국가는 집단학살(genocide), 인류에 대한 죄, 여성·소녀에 대한 성폭력을 포함하는 전쟁범죄의 책임자에 대한 불처벌을 차단하

고 기소할 책임이 있는 것을 강조한다.

일본 정부는 이 결의에 찬성하고 있는데, 그렇다면 "여성·소녀에 대한 성폭력을 포함하는 전쟁범죄의 책임자에 대한 불처벌을 차단"한다는 과제를 달성하기 위해서 '위안부' 문제에 대하여 일본 정부와 일본인은 제대로 결착을 지을 필요가 있는 것입니다.

두 번째로 여성·아동의 인신 거래를 어떻게 방지할 것인지, 라는 또 하나의 문제가 있습니다. 조금 전에도 말씀드린 인신 거래 정의서입니다. 이 정의서는 2005년 6월에 국회에서 승인되었는데, 국내법이 미정비 상태였기에 일본에서는 발효되지 않았습니다. 2004년에는 미국 국무성 보고서에서 일본은 인신매매를 받아들이는 나라라고 지적받았습니다. 국내법 정비를 위해, 또 그런 지적을 받아 2005년에는 형법을 개정하여 인신매매죄라는 규정을 만들지 않을 수 없게 되었습니다.

세 번째로 매춘(성매매)이나 성폭력에 관한 의식 또는 인식구조의 변혁을 어떤 식으로 실현할지에 대한 문제입니다. '위안부'였던 일본인이 한 명도 이름을 밝힐 수 없는 상황이 현재도 이어지고 있습니다. 저도 어느 '위안부'였던 일본인의 이야기를 들은 적이 있는데, 그녀는 자신이 '위안부'였다는 사실이 주변에 알려지는 것을 매우 두려워하고 있습니다. 또 하시모토 시장은 '위안부' 제도는 필요했다고 말했고, 주일 오키나와 미군 사령관에게 유흥업소 활용을 진언했다는데 그런 발언을 해도 시장직을 그만두지 않아도 되는 것입니다. 그런 상황이 변하기 위해서는 무엇이 필요하지, 라는 문제가 있지 않을까요?

네 번째로 '자긍심'의 문제를 이야기하고자 합니다. 저는 이런 식으로 생각해야 한다고 봅니다. 전후 60 수년간 일본인은 문제가 없다고는 못하더라도 평화롭고 자유로운 민주주의적 사회를 만들어 왔다고 생각합니다. 그 전통을 지키고 발전시키는 일은 우리들의 하나의 긍지라고 생각합니다.

그렇다고는 하지만 식민지배와 침략이라는 과거를 극복하고 동아시아에서 진심 어린 신뢰 관계 구축의 과제는 달성하지 못하고 있습니다. 이것을 완수하면 우리는 새로운 전통을 만들어가는 것이 되지 않을까 생각합니다.

역사학은 개별 실증 위에 만들어야만 하는 것인데, 현대 우리가 안고 있는 과제를 해결하는 데에 부여해 가는 것이야말로 역사를 연구하는 의미가 있는 게 아닐까요? 장시간 들어주셔서 감사합니다.

참고문헌(본문에서 소개한 것 이외)

- 오노자와 아카네, 『근대 일본 사회와 공창제도』, 요시카와코분칸吉川弘文館, 2010년.
- 요시미 요시아키, 『종군위안부』, 이와나미신쇼岩波新書, 1995년.
- 동, 『일본군 '위안부' 제도란 무엇인가?』, 이와나미부클릿岩波ブックレット, 2010년.
- 동 편, 『종군위안부 자료집』, 오쓰키쇼텐大月書店, 1992년.

이 원고는 2014년 도쿄역사과학연구회 입문강좌의 강연을 정리한
「일본군 '위안부' 문제와 역사학」(『인민의 역사학』203호, 2015년)을 근거로 일부 가필한 것입니다.

일본의 조선 침략사와 조선인의 주체성

가토 게이키加藤圭木

1. 잊힌 공해

다음은 일본이 지배하고 있던 조선(현재 대한민국·조선민주주의 인민공화국)에서 발행된 『매일신보』라는 신문 기사 「폐결핵의 원인은 공장 매연 관계?·흥남지방에 다수」(1939년 4월 13일 날짜)이다(신문 기사 원문은 조선어. 필자가 번역. 일부 의역함. 이하 같음).

호흡기병, 특히 폐병 환자가 속출하는 원인은 공업도시 흥남工都 興南에서 자욱하게 감도는 매연이 아닐까 추측된다. 올해 1월부터 3월 말에 걸쳐, 관할지역 사망자 총수 117명 중 호흡기병에 의한 사망이 38명으로 절대다수에 달했다고 해도 될 만큼, 사망자 중 3분의 1을 차지하고 있다. 사망 연령대는 22~23세부터 30세 미만이 대다수라고 한다.

'공업도시 흥남'에서 매연으로 건강피해가 발생했다는 것이다. 또 하나는 역시 조선에서 발행되던 신문 『동아일보』의 「화학공업이 집중 됐지만, 수산업의 전도 우려, 각 공장 폐수에 독소가 함유」(1939년 2월 4일 날짜)를 살펴보자. 여기에서는 공장 폐수에 의한 수산물 사멸이 보도되고 있다.

> 수년 전부터 조선 질소朝鮮窒素(비료주식)회사 공장이 있는 흥남 부
> 근 수십 리 이내의 바다에서, 그 이전에는 풍부했던 해삼, 은어, 자
> 패紫貝, 전복 등이 모습을 감추기 시작했다. 이것은 조선 질소 공장
> 에서 흘러나온 물에 다양한 생물을 사멸시키는 화학적 성분이 포함
> 되어 있기 때문이라고 한다.

이들 기사는 흥남이라는 지역의 사건을 보도한 것이다. 흥남은 조선 동북부에 위치하는 도시인데, 그 지역에는 일본 질소비료 기업 연대日本窒素肥料コンツェルン의 산하에 있는 조선 질소비료 주식회사 가 공장을 건설하였다. 일본 질소비료 콘체른은 노구치 시타가우野 口遵가 일본 질소비료를 바탕으로 세운, 이른바 신흥재벌의 하나로 전후에 미나마타병水俁病을 일으킨 질소 주식회사의 전신이다. 이하 번잡해지므로 전전의 일본 질소비료 콘체른, 그 산하의 조선 질소비 료 주식회사, 전후의 질소를 총칭하여 질소라고 부른다.

전후 미나마타병은 질소 공장의 배수에 포함된 메틸(유기)수은 이 바다나 강의 어패류를 오염시켜 그것을 먹은 사람에게 증상이 나 타난 공해병인데, 이 신문 기사에서 나타내고 있는 것은, 같은 질소 가 미나마타병을 일으키기 이전에 조선에서도 환경오염을 발생시켜 수산업에 막대한 피해를 주면서 건강피해도 일으켰다는 사실이다.

이런 사실은 지금까지 역사연구에서도 거의 대상화되지 않았고, 국가·민간 레벨을 불문하고 진상을 규명하는 움직임이 없었다. 미나마타병을 발생시킨 기업이 일으킨 조선의 공해는 지금에 이르기까지 진상규명되는 일 없이 계속 방치되고 있다.

조선에서 공해가 일어난 배경에는 식민지에 대한 차별이 있었다. 다른 기업의 사례에서 이 점을 살펴보자. 아사노 시멘트 주식회사浅野セメント株式会社는 1930년대 후반 조선에 시멘트공장을 설치하는데, 공장에서 분진이 흩날려 농업이나 주변 주민의 생활에 피해가 발생하는 사건이 있었다. 아사노 시멘트는 사실 그 이전에 일본 국내에서 같은 문제를 일으켰다. 그러나 지역사회로부터 강경한 반대운동의 영향을 받았고, 또한 공장규제 법 제도가 정비되는 중에(공장법), 아사노 시멘트는 방진 설비를 공장에 설치하여 공해 발생을 방지하게 되었다. 그런데도 불구하고, 조선에 진출했을 때는 방진 설비를 설치하지 않은 채 피해를 일으킨 것이다. 식민지 조선에는 일본 국내에서 시행되던 공장법이 시행되지 않았고, 공장을 감독하기 위한 법 제도가 불충분했다. 아사노 시멘트의 조선에서의 공해를 비판하는 신문 기사 중에는 공장법이 조선에 없어서 조선에서 공해가 일어났다는 주장도 있었다. 이런 법 제도상의 차별이 공해 발생의 원인이 된 것이다. 그에 덧붙여 식민지라서 무슨 일을 벌여도 상관없다는 의식이 아사노 시멘트 측에 있었던 것도 묵인할 수 없을 것이다. 식민지 조선에서는 조선총독부가 막강한 권력을 휘두르며 조선인은 무권리 상태에 놓여있었다. 그런 상황을 이용해 일본기업은 조선에서 공해 대책을 소홀히 하며, 막대한 이익을 얻으려고 한 것이었다. 아사노 시멘트 문제를 생각할 때 중요한 것은, 일본 국내에서 규제나 반대운동 때문에 일으키지 못하게 된 공해가 식민지로

내몰렸다는 것이다. 즉, 모순의 판로로서 조선은 존재하고 있던 것이다(졸고, 「조선 식민지배와 공해 – 전시기의 황해도 봉산군을 중심으로」, 『사해史海』61호, 2014년).

질소 공해도 조선 차별의 문맥으로 생각할 필요가 있다. 질소는 공장이나 댐을 건설할 때, 조선총독부의 강대한 권력을 배경으로 토지를 강제로 거두어들이고 노동자를 소와 말처럼 취급했다. 그런 조선인 억압의 연장선상에 공해가 있었다(강재언 편, 『조선에서의 일본 질소 비료 콘체른』, 후지출판不二出版, 1985년. 오카모토 다쓰아키岡本達明 외 편, 『문서聞書 미나마타 민중사 제5권 식민지는 천국이었다』, 소후칸草風館, 2000년).

그런데 일본과 대한민국·조선민주주의 인민공화국의 역사 인식에 문제가 있다. 일본 사회의 많은 사람이 떠올리는 것은 일본군 '위안부' 문제나 강제 연행 혹은 독도·다케시마를 둘러싼 영토 문제일 것이다. 이런 문제가 중요한 것은 말할 것도 없지만, 식민지에서의 공해 존재가 잊히고 있던 것을 고려하면, 우리는 여전히 식민지배 역사의 극히 일부만을 문제로서 대상화하고 있는 게 아닌지 깨닫게 될 것이다.

2. 아직도 전모가 해명되지 않은 침략·식민지배

일본사 연구 분야에서는 공해 문제 원점이라고도 불리는 아시오 광산 광독 사건足尾銅山鉱毒事件이나, 미나마타병 사건에 관심이 쏠리면서 그 중요성이 지적되고 있다. 예를 들어 고마쓰 유타카小松裕는 "(후쿠시마 제1) 원전 사고와 방사능 오염이라는 전대미문의 위기에 따라(중략), 아시오 광산 광독 사건의 실마리로 미나마타, 후쿠시마와 관련지어 생각하는 것을 통해 앞으로의 일본의 근대상은 아시오를 원점으로 해야만 한다는 것을 강조하고 싶다"라고 이야기하고 있다(고마쓰, 「아시오 광산 광독 사건의 역사적 의의 – 아시오·미나마타·후쿠시마를 관련지어 생각하다」, 역사학연구회 편『지진재해·핵재해 시대와 역사학』, 아오키쇼텐青木書店, 2012년). 이처럼 일본사 연구에서 공해 문제나 환경 역사를 둘러싼 논의가 주목받는 한편, 마찬가지로 일본이 국외에서 일으킨 공해나 환경파괴 문제에 대한 시점이 꼭 충분하지는 않다는 것에는 위화감을 느낀다. 게다가 식민지는 일본 국내 모순의 판로로써 이용되었기 때문에, 일본사에서 공해를 이야기하려면 식민지 역사도 시야에 넣어야만 할 것이다. 일본사 분야에서 매우 중요한 주제가 된 것 같은 환경 역사나 공해 문제가, 일본 식민지배사 안에서는 등한시되는 것이다. 이런 것은 다른 주제에서도 마찬가지이다. 일본사 분야에서는 군대가 지역사회와 어떤 관계를 맺고 있었는지를 다루는 연구가 활발히 이루어지고 있다. 이것은 오키나와에서의 미군기지 문제를 염두에 둔 것으로, 현대적인 과제와의 관계에서 봐도 중요한 연구영역이라고 할 수 있다(아라카와 쇼지荒川章二, 『군대와 지역』, 아오키쇼텐青木書店, 2001년. 등). 그러나 식민지 조선에서 군대와 지역 관계를 찾으려는 연구는 최근 드디어 사카모토 유이치坂本悠一 편『지역 속의 군대 7, 제국지배의 최전선』(요시카와코분칸吉川弘文館, 2015년)이 나온 정도로, 아직도 본격적으로 나오고 있다고는 말하기 어려운 상황이다. 일본의 조선 지배의 특징은 군사력으로 조선 측의 저항을 억눌렀다는 점에 있다. 군대는 식민지배의 가장 중요한 점인데, 그 군대를 지역사회사로부터 다시 파악하는 연구는 약하다.

'창씨개명'이나 강제 연행과 같은 주제에 대해서도 마찬가지이다. '창씨개명'은 옛날부터 일본 식민지배의 대표적인 정책으로 알려져 있었는데, 의외로 그 실태연구가 급속하게 진행되어 정리된 성과를 얻은 것은 최근 일이고, 현재도 연구가 계속되고 있다(미즈노 나오키水野直樹, 『창씨개명』, 이와나미신쇼岩波新書, 2008년. 아오노 마사아키青野正明, 「창씨개명의 정책 결정과정 - 조선민사령 개정을 보는 시점에서」, 『조선사연구회 논문집』50호, 2012년). 강제 연행에 대해서도 일본에 대한 강제 연행 연구에 대해서는 축적이 있지만, 조선 내의 동원에 대해서는 아직도 일부밖에 해명되지 않았다(졸고, 「식민지 시대 조선에서의 '노동자 이동 소개사업'(1935~1936)-조선 내 노동력 동원정책 전사」, 『일본식민지연구』23호, 2011년).

일본 사회에서는 역사 인식 문제를 둘러싸고, 한일 '화해'의 필요성을 외치곤 한다. 그러나 애초에 조선 침략·식민지배 실태에 대하여 여전히 충분히 알지 못하는데, 어떻게 '화해'할 수 있을까? 오해가 생기지 않도록 말하자면, 지금까지의 연구에서 일본의 조선 침략이나 식민지배의 기본적 성격은 밝혀졌고, 그것이 도저히 정당화할 수 없는 것이었다는 사실에는 변함이 없다. 다만, 아직도 조선 측의 피해 사실이 해명되지 않은 채, 많이 남아 있다는 점을 내가 주장하고 싶은 것이다.

물론 연구하려고 해도 문헌이 충분하게 남아 있지 않은 문제도 있다. 이것은 일본 국가가 조직적으로 증거인멸을 노린 것과 관계가 없지 않다. 또 식민지배의 억압하에서 조선인 자신이 기록을 남기기에는 극히 어려운 상황이었다는 것도 크게 작용하고 있다. 그러나 최근 문헌 정리가 진행되고, 일본에서는 식민지 관련 자료가 많이 포함된 방위성 방위연구소의 사료가 아시아 역사자료센터의 웹사이트(jacar.co.jp)에서 손쉽게 볼 수 있게 되었다. 한국에서도 대한민국 국가기록원의 웹사이트(archives.go.kr)에서 온라인으로 조선총독부 관련 행정문서의 상당 부분을 열람할 수 있게 되었다. 이것들을 이용하면 식민지배에 관한 연구를 크게 진전시킬 수 있을 것이다.

일본의 조선 침략·식민지배는 근대 일본에 의한 인권억압이고 사람들의 생을 되돌릴 수 없을 정도로 짓밟아, 존엄성을 계속 모독했다. 현재 일본 국가·사회는 그런 역사의 연장선상에 존재하고 있다. 그런 일본 국가·사회와 관계하면서 살아가는 사람들(물론 국가·사회와의 관계성은 사람마다 다르다. 따라서 여기에서 말하는 과제의 모습이 한결같지 않지만)의 앞에는, 국가나 사회에 의한 중대한 인권침해를 두 번 다시 일으키지 않기 위한 길을 찾는 과제가 존재하고 있다. 조선 침략·식민지배의 역사를 배우고, 사실을 분명히 해가는 행위는 그런 과제에 대답해 가는 것과 연결되는 작업이고 진행의 중간 단계이다.

3. 조선인의 주체성

여기까지 조선 침략사·식민지 지배사를 배우고, 확실히 해야 할 것의 중요성을 이야기해왔다. 그러나 이런 조선 침략사·식민지배사에서 주어는 항상 '일본'이다. 침략당한 측인 조선인은 항상 객체로 여겨져 버리는 것이다. 여기에 조선 침략사·식민지배사의 함정이 있다. 즉, 일본의 침략이나 식민지배의 역사를 강조하는 것만으로는, 조선인은 일방적으로 침략당한 존재로만 취급되어버린다. 조선인을 그렇게 침략 때문에 조롱받을 만한 무력한 존재로서 인식하는 것은 타당할까?

일찍이 일본 측의 설명은 조선이나 조선인이 무능한 존재라고 주장하는 것으로, 조선 침략·식민지배의 정당화를 도모하고 있었다. 전전 조선사 연구는 오로지 일본인 학자가 담당했고, 거기에서 제시된 역사상은 정체사관·타율성 사관에 근거하는 것이었다. 이 것은 조선의 후진성을 강조함과 동시에 조선의 역사 전개의 직접적 인 원인을 한결같이 외부에서 찾는 것이었다. 그리고 조선은 자력으 로는 발전할 힘도 없고 주체성도 없어서 일본이 지배하여 발전시켜 준다는 형태로 식민지배의 정당화를 꾀했다. 또 이런 조선사상이 일 본인 속의 조선에 대한 멸시를 강화한 점도 부정할 수 없는 사실이 다(요시노 마코토吉野誠, 「조선사 연구에서의 내재적 발전론」, 『도카이대학기요 東海大学紀要 문학부』47호, 1987년). 또한 이런 인식은 오늘날에도 형태를 바꾸면서 재생산되고 있다.

식민지배 문제를 비판적으로 고찰하려면, 조선인 측의 주체성 을 정당하게 인식하는 것이 무엇보다도 중요하다. 조선인의 주체성 과 마주 보는 일 없이 특히 침략사를 일관되게 논한다면, 결국 전전 의 정체사관·타율성 사관과 같은 인식에 늘어설 가능성이 있다. 물 론 공연히 주체성을 강조하는 게 좋다는 것이 아니다. 조선인 측의 주체성을 과도하게 강조하면 식민지배는 그다지 폭력적이지 않았다 는 이해로 이어질 위험이 있다. 조선인의 주체성과 식민지배의 폭력 성을 어떻게 관련지어 논해야 할 것인가?

그래서 지금까지의 연구가 어떻게 조선인 측의 주체성을 그려내 려고 해왔는지를 검토하고자 한다. 먼저 1950년대 후반 이후, 큰 역 할을 한 내재적 발전론을 소개하면서 1970년대 이후 한국에서의 민 중 사학 전개를 논하고자 한다. 그리고 그것들이 1980년대 이후 영 향력을 잃어가며 논의가 변해가는 양상을 논하고자 한다.

우선 내재적 발전론이란 정체사관·타율성 사관을 극복하기 위 해 "'타율적'이 아니라 '내재적'으로, '정체적'이 아니라 '발전적'으로 조선 역사를 규명해가려는 방법적인 관점이다"(요시노 마코토). 내재적 발전론이란 전전의 일본인 학자에 의해 낮게 평가된 조선의 역사를 재평가하고, 주체적인 조선사상을 그려내려고 한 것이었다고 할 수 있을 것이다. 구체적으로는 조선왕조 후기 상품경제발전과 '자본주의 맹아의 발생', '실학'(조선왕조 시대에서의 근대사상의 선구), 근대 개화파·개화사상(근대화를 추진하는 세력·사상)의 연구가 진행되었다(가스야 겐이치糟谷憲一,「서론」, 조선사연구회 편『조선사연구입문』, 나고야대학출판회, 2011년). 요컨대 조선은 자주적으로 발전·근대화할 수 있었는데, 일본의 침략과 식민지화에 의해 그런 발전이 억눌렸다는 역사 이해이다. 일본에서 내재적 발전론의 대표적 논자로는 가지무라 히데키梶村秀樹와 강재언을 들 수 있을 것이다. 가지무라는『조선에서의 자본주의 형성과 전개』에서, "조선에서 자본주의의 내재적 발전의 형성과 전개, 조선 근대사의 총 과정을 관철하고 있는 외곬의 붉은 실로서 체계적으로 파악"하고 "조선 자본주의가 단계별로 직면한 모순이나 그것을 지양하려고 하는 중에 지고 온 '일그러짐'의 특질을 더 선명하게" 그려냈다. 게다가 가지무라는 조선에 대한 외부로부터의 침략에 대항하는 주체로서 민중에 주목하며 민중운동의 전개를 그려내려고 하고 있다. 또 강재언의 연구는 조선 민족운동과 그 사상 형성·발전과정을 체계적으로 논한 것이다(강재언,『조선의 개화사상』, 이와나미쇼텐岩波書店, 1980년 등). 가지무라나 강재언은 제국주의 침략에 대항하는 주체로서 조선 민중이나 조선 민족운동, 조선 경제의 발전을 논하고 있는 것이 특징이라 할 수 있다.

한편 한국에서도 1960년대 이후 내재적 발전론의 논의가 이루어졌다. 그리고 한국의 독재정권에 대한 민주화운동이 펼쳐지는 가운데 1970년대 이후 '변혁 주체'로서의 민중을 중심으로 둔 민중 사학이 전개되어 갔다(윤건차, 『현대 한국의 사상』, 이와나미쇼텐, 2000년 등). 또한, 민중 사학은 제국주의 침략에 대항하는 민중을 주체로 한 역사상이라 할 수 있을 것이다.

하지만 1980년대 이후 내재적 발전론이나 민중 사학이 제시하는 조선 측 주체성의 묘사 방법에는 의문이 나타나게 되었다. 하나는 '지배와 저항'이라는 이항대립적인 구조에 대한 의문, 또 하나는 '민중'상에 대한 의문이다.

전자는 윤해동을 비롯한 사람들이 제기하였다. 그들은 식민지 배에 대한 저항이라는 도식으로 이야기하는 방식은, 많은 문제를 놓쳐버린다고 주장한다. 그들의 논의에 따르면 식민지배 속에서 근대적 제도나 규율 규범이 민중 안에 침투해가며, 근대적인 주체나 지배에 대한 합의가 형성되어 갔다고 한다. 즉, 내재적 발전론이나 한국의 민중 사학이 민중주의 입장에 근거하여 저항 주체로만 민중을 다루어 온 것을 비판하고, '지배와 저항'의 이분법으로는 파악할 수 없는 영역 분석의 필요성을 제기한 것이다. 이 연구 조류는 식민지 근대화론이라 불린다(조경달, 『식민지 시대 조선의 지식인과 민중 - 식민지 근대성론 비판』, 유시샤有志舍, 2008년. 윤해동, 「식민지 인식의 '회색지대' - 일제하의 '공공성'과 규율 권력」, 『현대사상』, 2002년 5월호. 이타가키 류타板垣竜太, 「〈식민지 근대〉를 둘러싸고 - 조선사 연구에서의 현상과 과제」, 『역사 평론』 654호, 2004년).

식민지 근대화론이 그리는 민중상은 저항 주체로서의 민중상을 극복하려고 한 나머지, 일본의 지배가 가져온 근대성을 수용하고 내면화하는 측면이 강조된 점에서 문제이다. 이 점만이 강조되면 조선인의 주체성은 오히려 제거되고, 일본이 가져온 근대성에 의해 좌우되는 존재가 될 수도 있다.

일본의 침략으로 생활이 파괴되고, 사람들의 존엄성이 짓밟히는 상황이 계속되는 중에, 식민지배가 가져온 근대성을 민중이 수용하고 내면화했다고는 도저히 할 수 없다. 이 점을 이해하기 위해서 하나의 사례를 소개하고자 한다. 앞에서 서술한 아사노 시멘트공장이 일으킨 분진 피해에 대하여 지역 주민들은 자신의 생존을 걸고 연일 공장을 둘러싸며 철저하게 저항운동을 했다. 공장은 '근대화'의 상징이라고도 할 수 있는 것이지만, 그 공장은 주민의 생활을 파괴하는 원흉으로 도저히 받아들이기 힘든 것이었다(전술 졸고, 「조선 식민지배와 공해」). 근대성을 수용한 민중성을 그려내는 게 아니라 오히려 민중에게 휘둘린 폭력의 실태와 그에 대한 민중의 생존을 건 주체적인 행동이야말로 주목받아야 할 것이다.

후자는 조경달을 비롯한 사람들이 제기했다. 조경달도 논고에서 조선 민중의 주체성을 근대적인 민족주의 입장에서 해석하는 것을 비판하며, 식민지 근대화론의 민중상에도 강한 위화감을 표명하고 있다. 조경달에 의하면 조선 민중은 근대세계와는 관계가 없는 곳에서 살고 있어서 식민지 권력에 의해 결코 통합될 수 없는 민중의 동향이 있다고 한다. 조경달은 조선 왕조시대에는 '유교적 민본주의'의 정치문화가 조선에서는 성립하고 있었다고 한다. 정치문화란 '정치나 항쟁이 이루어질 때, 그 내용이나 전개 모습 등을 규정하는 이념, 전통, 관념, 신앙, 미신, 소원, 관행, 행동규범(규칙) 등의 정치과정에 관계되는 모든 문화'이다. 또 '유교적 민본주의'란 주자학에 근거하여 백성을 위해서 정치하는 덕치주의적인 정치이념을 가리킨다(조경달, 『근대 조선과 일본』). 그에 의하면 '유교적 민본주의' 정치문화 속에서 살아온 민중은 일본의 지배 때문에 무력에 기초한 폭력적인 지배에 노출되던 중에 '유교적 민본주의'적인 행동양식으로 항의 활동을 펼쳐

간 것이라 한다.

조경달의 논의는 근대주의적이지 않은 형태로 조선 측의 주체성·독자성을 그려냈다는 점에서 매우 중요하다. 다만, '유교적 민본주의'라는 정치문화가 침투했다며 조선 사회를 약간 일심동체로 파악하려는 것처럼 생각할 수 있는 점에는 의문이 남는다. 지역·계층·성 등에 의해 '유교적 민본주의' 침투도는 다 같지 않다고 생각한다. 조경달의 연구를 고려하면서 논의를 더 치밀하게 해 갈 필요가 있을 것이다.

그럼, 여기까지 살펴본 것 중에서 1980년대 이후 민족주의를 상대화하려고 하는 논의가 강해진 것을 확인할 수 있을 것이다. '민족'이란 자연스럽게 존재하는 것이 아니라, 역사적으로 형성된 것에 지나지 않는다. 그러나 잊지 말아야 할 것은, 근대 조선 식민지배는 '조선인'이라는 구조를 바탕으로 차별적인 지배정책을 시행한 것이다. '조선인'으로서 차별받은 사람들이 '조선인'으로서의 의식을 갖고, 식민지배에 대해 이론을 제기한 것은 극히 당연한 일이었다. 예를 들어 일본인에 의한 경제 진출이 진행되어 조선인 측의 산업이 압박되어 가던 중에 조선인 측은 일본 측에 대한 저항 의식을 가지게 된다. 나진이라는 어촌에서는 지역 특산물로서 미역채취를 적극적으로 진행하였고, 그 이익은 조선인 생활을 지탱하는 역할을 하는데 이르렀다. 그러던 중에 미역은 일본인에게 결코 뒤질 수 없는 '조선인의 산업'이라는 의식이, 조선인 측에서 형성되었다(졸고, 「식민지 시대 조선에서의 항만 '개발'과 어촌 - 1930년대 함경북도 나진」, 『인민의 역사학』190호, 2011년). 이런 점을 고려하면 '민족'이라는 구조를 단순히 무효화하면 된다는 것이 아니다. 식민지배에 맞서는 중에 사람들이 어떻게 대응했는지, 그러던 중에 '민족'의식은 어떻게 부상했고, 어떤 역할을 해냈는지를 신중하게 밝힐 필요가 있지 않을까?

4. 지역사회사의 진전

위와 같이 조선인의 주체성을 둘러싼 논의 변천을 살펴봤는데, 지금 요구되고 있는 것은 '유교적 민본주의'나 민족주의와 같은 분석 구조를 고려하면서 더 세밀하게 논의해가야 한다. 사람들의 생은 어떠한 상황에 놓여있었는지, 그 구조를 복원하는 작업을 진행하면서 그런 구조 속에서 사람들의 주체성을 부상시키는 작업이 필요하다고 생각한다. 사람들 생활의 터전인 지역사회로 초점을 좁힌 연구가 최근 진전되고 있는데, 그것은 그런 과제에 따른 것이다.

먼저 주목하고자 하는 것이 한국 지수걸의 연구이다. 지수걸은 식민지 조선의 지방지배 모습을 '관료 — 유지 지배체제'로 파악하고 있다. 이것은 조선총독부가 농촌지역의 유력자(유지)를 협력자로서 구슬려, 쌓아 올린 지역 지배체제를 가리킨다. 지수걸은 지역사회에서 생긴 각종 여러 문제를 둘러싸고 지배의 협력자인 유력자와 그에 대항하는 '혁신 청년'의 동향을 들면서 지역사를 서술하고 있는데, 지역의 실태를 다면적·입체적으로 그려내는 데에 성공하였다(지수걸, 「일제하의 공주지역 유지 집단의 도청 이전 반대운동」, 『역사와 현실』20호, 1996년. 동, 「일제시대 충남 부여·논산군 유지 집단과 혁신 청년집단」, 『한국문화』36호, 2005년 등. 모두 조선어). 또한 이타가키 류타는 경상북도 상주의 지역사회사를 19세기부터 식민지기라는 기간으로 논하고 있다. 조선왕조 시대 상주의 유력자 동향을 논한 후에 그것이 식민지기에 어떻게 변동됐는지를 세밀하게 고찰하고 있다(이타가키, 『조선 근대 역사 민족지 – 경북 상주의 식민지 경험』). 또 나 자신도 일본 측에서 일방적으로 강요한 '항만개발'을 둘러싸고 어촌 측이 어떻게 대응했는지 검토를 하고 있다(전술 졸고, 「식민지 시대 조선에서의 항만 '개발'과 어촌」 외).

또한 앞서 말한 공해연구도 이런 연구와 이어지는 것이다. 이들 연구는 작은 시점에서 식민지배의 실태를 심도 있게 연구하려는 것이라고 할 수 있다. 지역사회의 시점 도입으로, 사람들의 생활이나 사람들이 직면하던 문제와의 관계에서 사람들의 행동이나 사상이 논의되게 된 점에 큰 의의가 있다고 생각할 수 있다. 앞으로는 이런 마이크로 레벨의 연구와 민족주의나 '유교적 민본주의'를 둘러싼 기존 연구를 이어가는 것이 중요할 것이다.

그럼 지금까지 살펴본 지역사회사가 대상으로 하는 것은, 일본에서 말하는 군이나 행정 촌에 해당하는 레벨의 지역이었다. 그런 연구도 물론 중요하지만 나는 다른 레벨의 지역사를 구상할 필요가 있다고 느껴, 조선 동북부인 함경북도의 사회사에 집중하고 있다. 함경북도는 일본에서 말하는 현 레벨에 해당하는 지역이다. 이 함경북도는 중국·러시아와 국경을 접하는 지역으로 조선왕조에서는 '변방'으로 여겨져 유교의 전파가 낮았다고 한다. 또 독자적인 경제활동이 활발하게 전개되고 있었다. 함경북도에서는 벼농사 지대인 조선의 남부와 달리 밭농사가 중심이었다. 게다가 어촌이나 상업의 중요도가 높고, 다른 지방에 명태나 마 등의 특산물을 이출하거나 국경을 넘는 사람이 있어, 물건의 이동이 매우 번창했다. 이처럼 함경북도는 하나의 '경제권'이라고 할 수 있었다. 다만 일본의 조선 침략에 따라 함경북도는 만주에 대한 접속 루트로써, 나아가 군사적인 의도로부터 일본의 가상 적국인 러시아(소련)에 대항하는 거점으로써 일본 측에 의해 재편의 대상이 되어 간다. 하지만 일본의 지배정책에도 불구하고 함경북도의 식민지화 이전의 독자적인 특질이 쉽게 퇴색하지 않고 변용하면서도 끈질기게 존속해 가는 것이었다. 이 연구를 통해 내가 주장하고 싶은 바는, 조선 사회를 하나로 파악하는 것이 아니라 그

다양성을 전제로 하면서 일본 측에 의해 일방적으로 규정되지 않는 주체적인 조선 사회상을 제시하는 것이 중요하다. 그렇게 함으로써 일본의 식민지배와 마주하는 조선 측의 주체성을 더 두툼하게 기술하는 것으로 이어지는 게 아닐까 생각한다(졸고, 『식민지 시대 조선의 지역 변용 – 일본의 대륙진출과 함경북도』, 요시카와코분칸吉川弘文館, 2017년). 또한 함경북도 사회사를 구상하는 계기가 된 것은 앞서 말한 내재적 발전론을 중심적으로 이끌어 가는 가지무라 히데키의 「구한말 북관北関 (함경남북도)지역경제와 내외교역」(『상경논총商経論叢』, 〈가나가와대학〉26권 1호, 1990년)이다. 가지무라는 내재적 발전론적 입장에서 지역경제의 전개를 생생하게 그려내며 식민지화에 억압되기만 하지 않는 지역상을 제기했다. 이 논문에서 볼 수 있듯이 가지무라의 내재적 발전론은 민족·민중의 발전을 도식적으로 그려내려고 했었다고는 단순하게 말할 수 없을 것이다. 가지무라가 제시하는 사회상을 다시 읽고, 조선 사회의 내재적 전개 과정을 다시금 해명할 필요가 있다.

이 장에서 살펴본 지역사연구는 지역의 실태를 파고들려고 하는 점에서 조선인의 주체성뿐만 아니라 식민지배의 피해를 더 상세하게 밝히는 것으로도 이어진다고 할 수 있다. 지역의 시점에서 침략사·식민지 지배사와 조선 측의 주체적인 역사상을 교차시키는 것이 중요한 연구과제이다.

5. '모르는' 것을 출발점으로

일본 사회에서 태어나 자란 많은 사람에게 조선 침략사나 식민지 지배사 하물며 조선 측의 주체적인 역사상을 알 수 있는 기회는 극히 적다. 그 이유는 일본의 조선 식민지배에 대한 비판적인 인식이 일본 정치 및 사회에서 확립되지 않았기 때문이다. 지금까지 일본의 총리는 무라야마 담화(1995년) 등으로 침략과 식민지배 문제에 불충분한 형태이긴 했지만 언급해왔다. 그러나 일본은 식민지배의 범죄성·불법성을 인정한 적이 한 번도 없으며 일본 사회에서는 식민지배에 대한 정확한 인식의 결여는커녕 식민지배를 정당화하거나 조선인에 대한 차별적인 언사를 아무렇지 않게 늘어놓는 이들조차 있다. 이런 상황은 현재 일본이 틀림없이 조선을 비롯한 아시아 여러 국가를 침략하고 지배한 일본제국의 후계국가라는 점을 나타내고 있는 것이 아닐까? 전후 일본은 '민주화'되었다고들 하는데, 침략과 식민지배가 근대 일본에 의한 최대급 인권억압이었다는 사실을 고려하면, 이것에 대한 진상규명과 청산 없이는 진정한 의미의 민주화가 되었다고는 할 수 없을 것이다.

나를 포함한 역사를 배우는 사람들은 역사를 '모른다'라는 점을 직시하면서, 배우고 알려고 하는 것부터 시작해야만 한다. 여기에서 '모른다'라는 것은 일본 사회에서의 역사연구의 성과가 침투하지 않았다는 것뿐만 아니라, 역사연구도 또한 많은 사실을 아직 밝히지 않았다는 의미이다. 역사를 배우는 것은 인권억압의 역사 그 자체를 되묻는 것으로도 이어지는데, 동시에 그런 인권억압을 은폐하고 알려고 하지 않았던 전후 일본의 재질문과도 연결이 된다. 더 말하자면 그런 일본 사회와 관계하면서 살아가는 한 사람 한 사람 인간의 모습을 되묻는 것으로도 연결되는 것이다.

참고문헌

- 이타가키 류타板垣竜太, 『조선근대의 역사 민족지 - 경북 상주의 식민지 경험』, 아카시쇼텐明石書店, 2008년.

- 가토 게이키加藤圭木, 『식민지기 조선의 지역 변용 - 일본의 대륙진출과 함경북도』, 요시카와코분칸吉川弘文館, 2017년.

- 가지무라 히데키梶村秀樹, 『조선에서의 자본주의 형성과 전개』, 류케이쇼샤龍溪書舍, 1977년.

- 가지무라 히데키, 『배외주의 극복을 위한 조선사』, 헤이본샤라이브러리平凡社ライブラリー, 2014년.

- 조경달, 『근대 조선과 일본』, 이와나미신쇼岩波新書, 2012년.

구축주의와 젠더, 섹슈얼리티

오이카와 에이지로及川英二郎

머리말

"남자는 ○○한 것이지"(예를 들어 '떳떳하다'던가 '칠칠치 못하다' 등).
일상적으로 자주 듣는 이런 주장에는 의심해야 할 부분이 두 군데
있다. 먼저 '○○'인 것을 규정하는 범주로서 '남자'는 적절한가? 이
것이 첫 번째이다. '남자는 정말로 ○○한가?'라는 소박한 의문이다.
'나도 남자니까 ○○해야 해'라고 생각하는 사람이라면 '남자라는 이
유로 너랑 같은 취급하지 마'라는 반감도 생긴다.

다른 하나는 '남자란 애초부터 누구?'라는 의문이다. 예를 들어
성적 주체성이 남성인 여성이나, 성적 주체성이 여성인 남성은 거기
에 포함되는가? 후술하듯이 생물학적인 성차性差뿐만 아니라 성적
주체성(gender identity)이나 성 표현(sexual presentation), 그리고 성적
지향(sexual orientation) 등, 인간의 섹슈얼리티性를 규정하는 수준은
다원적이고, 그 조합은 무수하다. '남자는 ○○한 것이지'라고 할 때

의 '남자'란 그 무수한 조합의 어디에 해당할까? 또 '~것이지'라는 소리를 들은 측은, 그런 말은 한 측과 철두철미한 '남자'(또는 다른 '여자')라고 할 수 있을까?

전자의 의문은 '남자' '여자'와는 다른 범주에 주의를 기울이는 것이다. '떳떳하다'던가 '칠칠치 못하다'와 같은 자질은 남녀 차이에 의한 것이 아니라, 태어나고 자란 환경이나 사회적 조건 차이에 의한 것이 아닐까? 즉, 여기에서는 '남자'라는 범주의 '선택'을 묻고 있다. 이에 반해 후자는 범주의 내실, 그 자체에 관한 의문으로 이른바 범주의 '창출'을 묻는 것이라고 해도 좋다.

이처럼 사용되는 범주를 '선택'과 '창출'의 양면에서 의심할 것. 이것은 매우 중요한 시점이다. 어떤 범주를 사용할지는, 논의의 큰 틀이나 방향성을 정하는 매우 정치적인 행위이기 때문이다. '남자' '여자'로 한정하지 않는, 우리의 언어 행위는 다양한 범주에 의해 규정되고 있다. 그러한 범주들을 당연시하지 말고, 그 정치성을 그때마다 따질 것. 역사연구에도 그런 자세가 요구된다.

1. 구축주의(Constructivism)

일본의 역사학계에서는 1980년대 즈음부터 '구축주의'라는 사고방식이 유력해져 왔다.[1] social constructionism를 '사회 구축주의'나 '사회 구성주의'로 번역되는 이 사고방식은(이하, 구축주의), 도쿄역사

---

[1] 구축주의에 대해서는 우에노 지즈코上野千鶴子 편, 『구축주의란 무엇인가?』(게이소쇼보勁草書房, 2001년) 참조

과학연구회(이하, 동역연)에 있어서는 가장 인연이 먼 사고방식 중 하나이기도 하다. 동역연뿐만 아니라 '구축'이라는 언어에 표류하는 어딘가 살벌한 어감도 한몫하여 이 사고방식에 대한 거부감은 지금도 뿌리 깊다.

사회는 언어에 의해 구축되어 있다. 한마디로 말하자면 이것이 구축주의의 기본적인 테제이다. 이것만 들으면 기상천외한 망상으로 들릴지 모르겠다. 눈앞에 있는 책상이나 의자는 재목을 조합하여 인간이 만든 것으로, 언어가 목수처럼 만들어 낸 것이 아니다. 그렇지만 '구축'이라는 용어를 어디까지 급진적으로 이해하는지, 논자에 따라서 인식의 차이는 있지만, 전술의 논제를 다음처럼 바꿔 말하면 어느 정도 거부감은 누그러질지도 모른다. 인간의 인식은 언어에 의해 이미 범주화되어 있다.

예를 들어 '당신은 누구인가요?'라는 말을 들었을 때, 보통 '저는 저입니다'라고 대답하는 일은 없다. 자신을 알아맞히는 데 '저는 저입니다'라는 표현이 아무리 적절했다 치더라도, 상대에게 자신을 설명할 때는 '저는 교원입니다' '저는 50살입니다' '저는 일본인입니다' '저는 남성입니다'와 같은 식으로, 자신을 무언가의 집합에 귀속시켜 제시하는 것이 통례이다(교원의 집합, 50살의 집합, 일본인의 집합, 남성의 집합 등). 그렇게 하지 않으면 상대에게 의미가 전달되지 않는다. 마찬가지로 '저 사람은 누구지?' '이것은 무엇이지?'와 같은 물음에도 들어맞는다. 인간은 사람과 사람과의 관계 속에서 의미를 서로 전달하고 있어서 의미를 이해한다는 행위는 자문자답 같은 단독 스타일을 취했다 치더라도, 반드시 '어떤 집합에 귀속시키는' 작업을 동반한다. 바꿔 말하면 인간이 사회에 의미를 줄 때, 범주화를 피하고는 통할 수 없다. 인간은 이미 언어에 의해 범주화된 세계를 살아가고 있다.

예를 들어 '일본인'이라는 범주에 대하여 생각해보자. 상대에게 자신을 제시할 때, 항상 '저는 일본인입니다'라고 말해야 하는 것은 아니다. 상대에 따라서는 '저는 교원입니다' '저는 남성입니다' '저는 50살입니다'라고 말하는 것이 적절한 예도 있다. 그 의미에서는 '일본인'이라는 범주는 항상 제시해야 하는 특권적인 것이 아니라, 수많은 선택지 중 하나에 지나지 않는다. 여기에서는 범주의 선택을 묻고 있다.

그러나 여기에서 말하는 '일본인'이란 애초에 무엇일까? 그 정의를 따지자면 더 난해한 미로를 헤매게 된다. '일본 국민'이라고 바꿔 말해도, '일본어 화자'로 바꿔 말해도, 어딘가 다르다. 미국 국적의 일본계 사람은 일본 국민이 아니지만, 일본인으로 여기는 경우가 많고, 일본에서 태어나 자란 재일조선인은 일본어 화자이지만 그때그때의 정치 상황에 따라 일본인의 범주에 포함이 되기도 하고 그렇지 않은 경우도 있다. 게다가 '일본 국민'도 '일본어'도 정의는 역시 애매하다. 하물며 '일본문화' 등을 꺼내면 '일본문화'의 정의를 둘러싼 보다 심한 혼란이 기다리고 있다. 그래서 일상적으로 많이 사용되는 '일본인'이라는 범주는 오히려 직관적인 것에 지나지 않고, 불안정하며 정의할 수 없다고 생각하는 편이 좋다. 그 선 긋기는 자의적이며, 사용하는 사람에 의해 동요한다. 즉, '일본인'은 그때그때 인위적으로 창출되고 있는 것이다.

이상과 같이 범주는 선택되고 창출된다. 그것은 이중으로 구축되어 있다. 1980년대 후반부터 일본의 역사학계에서 영향력을 가진 '국민국가론'도 근대가 되고 '국민(nation)'이라는 일체감이 어떤 경위에서 창출되어 특권화되었는지를 묻는 연구 조류였다. 그때까지의 역사연구에서 '국가(state)' 형성 과정은 논의되어도, 그것을 구성하는 사람들은 '일본 민족' '일본인' '일본 국민' 등의 규정을 혼재하면서, 원시·고대부터 이어진 자연스러운 단위인 것처럼 간주되어 왔다.

> 마르크스가 1848년의 그 기념비적 정식화 '어느 국가의 프롤레타리아트도 당연히 먼저 그 자신의 부르주아지를 정리해야만 한다'에서, 이 결정적으로 중요한 대명사가 무엇을 지시하고 있는지를 명시하지 않은 채 끝내버린 것을 어떻게 설명할 수 있을까?
>
> (강조점은 오이카와及川, 강조 동그라미는 번역문 그대로[2])

이것은 '국민국가론'의 발기인이라고 할 만한 베네딕트 앤더슨(Benedict Anderson)의 지적이다. 마르크스가 '그 자신'이라는 대명사로 '당연'하다고 한 그 단위를 의심할 것. '동연역'을 비롯하여 마르크스주의 사학을 주축으로 하는 전후 역사학에서, 이것은 듣기 거북한 제안이다. '국민국가론'은 이런 직감적인 일체감의 역사성이나 인위성을 질문하고, 그것이 자연스러운 단위인 것처럼 특권화되는 과정을 근대 역사로서 재구성하는 것이다.

참고로 이런 사고방식의 전제에는 언어 그 자체에 대한 파악 방식에 큰 전환이 생긴 경위가 있다. 20세기 초 언어학자 소쉬르(Ferdinand De Saussure)로 거슬러 올라가는 언어론적 회전(linguistic turn)이다. 언어는 결코 대상물을 인간의 뇌에 전달하는 단순하고 보

---

2   베네딕트 앤더슨(Benedict Anderson), 『상상의 공동체』, 시라이시 사야白石さや, 시라이시 다카시白石隆 역, 리브로 포트リブロポート, 1987년, p. 13. 이 책의 원주 6(p. 21.)도 참조.

조적인 매체가 아니다. 오히려 인간의 인식을 지배하는 주역이다. 이 발상 전환 때문에 어느새 언어 외에, 언어와는 관계없이 행위 하는 주체를 상정할 수 없어졌다. 그렇다면 인간은 언어에 구속되기만 하는 수동적인 존재밖에 되지 못하는가. 언어 외부가 아닌 내부에 인간의 주체성을 확보할 것. 이 원고에서 설명할 여력은 없지만, 포스트 구조주의나 탈구축과 같은 시도가 시작되는 것은 이런 동기 때문이다.

2. 젠더

'남'과 '여'와 같은 범주를 당연시하지 않기 위해서 도입된 것이 젠더(gender)라는 개념이다. 그것은 구축주의적 사고방식을 촉발하고 육성해왔다.

남성명사나 여성명사 등, 원래 유럽 언어에서 볼 수 있는 대개념을 가리키는 문법 용어로서 사용된 젠더는 1970~1980년대에 우먼리브(women's liberation)나 제2파 페미니즘이라 불리는 여성해방운동 속에서 전략적으로 사용되었다. 그 주요 관심은 성별분업을 비판하는 것. 그것을 위해서는 '남'이나 '여'를 따로따로 끄집어내는 것이 아니라, 그 관계성 자체를 물어야만 한다.

그 점에서 현재 젠더의 정의로서 일반적으로 통용되는 것은 '문화적·사회적인 성차'라는 설명일 것이다. 후술하듯이 거기에는 생물학적인 성차(sex difference)를 언어의 권외에 두고, 그것을 자연스럽고 부동한 것으로 간주하는 함정이 숨어있다. 그렇지만 그 점은 일단 제쳐두고, 문화적·사회적인 성차로서 먼저 상정해야만 하는

것은, 남자다움·여자다움에 관한 한 쌍의 이미지이다. 남성상·여성
상이라든가, 남성성·여성성, 남성적·여성적으로 바꿔 말해도 좋다.
예를 들어 강하다·약하다, 파란색·빨간색, 전투적·평화적과 같은
남녀의 '다움'에 관한 이미지는, 지역이나 시대에 따라 달라진다. 즉,
인위적으로 만들어진 구축물에 지나지 않는다. 그래서 우리는 남성
과 남성성의 관계나, 여성과 여성성의 관계를 끊는 것도 가능하다.
즉, 여성이니까 여성적이어야만 한다는 것이 아니고, 남성이니까 남
성적이어야만 한다는 것이 아니다.

　　서양에서 통용되는 '다움'의 이미지가 다른 지역에서도 통용된
다고 한정할 수 없는 점은 마거릿 미드(Margaret Mead) 이후 문화인
류학에서 밝혀져 왔다. 마찬가지로 현재 통용되는 '다움'의 이미지가
어느 시대에서든 통용될 리 없다는 것은, 그야말로 역사연구 대상이
된다. 예를 들어 에도시대에 통용된 남성상이나 여성상이, 메이지시
대가 된 후 통용되지 않게 되는 경위는 메이지 천황의 초상이나 진
구 황후神功皇后상의 변용 과정에 잘 나타나고 있다.[3] 히미코卑弥呼에
대해서도 메이지에 직접 관계되지 않는 종래 이미지가, 근대 역사학
에 의한 편견으로 판명되었다.[4] 즉, 오늘날 일본 사회에서 통용되는
남성상이나 여성상은 근대가 되어 형성된 역사적 구축물임이 틀림
없다. 그 배경에는 자본주의 사회에서의 공사 분리와, 그것에 관련
된 성별분업 형성이라는 일련의 과정이 있다.[5]

3　다키 고지多木浩二, 『천황의 초상』(이와나미신쇼岩波新書, 1988년). 오사 시즈에長志珠絵, 「국가国歌와
　국어」(역사학연구회 편, 『강좌 세계사』4권, 도쿄대학출판회, 1995년). 동, 「근대 일본의 여성정책 혹은 문
　명화하는 신체」(『일본사상사 연구회 회보』20호, 2003년) 등 참조.

4　요시에 아키코義江明子, 『만들어진 히미코卑弥呼』, 지쿠마신쇼ちくま新書, 2005년.

5　이하 서술에 대해서는 졸고, 「노동과 젠더 재고」(『인민의 역사학』200호, 2014년)도 참조.

가내수공업에서 공장제 수공업(manufacture)으로 이행. 잘 알려진 이 자본주의화의 한 과정은 동시에 공장에서 이루어지는 작업과 집 안에서 이루어지는 작업과의 분리, 즉 공사 분리를 동반하는 과정이기도 하다. 가내에서 운영되는 작업의 하나가 공장으로 모여 공적인 일이 되고, 남은 작업이 가사로서 사적 영역으로 특화되는 것이다.

　　공사 분리는 '공이 위고 사가 아래'인 것처럼 우열 가치관을 동반한다. 하지만 그것만으로는 성차별로 이어지지는 않는다. 우열 가치관과는 따로(오히려 공과 사가 대등하게 다루어지고 있어도), 공사 분리에 남녀를 배정하는 행위가 없으면 근대적인 성차별은 발생하지 않는다. 이 '배정한다'라는 행위야말로, 구축주의가 의심해야 할 주요한 표적이다. '남' '여'라는 그 선택은 정말로 적절한가? 그리고 '남' '여'란 애초에 누구일까?

　　그러나 이 배정을 정말이지 당연한 것처럼, 그럴싸하게 보이게 하는 이념이 있다. 1762년에 나온 루소(Rousseau, Jean-Jacques)의『에밀』이 그 전형이다. 루소는 해부학적인 차이를 근거로 남녀의 능력 차(능동적, 수동적 등)를 이야기하고, 거기에서 역할의 차(성별분업)나 교육의 차를 정당화했다.[6] 생물학적인 성차를 이유로, 과학적인 모양을 가지고 성별분업을 정당화하는 이런 종류의 설명(나는 이것을 '루소의 저주'라고 부른다)은 지금도 강한 효력을 가지고 있다. "그렇지만 남녀 차이가 있잖아." 이 한마디에 의해 다양성이나 개인차에 관련된 주도周到한 논의는 순식간에 뒤집힌다.

　　어찌 되었든 공사 분리에 남녀가 배정되고, 성별분업이 성립한

6　장 자크 루소, 『에밀(하) 제5편』, 히구치 긴이치樋口謹一 역, 하쿠수이샤白水社, 1986년, pp. 65-76.

다. 남성이 공적으로 여겨지고 여성이 사적으로 여겨진다. 게다가 적합한 남자다움, 여자다움이 강조된다. 설령 거기에 우열 가치관이 동반하지 않았다 치더라도, 범주의 선택과 창출의 양면에서 그것은 문화적·사회적인 편견, 즉 젠더 바이어스(gender bias)가 다분히 포함되어 있다.

그렇지만 근대 젠더 바이어스는 그뿐만이 아니라 남성이 공적으로, 여성이 사적으로 여겨지는 것과는 반대로 공이 남성적으로, 사가 여성적으로 여겨지는 예도 있기 때문이다. 공사에 남녀를 문자대로 배정하는 것이 아니라, 남성적, 여성적이라는 이미지를 배정하는 것이다. 대체 뭐가 다를까?

공사에 남녀를 문자대로 배정하는 것은, 예를 들어 정치나 노동의 장에서 여성을 배제하고, 가사나 교육에 전속시키는 사태를 가리킨다. 여성참정권의 부인이나 남성우위 고용환경 등이 그것이다. 바로 근대정치사나 경제사의 주제다. 이에 반해 남성적, 여성적이라는 이미지를 배정한다는 것은, 정치나 노동의 장을 남성적인 장으로 간주하거나, 주방이나 보육원을 여성적인 장으로 간주하는 것을 가리킨다. 거기에는 여성 정치가가 있어도 남성 보육사가 있어도 상관없다. 그래서 언뜻 보기에 남녀평등이 전진하고 있는 것 같은 착각이 든다. 그러나 공사에 남성적, 여성적이라는 이미지가 배정되는 것에 의해, 공적인 장에 있는 남성은 '남성적인 장에 있는 남성'으로서 자연스럽게 보이고, 공적인 장에 있는 여성은 '남성적인 장에 있는 여성'이라는 형태로 부자연스럽게 보이고 만다. 그처럼 남성이 보편화되고 여성이 특수화된다(사적인 장에서는 반대로 여성이 보편화된다). 즉, 보편과 특수의 비대칭 관계성이 온존되고, 성별분업을 불가시한 형태로 존속시키는 것이다.

이 점을 지적한 것은 조앤 스콧(Joan Wallach Scott)의 『젠더와 역사학』이다. 스콧은 19세기 차티스트운동 이후 사회운동의 주류가, 협동주의적인 운동을 '여성적'이라며 비난하고 배제하여 계급을 남성적으로 구축했다고 논하고 있다. '노동자 계급의 형성'을 이야기하는 역사 서술에서 '여성의 모습이 보이지 않는 이유'가 이것이다.[7]

이 지적은 '동역연'에 있어서, 사실 남 일이 아니다. 마르크스주의 사학의 주류로 위치해온 동역연이다. 계급개념의 남성적 구축이라는 문제에 자각적이지 않으면, 남성의 경험이 보편화되는 구태의연한 경향은 피할 수 없을 것이다. 아무리 여성회원이나 여성위원이 늘어나고, 또 여성 대표가 취임하더라도, 그것으로 조직 체질이 자동으로 개선되는 게 아니다. 오늘날, 마치 젠더프리 학회라도 있는 것처럼 착각하고, 그 명세에 무심한 프리젠스(presence)를 이야기해도 그것은 타인이 없는 독백에 불과하다. 조직이 남성적인 장으로 퇴행하는 것은 시간문제이다. 창립 50년이라는 시점은 그런 분기점이기도 할 것이다.

3. 섹슈얼리티

남성, 여성이라는 생물학적 성차(sex difference)와 남성성, 여성성이라는 문화적·사회적 성차와의 관계를 끊는 것은, 전술한 것처럼 여성이기 때문에 여성적일 필요는 없고, 남성이기 때문에 남성적

---

7 조앤 스콧(Joan Wallach Scott), 『젠더와 역사학』, 오기노 미호荻野美穂 역, 헤이본샤平凡社, 1992년, p. 142. 역사학계에 대한 스콧의 영향에 대해서는 다카마쓰 모모카高松百香, 「동역연과 여성사·젠더사」(『인민의 역사학』200호, 2014년) 참조

일 필요는 없다. 젠더의 시점은 이렇게 섹슈얼리티의 다양성을 해방한다.

인간에게는 '남'과 '여', 두 종류밖에 없다는 생각 자체가 다양한 개체를 이원화하는 구축된 인식이다. 전술한 것처럼 섹슈얼리티를 규정하는 수준은 생물학적인 성차뿐만 아니라, 성적 정체성이나 성 표현(예를 들어 남장, 여장이나 남자 언어, 여자 언어), 성적 지향 등 다원적이다. 각각의 수준에서 두 갈래로 한정해도 생물학적 성차에서 두 갈래, 성적 정체성에서 두 갈래, 성 표현에서 두 갈래, 조합하면 여덟 갈래가 있다. 그것이 어떤 파트너십을 결부할까? 성적 지향의 조합을 기계적으로 산출하면 36갈래가 된다. 양극에 수습되지 않는 중간적인 개체가 그러데이션처럼 존재하는 것을 생각하면, 조합은 더욱 무한으로 넓어진다. 이 확장을 남성, 여성으로 이성애異性愛라는 이원적인 구조로 밀어 넣는 것 자체가 문화적·사회적인 편견이다. 겉으로는 이성애라 생각할 수 있는 관계성도 성적 주체성의 레벨에서는 그렇다고 한정할 수 없고, 기억 속에서 스스로 단단하게 봉인해온 모든 경험도, 다양한 섹슈얼리티의 시점에서 보면 다른 의미를 띠는 일도 있다. 어느 시점에서의 성적 주체성이나 성적 지향이 평생 변하지 않는다고도 할 수 없다.

이 성적 다양성은 생물학적인 성차(sex difference)도 사실은 문화적·사회적으로 구축된 것이 아니냐는 의심을 환기한다. 그러므로 스콧은 젠더의 정의를 문화적·사회적 '성차'가 아닌 '육체적 차이에 의미를 부여하는 지식'이라고 말을 바꾸어 이원화하는 구조 그 자체를 문제시했다.[8] 그러나 구축주의의 이런 근본적인 주장에 대해서는

---

8 앞에 게재한 주 7 스콧, 『젠더와 역사학』, p. 105.

역시 뿌리 깊은 거부반응이 있다.

예를 들어 생물학에서 사용되는 XY와 XX와 같은 염색체 레벨의 정의는 중간적 존재를 이원론으로 배제하는 것뿐만이 아니라, Y를 가진 남성과 Y를 갖지 않는 여성(결코 X를 가진 여성이 아니다)이라는 형태로, 남성의 능동성을 과시하는 젠더 바이어스를 동반하기도 한다. 여기에서는 남성이 어떤 사람인지 설명되어도 여성이 어떤 사람인지는 Y를 갖지 않는 사람, 즉 남성이 아닌 자로서 수동적으로밖에 설명되지 않는다.[9] 그러나 자연과학의 발전은 일진월보이기 때문에 첨단과학의 젠더 바이어스를 아무리 파헤쳐도, 새로운 식견이 바로 제기되어 시대에 뒤쳐진다. 그 사이 아카데미즘 주류는 일단 관심 구조가 정착되면, 방대한 자금을 투입하여 남성 중심적인 연구 성과를 양산해갈 것이다. 객관성이나 중립성을 가장하는 보수적인 자연과학은 구축주의에 저항하는 완강한 아성이 된다.

군대도 또한, 보수적인 젠더 규범의 아성이다. 신시아 인로 (Cynthia Enloe) 교수는 세계가 일상생활의 구석구석까지 군사화되고, 또한 여성에게 봉사를 강요하는 현상을 비판한다. 그리고 군대 내부에서 여성 병사는 남성 병사에 종속한 역할을 부여받아 하나하나 우산 사용에 이르기까지 여성적인 태도가 요구되는 한편, 마찬가지로 군대에 봉사를 강요받는 매춘부는 남자를 유혹하는 존재로서 여자의 적으로 여겨진다. 젠더 규범이 견고하게 작용하는 중에 여성끼리 서로를 시기하고 미워하는 이 분단지배를 어떻게 극복하면 좋

---

9 주디스 버틀러(Judith P. Butler), 『젠더·트러블』(다케무라 가즈코竹村和子 역, 세이도샤青土社, 1999년, p. 191. 이하) 참조.

을까? 인로의 대처는 중요하다.[10]

군대가 사회에 강요하는 젠더 규범은 동성애 혐오(homophobia)로도 연동되고 있다. 우치다 마사카쓰內田雅克는 러일전쟁 때 일본 사회에서 그다지 특이한 존재가 아니었던 '남색'이 '약해서는 안 된다(weakness phobia)'라는 강박관념의 변용과 함께 1920년대~1930년대에는 동성애 혐오증으로 전개되어 가는 과정을, 여성적이라고 여겨지는 것에 대한 공포를 축으로 논하고 있다. 군대는 그때 '남자다움'을 구축하는 데에 결정적인 역할을 했다. 그러나 강박관념의 가장 깊숙한 곳이기도 한, 군대 내부에서 동시에 동성애가 생겨났다는 사실은 "이성애의 구축성도 폭로"하는 것이다.[11] 군대에서의 성은 그런 의미에서 특히 중의적이다.

4. 긍정적 액션과 다양성

성차별이라 하면 여성을 억압하는 것에만 특화하여 이해하기 쉽다. 그러나 여성을 억압할 뿐만 아니라 우대할 때도 성차별은 작동한다. 예를 들어 해난구조에서 최근까지 답습되어 온 '여자·아이를 우선하는' 관습이 그 전형이다. 원래 구조되어야 할 사례에 따라, 여

---

10 신시아 인로(Cynthia Enloe), 『책략』, 우에노 지즈코 감역·사토 아야카佐藤文香 역, 이와나미신쇼, 2006년. 그런 시점에서 전후 일본의 매매춘을 다룬 연구에 히라이 가즈코平井和子, 『일본 점령과 젠더』(유시샤有志舎, 2014년)가 있다. 동, 「패전·점령을 살아남은 지역과 여성들의 agency」(『인민의 역사학』205호, 2015년)도 참조.

11 우치다 마사카쓰內田雅克, 「ephemeracy · phobia」, 『역사학연구』증간호增刊号, 2014년, p. 97. 이것은 역사학연구회의 대회에서 섹슈얼리티·마이너리티를 처음 다룬 획기적인 기획(근대사 부회)의 보고이다.

성이든 아니든 관계없다. 상처의 여부나 체력의 유무, 구조되는 측의 인간관계 등, 다양한 요소로부터 판단될 수 있다. '여성'이라는 범주의 선택은 부적절하다. 그런데도 지금까지 여성을 우대해온 배경에는 귀족 문화(젠틀맨 사상)에서 유래된 레이디 퍼스트의 관습이 있다. '지켜줄 테니 남자를 따르라'라는 암묵의 양해, 온정주의 작용이다.

이처럼 여성을 억압할 뿐만 아니라 우대하는 장면에도 성차별은 있다. 이 사실을 확인한 후에 포지티브 액션(positive action) 또는 소수집단 우대 정책(affirmative action), 일본어로는 적극적 차별 시정조치라 불리는 대처에 대해서 생각해보자. 이것은 차별을 없애기 위한 잠정적인 조치로써 여성이나 흑인을 특별히 우대하는 대처이다. 그 전제로 먼저 다음과 같은 사태를 확인해두자.

예를 들어 '흑인'이라는 이유로 차별이 이루어지면(부적절한 선택) 흑인은 빈곤에 빠지고, 빈곤하므로 만족스러운 교육을 받을 수 없게 된다. 만족스러운 교육을 받을 수 없는 아이들은 역시 빈곤해지고, 다음 세대에 만족스러운 교육을 해줄 수 없는 악순환이 생긴다. 여기에서 기점에 있는 흑인차별은 보이지 않게 되고, 빈곤과 교육의 연쇄라는 현상이 있을 뿐이다. 혹은 여성 차별의 경우. 예를 들어 '여성'이라는 이유로 '관리직에 맞지 않는다'라는 판단으로(부적절한 선택) 여성은 관리직에 오를 수 없게 되고, 그 때문에 관리직에 필요한 능력을 기를 수 없게 된다. 그 결과 관리직에 필요한 능력을 갖추지 못한 여성이 늘어나 '역시 여성은 관리직에 맞지 않는다'라는 악순환이 생긴다.[12] 여기에서도 기점에 있는 여성 차별은 보이지 않고,

---

12 도미야마 이치로冨山一郎, 『근대 일본 사회와 '오키나와인'』(일본 경제평론사, 1990년) p. 16. 참조.

현상으로서 관리직 능력의 유무만이 문제시된다.

이처럼 악순환이 생기면, 기점에 있는 차별은 보이지 않게 되고 차별의 효과만이 지속된다. 아무리 평등하게 다루더라도 악순환이 있는 한 차별이 해소되는 일은 없다. 그것을 단절하기 위해서는 흑인이나 여성을 특별 대우하는 형태로 한발 더 들어간 대책이 요구되는 것이다. 정원이나 지위에 특별 구조를 만들거나 자금 배분에 차이를 두는 것이다. 이것이 긍정적 액션이라 불리는 대처이다. 기점에 있어 불가시화된 부적절한 선택에 대해서, 그 선택에 따라 대항조치를 취하는 것이다.

물론 이 대처에 위화감이나 반발은 피할 수 없다. '왜 흑인만?' '왜 여성만?'이라고 느끼는 사람도 많다. 그렇지만 긍정적 액션은 이 위화감을 충분히 인식한 후에 굳이 깊게 파고드는 것이다. 그래서 위화감이 있는 것을 이유로 원래로 되돌릴 수는 없다. 위화감은 오히려 원래로 되돌리는 방향이 아닌, 선택지를 늘리는 방향으로 살려야 할 것이다. 차별받고 있는 것은 확실히 흑인이나 여성만이 아니다. 우대를 받아야 할 약자는 또 있다. 범주를 늘려 다양한 약자에게 문호를 열어간다. 이것은 선택을 묻는 시점에서 보이는 다양성, 다이버시티(diversity)의 모습이다.

한편 범주의 창출을 묻는 시점에서 다이버시티를 논할 수도 있다. 전술했듯이 인간의 섹슈얼리티는 다원적이고, 남녀로 이원화할 수 없다. 이 시점에서 보자면 긍정적 액션은 이원론을 유지하는 위험한 대처이기도 하다. 부적절한 선택에 따라서 대항조치를 취하는 한, 그 범주는 계속 재생산되기 때문이다. 그러나 창출을 묻는 시점

도미야마는 이것을 머튼(Robert King Merton)의 '예언의 자기성취'라는 개념으로 설명하고 있다.

부터 여기에서 '여성이란 애초에 누구?'라고 따지면, 악순환의 기점에 있는 부적절한 선택이 얼버무려 넘겨져 버린다. 그것은 '여성'이라는 단지 그 이유로 배제되어온 문맥을 방치하고, 악순환의 존속에 가담하게 될 수도 있다. 이처럼 다이버시티에는 창출과 선택의 두 가지 시점이 있지만, 양자는 때때로 대립 관계도 될 수 있다는 점에 주의하고 싶다.

맺음말

"여자란 ○○한 것이지"(예를 들어 '힘이 약하다'라든가 '달달한 것을 좋아한다' 등). 일상적으로 자주 듣는 이런 주장에는 '○○하지 않은 여자도 있다' '사람 제각각이다'라고 반론하더라도 그다지 효과가 없다. "그렇지만 차이는 있잖아요"라는 '루소의 저주'가 메아리치기 때문이다. 성별이 한순간에 특권화되어버리는 것이다. 확실히 여성이기 때문에 여성적일 필요는 없으며, 남성이기 때문에 남성적일 필요는 없다. 하지만 '남녀 차이가 있다'라는 성별 이원론이 중앙에 버티고 앉아있는 한, 남성적인 여성이나 여성적인 남성은 어딘가에서 반드시 예외가 된다. 그래서 여기에서는 창출을 묻는 시점뿐만 아니라 선택을 묻는 시점도 중요해진다. 성별 이원론에 대하여 다른 이원론을 대치하는 것이다. 그렇게 함으로써 특권화된 이원론은 상대화된다. '○○'(힘의 강약이나 맛의 취향)을 결정하는 것은 성차뿐만이 아니다. 다양한 차이가 있는 중에서 성차만을 강조하는 것은 왜일까? 그렇게 따지면 되는 것이다.[13] 예를 들어 스포츠 경기의 경우. '성별' 경기에 대한 적절한 대안은 '개인별'도 '모두 다 함께'도 아니다. 그런 게 아니라 다른 '구분 방법'을 제기하는 것이다. 연령별·중량별·신장별·자란 환경별·재력별 등등. 선택과 창출이라는 두 가지 시점은 이렇게 상호 보완할 수도 있다.

참고문헌

- 베네딕트 앤더슨, 『정본 상상의 공동체』, 시라이시 사야·시라이시 다카시 역, 쇼세키코보하야마書籍工房早山, 2007년.

- 우에노 지즈코 편, 『구축주의란 무엇인가?』, 게이소쇼보, 2001년.

- 조앤 스콧, 『(증보신판增補新版) 젠더와 역사학』, 오기노 미호 역, 헤이본샤라이브러리, 2004년.

- 주디스 버틀러, 『젠더·트러블』, 다케무라 가즈코 역, 세이도샤, 1999년.

- 야쿠시 미카藥師実芳·사사하라 지나미笹原千奈未·후루도 다쓰야古堂達也·오가와 나쓰키小川奈津己, 『LGBT란 무엇일까?』, 합동출판, 2014년.

---

13 선택이라는 시점의 중요성은 '성차의 본질'에 대하여 '성차라는 본질'을 강조하는 가토 슈이치加藤秀一, 「구축주의와 신체의 임계臨界」(앞에 게재한 주 1 『구축주의란 무엇인가?』)도 참조

Ⅱ

마이너리티(minority)·
지역에서의 관점

중근세 이행기 연구의 관점
― 폭력·'평화'와 '생존'의 관점에서

하세가와 유코長谷川裕子

머리말
― 현대적 과제와 중근세 이행기 연구

현대를 사는 우리가 역사를 되돌아볼 때, 약 500년 전의 전국시대나 300년 전의 에도시대는 마치 다른 세계처럼 비추어질지도 모른다. 요즘 역사 붐 속에서 전국시대 장수武將의 삶에 대해 생각하고, 역사적 사건을 상세하게 조사하는 일은 있어도 그들이 살았던 시대와 현대사회를 겹치는 일은 적지 않을까? 근대·현대와 비교해 생활 스타일이나 사물의 합리성 등이 크게 다른 전근대는 우리에게 그만큼 '먼' 세계인 것이다. 그러나 한편으로 매일의 역사 축적 위에 이 현대사회가 존재하는 것을 생각한다면, 전근대의 사회에서 만들어진 구조가 어떠한 형태로든 현대사회로 계승되고 있는 것은 틀림없다. 물론 현재 우리가 전근대 사람들에게 공감을 얻는 것은 불가능하며, 그것은 근대사·현대사라도 마찬가지이다. 그렇지만 현대

사회를 둘러싼 과제의 근원이 과거 시대에 있다고 한다면, 전근대사 연구를 현대사회 이해의 하나의 방법으로 평가해야만 한다. 이를 위해 지금까지의 중근세 이행기 연구에서는 연구 시각이나 주제 설정이, 연구가 이루어진 당시 사회상황에 따라 크게 좌우된 것이다.

예를 들어 국가의 역사연구 개입·억압에서 해방된 전후 역사학에서는 전후의 냉전 구조 안에서 자본주의로부터 사회주의로의 변혁 과정을 '인민'의 시점에서 모색하기 위해 '계급투쟁'을 중요한 연구 주제로 조정措定해 왔다. 그 후 중근세 이행기 연구에서도 장원영주莊園領主나 다이묘大名권력, 또는 토호土豪라 불리는 지역 유력자 등의 착취계급에 대한 '인민' 한 사람 한 사람의 투쟁이 중세에서 근세로의 이행 원동력으로서 그려지게 된다. 이런 연구는 미일안전보장조약에 반대하는 국민적 운동이 이루어지던 당시 사회상황을 배경으로 하고 있었다는 점은 말할 것도 없다. 1970년대에는 '인민 투쟁사'에 대한 비판 속에서 막번幕藩제 국가론(근세국가 성립론)이나 전국 다이묘 국가론이 진전했다. 하지만 이런 연구도 또한 건국기념일 부활이나 메이지유신 100년제의 흥행, 그리고 이에나가 사부로家永三郎 교과서 재판에서의 근세 천황을 '군주'로 파악한 문부성의 견해 등이다. 1960년대 후반 이후, 정부가 천황의 공적 등을 알리는 경향이 현저해지자, 이에 맞서 역사학자들은 천황제나 국가상의 재검토와 같은 '반발'에 견인하였다.

즉, 그 시대 사회상황이나 현대적 과제가 우리들의 '역사를 보는 눈'을 크게 규정하고 역사 서술을 새로이 해온 것이다.

그렇다면 현재는 어떨까? 지금까지 역사학의 근저에 자리 잡아온 거대이론은 붕괴하고, 민족이나 종교를 둘러싼 분쟁의 다발, 환경파괴, 없어지지 않는 기아나 빈곤, 재해 등의 난문을 안고 있는 세게 흐름 속에서 현재 중근세 이행기 연구에서는 어떤 주제를 어떤 시점으로 규명하고 있을까? 이 원고에서는 중근세 이행기 연구 속에서도 지역사회의 양상에 관련하여 주목받는 연구 동향으로 좁혀 정리하고자 한다.

1. 분쟁·폭력과 '평화' 형성을 둘러싼 중근세 이행기 연구

일본 중세사에서의 지역사회 연구는 1970년대 말 '지역주의' 제기 영향을 받아 1970년대에 전개한 국가론에 대한 비판으로 크게 진전되었다. 1995년 역사학연구회 일본 중세사부회가 개최한 '지역사회론' 심포지엄 중에서 '국가'의 기존 구조에 얽매이지 않고 다양한 요소에 의해 자율적으로 형성되고 있는 '지역' 질서를 규명하고, 그것이 중세국가에 어떤 규정성을 부여했는지를 적극적으로 평가하는 것으로 '국가' 자체를 상대화하는 방법론으로서 '지역사회론'의 관점이 제기되었던 것처럼[1], 일본 중세사 연구에서는 단순히 '국가'와 대립하는 개념으로서 '지역'을 파악하는 것이 아니라 '국가'의 형성 및 그 구조를 규정하는 존재로 조정하고, 국가에 의한 통합을 지역사회 측의 논리로부터 이해하려고 시도되어 왔다. 그 핵심에는 지역사회의 형성을 주도하는 촌 공동체 등의 사회집단 존재가 자리 잡았고, 그 기능이나 조직 운영 방법의 분석을 통해 지역사회의 양상이 해명된 것으로 전국 다이묘 국가·권력론도 그런 지역사회의 실상을 논

---

1 역사학연구회 일본 중세사부회 운영위원회 워킹그룹, 「'지역사회론'의 관점과 방법」, 『역사학연구』674호, 1995년.

의 근본에 두고 크게 진전하게 되었다.

특히 중세 후기 사회 속에 형성된 자율적인 촌 공동체가 그대로 근세 사회로 이어져 갔다고 파악한 '이행기 촌락론'의 제기는 '중세' '근세'라는 시대구분 그 자체도 되묻는 것이었다. 종래 계급모순이 주요 논점이었던 촌락연구에 대해서 1980년대 후반 이후에 진행된 촌락론은 영주·백성 간의 대립을 전제로 하면서, 마을 사람이 안고 있는 다양한 문제 규명을 통해 근세 촌락의 기초가 된 '자율적인 촌'의 실상을 부각해서 중근세라는 시대 구조를 다시 파악하려 한 시도였다.[2] 그중에서도 장원제莊園制하의 각 촌 단위로 조세·공사 등을 맡아 일괄적으로 납입하는 무라우케村請의 중세 후기에서의 전개[3]와 독자적 무력을 가지고 촌의 여러 문제를 촌락 간 의논 등을 통해 해결할 수 있는 '자력'의 촌 '발견'은 종래의 촌락상을 크게 전환해 중세 촌과 근세 촌과의 연속성을 제시한 점에서 중요할 것이다. 이들 논의가 15세기 중반부터 17세기까지를 '중근세 이행기'라는 시대구분으로 묶는 것을 제기하며, '중세' '근세' 양 시대를 단절이 아닌 연속하는 측면을 가진 시대로 파악할 수 있었기 때문이다.

애초에 일본사 분야에서 여전히 고대·중근세·근현대라는 전통적인 시대구분을 바탕으로 연구가 진행되는 경향이 있다. 특히 중세와 근세와의 사이에는 심각한 단절이 있다고 여겨, 군사적인 강제나 전제성을 동반하여 수행된 태합검지太閤檢地·병농분리兵農分離 등 도요토미豊臣 정권기의 여러 정책이, 중세와는 다른 근세 사회에 대한

2　가쓰마타 시즈오勝俣鎭夫, 『전국시대론』, 이와나미쇼텐岩波書店, 1996년. 후지키 히사시藤木久志, 『촌과 영주의 전국세계』, 도쿄대학출판회, 1997년.

3　무라우케村請에 관해서는 졸고, 「15~17세기에서의 촌 구조와 영주 권력」(동, 『전국기의 지역 권력과 총국일규惣国一揆』, 이와타쇼인岩田書院, 2016년, 초판 2011년)를 참조.

이행 지표로서 오랫동안 자리 잡아 왔다. 그러나 그 한편에서 오닌의 난応仁の亂 후, 100년에 걸쳐 이어진 전국 동란을 시대의 전환기로 파악하고, 1970년대 후반에는 그때 만들어진 구조가 근세로 계승된다는 논의도 제기되었다.[4] 그것은 발전단계론에 근거한 기존 시대구분을 상대화하려는 노력이었고, 그 후 이행기론의 전제로 평가할 수 있다.

그러나 직접적으로는 후지키 히사시藤木久志에 의해 '발견'된 '총무사령惣無事令'[1586년에 일본에서 도요토미 히데요시가 내린 전쟁 금지령. 전국 시대를 평정한 후에, 백성부터 다이묘에 이르는 모든 계층에게 사적인 전쟁을 금지하였다]을 기반으로 하는 '도요토미 평화령'론, 일련의 논의 속에서 중근세 이행기론이 전개된 것은 여러 사람이 알고 있는 대로이다.[5] 후지키는 "히데요시의 천하통일＝평화라는 것은, 아마 중세 마지막 단계를 통해 넓게 일관되어 나타난다고 말한다. 즉, 영토 평화령 전개 동향의 총괄로, 평화 동향과 평화령 대상은 전국 다이묘로부터 깊게 중세촌락에까지 중세 사회의 총체에 미친 것이 틀림없다"고 한다. '중세 사회의 과제해결＝사전私戰 체계'와 그것에 대한 대응을 요구받은 권력 정책을 이행기 정치과정의 구체화와 함께 실증적으로 규명했다. 그 후에 '히데요시의 천하통일'을 '평화'의 형성과정으로 그려내 기존 시대구분이나 그 배경에 존재한 '군사 정복관이나 통일의 법리'라는 도요토미 정권에 대한 암묵의 양해를 되물으려고 한 것이다. 현재 '도요토미 평화령'론이 '겐나엔부元和偃武'라는

---

4 시대구분에 대해서는 구루시마 노리코久留島典子, 「일본 전근대사의 시대구분」(역사학연구회 편 『현대 역사학의 성과와 과제 I 역사학에서의 방법적 회전』, 아오키쇼텐青木書店, 2002년)을 참조.

5 후지키 히사시, 『도요토미 평화령과 전국사회』, 도쿄대학출판회, 1985년.

근세 '평화' 형성 과정의 해명 및 중근세 이행기의 역사상을 그리는 데 있어서, 피해갈 수 없는 중요한 논의가 되어 있는 것은 말할 것도 없을 것이다. 이 때문에 이 글에서는 '총무사령'을 둘러싼 연구 상황과 그 문제점을 지적하여 분쟁·폭력과 '평화' 형성에 관한 중근세 이행기 연구로서 정리하고자 한다.

도요토미 정권의 통일 사업을 군사 제압과정이라 파악하여 그 전제성을 강조해온, 지금까지의 연구를 비판하고, 도요토미 정권의 본질을 '평화' 형성 과정으로 보기 시작한 '총무사령'론은 일련의 '도요토미 평화령'론 중에서도, 특히 그 후의 중근세 이행기 연구에 큰 충격을 주게 되었다. '총무사령'론의 요점은 첫째, 전국 다이묘끼리의 전쟁권(자력 구제권='사전私戰')의 부정, 둘째, '총무사령' 발령 시점에서의 도치교當知行의 안도(영지의 보증), 셋째, 히데요시에 의한 국군경国郡境을 단위로 한 영토재판권(국별)의 행사, 넷째, 따르지 않는 자에 대한 강제집행에 의한 공공의 질서 옹호·평화 회복이라는 점으로 정리된다. 그러나 그 후 후지키 자신의 견해에도 수정이나 추가가 보인 점도 있어 '총무사령'론을 둘러싸고 현재에 이르기까지 찬반양론의 견해가 혼재된 상황에 있다.[6]

찬성론에서는 '총무사령' '싸움 정지령' '도수령刀狩令' '해적 정지령'을 도요토미 정권 일련의 정책으로 파악하여, 분쟁지역에서의 무력 행사를 정지시켜 분쟁 해결을 공적 재판에 위임할 것을 정한 '평화령'이었다고 이해한다. 이나바 쓰구하루稲葉継陽의 말을 빌리자면 '도요토미 평화령'은 '당사자주의적 평화 형성'에서 '공권적 평화 형

---

6 '총무사령惣無事令'론에 대한 연구사는 다케이 히데후미竹井英文, 『오다·도요토미 정권과 동국사회 - '총무사령'론을 넘어서』(요시카와코분칸吉川弘文館, 2012년). 동, 「오다·도요토미 정권과 '정전正典' - '천하' '총무사'를 둘러싼 연구 동향」(『역사학연구』938호, 2015년)을 참조.

성'으로의 획기적인 전환이었다. 게다가 '평화' 형성을 위한 재정 수단으로 '철화재판鉄火裁判'이나 '근처의 의'(가까운 이웃의 개입)에 의한 중재가 짜 넣어진 점에서 이것들이 "사회의 '자주적인', 즉, 사회 측에서 생성된 실력 행사 제어 규범에서 태생한 것, 즉 촌 공동체나 영주 등 실제로 무력을 가진 사회집단에 의한 자기제어 결과로 생겨난 것이라 파악되고 있다.[7] 이러한 관점에서 '총무사령'을 비롯한 일련의 '평화령'은 자력구제 세계 속에서 자력이 초래한 참화로부터의 해방이라는 중세 사회 사람들과의 희구가 도요토미 정권에 의해 떠올려져 만들어진 법령으로 자리매김한 것이다.

그에 반해 부정적 및 비판적으로 계승하려는 연구는 오다織田·도요토미 정권의 동국 지배를 중심으로 하는 정치과정에 관한 상세한 연구나 '총무사령' 관계 사료의 연대를 비교하여 추정, '총무사' 문언 그 자체의 검토 축적을 통해, 특히 2000년대 이후에 현저하다.[8] 구체적으로는 도요토미 정권의 '총무사령'은 1) 다케다武田 씨 멸망 후, 오다 정권에 의한 동국 지배정책을 계승한 것으로 2) 광역성·영속성을 갖지 않는 지역의 실정에 따라서 개별적·시사적으로 이루어

---

7 이나바 쓰구하루稲葉継陽, 『일본 근세 사회 형성사론 – 전국시대론의 사정』, 아제쿠라쇼보校倉書房, 2009년.

8 앞서 게재한 주 6. 다케이, 『오다·도요토미 정권과 동국사회』, 도타니 호다카戸谷穂高, 「관동·오양국奥両国 '총무사'와 시라카와 요시치카白河義親 – 음력 4월 6일 날짜 도미타 잇파쿠富田一白 편지를 둘러싸고」, 무라이 쇼스케村井章介 편 『중세동국 무가 문서의 연구』, 고시쇼인高志書院, 2008년. 동, 「누마지리합전沼尻合戦 – 전국말기에서의 기타칸토北関東의 정치질서」, 에다 이쿠오江田郁夫·야나세 다이스케梁瀬大輔 편, 『기타칸토의 전국시대』, 고시쇼인, 2013년. 사사키 미치로佐々木倫朗, 「동국 '총무사'령의 초령에 대하여 – 도쿠가와 이에야스의 '총무사'와 하시바 히데요시羽柴秀吉」, 아라카와 요시오荒川善夫·사토 히로노부佐藤博信·마쓰모토 가즈오松本一夫 편, 『중세 하야下野의 권력과 사회』, 이와타쇼인岩田書院, 2009년. 후지이 죠지藤井讓治, 「'총무사'는 있어도 '총무사령'은 없다」, 『사림史林』93권 3호, 2010년. 미키 세이이치로三鬼清一郎, 『도요토미 정권의 법과 조선출병』, 세이시슛판青史出版, 2012년. 시바 히로유키柴裕之, 『전국 오다·도요토미기 다이묘 도쿠가와 씨의 영토지배』, 이와타쇼인, 2014년.

진 정책이었던 점, 또 3) '도수령'이나 '해적 정지령' 등과 같이 법령으로서의 영서令書가 발견되지 않았기 때문에 '총무사'라는 정책이 있었다 치더라도 '총무사령'은 존재하지 않는 점 등으로 정리할 수 있다.

이런 비판적 연구는 원래 후지키 '총무사령'론에서도 과제였던 중근세 이행기의 정치적 동향을 상당히 상세하게 밝힌 점에서 중요하다. 왜냐하면 '도요토미 평화령'이 어떤 사회상황 속에서 어떤 과제에 대처하기 위해 제정되었는지, 또 어떤 대처가 실제로 유효성을 가지고 실시되었는지에 대해서 검토할 때, 각 지역의 상세하고 정확한 정치 동향을 파악하는 것은 필요불가결하기 때문이다. 따라서 '총무사령'의 초령이 덴쇼天正 11년(1583)에 비정되어 '총무사령'의 원류가 확인된 것, 또 그것에 의해 히데요시의 영토재판권(영토고권領土高權)의 권원權原을 관백関白취임에 요구하는 것이 부정된 점 등, '총무사령'론 발표 애초 논의의 결점을 수정하고 새로운 견지를 추가하게 된 것은 큰 성과였다고 할 수 있다.

하지만 한편으로 '총무사령'이 히데요시 공문서 및 유력 다이묘나 봉행奉行의 연서장連署状 등의 '확고'한 영서로 발령되지 않은 것, 또 지역적·시기적으로도 한정적인 법령으로 광역적·지속적 성격을 볼 수 없는 점을 근거로, 논의가 '총무사령'이라는 법령 존재 여하의 문제에 수렴한다면 '총무사령'론 및 '히데요시 평화령'론의 유효성, 또 거기에서 발견된 도요토미 정권의 본질을 잘못 보게 될 것이다. 최근에는 '싸움 정지령'에 관한 연구에서도 '규정定' '조항条々' 양식으로 발행되는 히데요시 공문서를 '국가법', 즉 도요토미 정권의 '기본법'으로 파악하면 이 법은 그것에 맞지 않는 '명문화되기 이전의 정책 기조를 나타내는 표어'였다는 지적도 나오고 있다.[9] 그러나 규정이나 조항, 법도 등을 '실정법'으로 하고, 그 체제를 취하지 않는 것을 법령이라 부르지 않는다면, 그런 형식의 것은 도요토미 정권기나 그 이전의 중세법 중에도 많이 존재한다.[10] 문서양식이나 발급 수속을 중시하여 정치형태를 논의하는 경우, 그 방법에 따라 권력의 본질을 어떻게 이해할 수 있는지를 명시하지 않는 한, 법령인지 아닌지의 차이는 사소한 문제로 받아들여져 버리는 게 아닐까?

애초에 '총무사령'은 근세에서의 열도 '평화'를 내다보고 '총무사령'에 의한 다이묘의 평화, '싸움 정지령' '도수령'(도검 등의 무기를 농민으로부터 일제히 몰수하는 것)에 의한 촌(백성)의 평화, '해적 정지령'에 의한 바다의 평화를 그 실현과정에서 일련의 법령(정책)이라 파악하고 체계화한 논의, 즉 '도요토미 평화령'론의 하나로 평가되고 있는 법령이다. 그 '총무사령'이 영주나 촌의 사전私戰을 금지하여 영지 '평화'를 실현한 전국 다이묘 영토의 가장자리에 남겨진 '국군 경계 상론国郡境目相論'에 대하여 발동된 것은 그 바탕에 촌끼리 용익상론用益相論이 존재하고 있었기 때문이다. 즉 '총무사령'론은 촌의 전쟁이 다이묘의 전쟁으로 전화되어 버리는 세상, 바꿔 말하면 다이묘의 평화를 위해서는 촌의 평화가 불가결한 세계 속에서, 열도 '평화'의 실현을 위해 시행된 도요토미 정권의 정책 본질을 파악하려고 한

---

9 다니 데쓰야谷徹也, 「도요토미 정권의 '싸움 정지'와 기나이畿内·근국사회」, 『역사학 연구』942호, 2016년. 한편 다니 논문은 '싸움 정지령'에 관한 사료를 자세히 조사하여, '싸움 정지령'을 둘러싼 정치적 동향을 밝힌 후에 종래 사료 해석의 불비를 고치고 논의를 심화시키고 있다.

10 시미즈 가쓰유키清水克行, 「전국의 법과 습속習俗」, 『이와나미강좌 일본 역사9 중세4』, 2015년. 마루시마 가즈히로丸島和洋, 「전국 다이묘의 '외교'」, 고단샤센쇼메티에講談社選書メチエ, 2013년. 또한 히데요시에 의한 '총무사령'이 직접 당사자가 아니라 제3자를 통해 전달되고 있는 점을 문제시하는 연구에 대해서 마루시마는 히데요시가 중세에서의 '중인제中人制' 관습에 근거하여 집행하려고 했기 때문이라고 지적하고 있다.

점에 논의의 주된 목표가 있었다. 그 점에야말로, 논의의 유효성을 찾아내야 할 것이다. 확실히 각지 정치과정의 상세한 검토를 바탕으로 '총무사'정책의 일관성 유무를 묻는 비판도 제시되고 있는데[11], 그렇다면 그 비판으로 끌어낸 도요토미 정권상을 제시한 후에, 에도시대의 '평화'에 대한 이행과정을 재구축할 필요가 있을 것이다. 중근세 이행기를 어떻게 내다볼지에 대한 견해를 빠뜨린 채 법령 존재의 여부만을 논의 대상으로 두는 것은 진정한 의미에서 '총무사령'론을 '넘는' 것이라고 할 수 없을 것이다. 오히려 앞으로의 연구에서는 전쟁에서 '평화'로의 이행이라는 사회상황의 변화를 똑똑히 확인하고, 그 과정에서 폭력을 극복해 간 경위나, 그런데도 여전히 사회 안에 편재하는 폭력 문제를 중근세 이행기의 시대적 특질로서 규명해 가는 것이 남겨진 과제라고 생각한다.

2. 기근·재해와 사람들의 '생존'을 둘러싼 중근세 이행기 연구

또 다른 하나는 지역사회 연구 중에서 큰 주제가 기근이나 재해의 실상, 그리고 거기에서의 사람들 '생존' 문제일 것이다. 만성적 기근 상황에 관한 방대한 데이터베이스를 작성하고 실증한 후지키 히사시藤木久志는 기근 연구를 시작한 계기를 다음과 같이 언급하고 있다.[12]

---

11 앞에 게재한 주 6 다케이, 『오다·도요토미 정권과 동국사회』, 오시타 시게토시尾下成敏, 「규슈 정전령을 둘러싼 정치과정 - 오다·도요토미 '총무사령'의 재검토」, 『사림』93권 1호, 2010년.

12 후지키 히사시, 『기아와 전쟁의 전국戰国을 가다』, 아사히센쇼朝日選書, 2001년. 또한 후지키가 작성한 데이터베이스는 『일본 중세 기상 재해사 연표고』(고시쇼인高志書院, 2007년)로 공표되고 있다.

그 계기는 헤이세이平成 5년(1993) 냉해에 의한 동일본의 대흉작이었습니다. 그 충격 속에서 저는 자신이 중세의 지독한 흉작 사정을 전혀 모르고, 그저 무사 안녕의 중세상만을 그려온 점을 반성하였고, 그 해부터 저는 일본 중세의 재해정보를 모으는 작업을 시작했습니다.

후지키가 지적하는 것처럼 동일본 대흉작 이전에는, 확실히 일본 중세사 연구에서 '기근'이라는 문제를 전면에 내건 연구는 거의 없었다고 해도 과언이 아니다. 촌의 재생산유지 곤란을 지적해온 촌락론에서도 저해 요인으로 기근을 전면적으로는 다루지는 않는다. 전후 고도 경제성장을 거치고 다다른 포식 시대 속에서, 어느새 역사연구자도 그 위치에서 역사를 되돌아보았기 때문일 것이다. '재해'에 대해서도 마찬가지라 할 수 있다. 2011년 동일본대지진이라는 지금까지 한 번도 없었던 대재해가 일어나기까지, 일부를 제외하고 역사연구자는 역사 속의 자연재해에 완전히 무지했다. 3·11을 경험하고서야 비로소 자연재해에 관한 기초연구나 재해부흥 구조와 사람들의 의식에 관한 연구가 진행되고 있다. 물론 이 이전에도 기근에 관한 연구가 없었던 것은 아니지만,[13] 더욱 사람들의 '생존'이라는 문제와 관련지어서 논하게 되었다고 할 수 있다.

'기근론'의 진전에 따라 중세부터 근세 초기사회에서는 상당히 만성적으로 기근·역병이 발생하고 있었던 사실이 확인되면서 사람들은 매년 보릿고개에 찾아오는 식량부족으로 죽음의 위기에 노출

---

[13] 이소가이 후지오礒貝富士男, 『중세 농업과 기후 – 수전이모작水田二毛作의 전개』, 요시카와코분칸, 2001년.

되어 있었던 것이 밝혀져,[14] 중세 사회의 다양한 사건을 다시 평가하게 되었다. 예를 들어 농민의 무력 봉기土一揆론이다. 종래는 화폐경제 침투에 따라 곤궁한 농촌 백성들이 도시의 고리 대부업자를 습격하고, 차용증서의 파기나 전당품을 탈환한 투쟁이라 파악해왔다. 그러나 최근에는 무력 봉기가 큰 기근이 발생한 해와 겹치고 있는 사실을 근거로, 무력 봉기의 본질을 교토 주변촌에서의 기근 난민의 '생존'을 위한 약탈행위로 보는 연구가 제기되고 있다.[15] 또 오닌의 난応仁の乱 전쟁터에서 약탈행위를 하던 하급 무사인 '아시가루足軽'가 교토에서 전투에 참여하고 있던 때에는 무력 봉기가 보이지 않았던 점으로 보아, 무력 봉기나 전쟁도 촌에서 먹지 못하는 사람들이 '살아남기' 위한 수단이었던 것으로 밝혀진 것이다.

게다가 만성적 기근 상황의 해명은 권력론에서도 재검토를 촉구해 간다. 촌락론의 제기 영향을 받은 후 전국 다이묘 권력론에서는 촌락 간 상론을 재판에 의한 해결로 무력 발동을 억제하고, 영토 '평화'를 실현한 전국 다이묘 권력상이 이미 제기되고 있었다. 그 후에 전국 다이묘에 의한 통일적 세제税制 성립이 지진 발생에 동반하는 기근 상황에 대응한 감세정책이었던 점, 선정령撰銭令이 식량공급 부족에 의한 쌀값 폭등이 원인으로 발생하는 선정撰銭 상황에 대한 대책이었던 점, 덕정령徳政令이 당분간 지급과 납입의 면제가 요구였던 재지덕정在地徳政 상황의 연장선에 있는 촌의 성립유지를 위한 대응이었다는 점 등은 전국 다이묘의 여러 정책도 만성적 기근 상황을

---

14 다무라 노리요시田村憲美, 『일본 중세촌락 형성사의 연구』, 아제쿠라쇼보, 1994년.

15 간다 지사토神田千里, 『농민 무력 봉기 시대』, 요시카와코분칸 역사문화 라이브러리, 2004년.

고려하여 재구축되어 오고 있다.[16]

근세사 연구로 눈을 돌리면 일본열도 내 모든 전장 폐쇄에 동반하여, 촌에서 먹지 못하는 자에 대해서는 신전개발新田開発이나 공공사업을 추진하고, 노동의 장을 창출하는 것으로 '생존'의 구조를 정비하는 등, 만성적 기근 상황 극복을 위해 막번 권력이 본격적으로 노력하고 있었던 것이 확인되고 있다. '생존'이라는 관점에서 논술한 연구는 적지만, 간에이 대기근寛永飢饉을 계기로 진행된 초기 막번정개혁幕藩政改革에서의 바쿠후나 번의 '구제御救' 정책[17]이나 '제국고역금諸国高役金'이라는 새롭게 창출된 재해부흥자금의 변통[18] 등의 구제시스템이 해명된 것은 '살 수 없는' 사회에서 '살 수 있는' 사회로의 획기적인 전환을 나타낸 연구로써 중요할 것이다.

또 민중 세계에도 다양한 구제시스템이 형성되어 있던 점이 최근 밝혀지고 있다. 예를 들어 촌의 농사 장려 및 재생산의 유지를 위한 촌인 상호협동이나 백성경영유지를 위해 필요한 재원 채무, 개인적인 차금, '계頼母子'에 의한 융통 관계 등, '생존'을 지탱하는 혈연이나 지연의 네트워크가 둘러쳐지고 있던 것 등이다. 특히 최근에는 토호土豪라는 지역 유력자에 관한 연구가 진전되며, 그들이 실시한 토지집적이나 인신매매에 의한 피관被官조직 형성은 사람들의 '생존'이 곤란했던 상황 속에서의 '구매 도움'이라는 '살아남기' 위한 대책

---

16 구로다 모토키黒田基樹, 『중근세 이행기의 다이묘 권력과 촌락』, 아제쿠라쇼보, 2003년.

17 후카야 가쓰미深谷克己, 『백성성립』, 하나와쇼보塙書房, 1993년, 후쿠다 지즈루福田千鶴, 『막번제적 질서와 어가소동御家騒動』, 아제쿠라쇼보, 1999년. 구라치 가쓰나오倉地克直, 『이케다 미쓰마사池田光政 - 학자로서 배려 있는 정치를 하지 않기 때문에』, 미네르바쇼보ミネルヴァ書房, 2012년.

18 구라치 가쓰나오, 『전집 일본의 역사10 도쿠가와 사회의 동요』, 쇼가쿠칸小学館, 2008년.

으로, 일종의 '융통'이었던 것도 지적되고 있다.[19] 또 간에이 대기근이라는 대재해를 경험한 근세 사회에서는 유복한 사람뿐만 아니라 일반 백성·상인이 재해피해자에 대하여 익명으로 봉사활동을 했던 사실이 밝혀졌고, 민간에 의한 구제시스템이 권력이 시행하는 구제정책과 함께 사람들의 '생존'을 지탱하던 근세 사회의 실상에 대해서 입체적으로 그려지게 되었다.[20]

한편 에도바쿠후 5대 장군인 도쿠가와 쓰나요시德川綱吉에 의한 '살생금지령生類憐み令'이 단순한 개(犬)에 관한 애호 정책이 아니라, 버려진 아이를 핵심으로 한 버려진 사람·버려진 개·버려진 소와 말 등, 생물 전체의 '생명'을 옹호한 정책이었던 것이 밝혀졌다. 게다가 즈지기리辻斬り[무사가 도검이 잘 베어지는지를 시험하거나 무술을 연마하기 위해 가두에서 지나가는 사람을 베는 것]·부레이우치無礼打ち[에도시대에 무사한테서 허가받은 살인의 특권] 등이 제한되어 갔던 18세기 전후에는 사람들의 '생명'에 대한 사고방식이 전환된 시기로 이미 주목받고 있었다.[21] 또 간에이 대기근에 대응한 막번 영주 중에는 '아사자를 내는 것은 영주의 수치'라 할 정도로 사람들의 '생명'을 지키는 역할에 대한 자각이 생겼던 것도 지적되고 있다.[22] 이런 연구는 모든 무력 발

19 졸고,『중근세 이행기에서 촌의 생존과 토호』, 아제쿠라쇼보, 2009년.

20 히가시지마 마코토東島誠,『'연계'의 정신사』, 고단샤겐다이신쇼講談社現代新書, 2012년. 동, 「중세 후기~근세 도시로 보는 약자와 생존 – 조력의 윤리와 배제 윤리의 관계성에 대하여」,『인민의 역사학』193호, 2012년. 고바야시 다케히로小林丈広, 「인풍仁風의 사상 – 근세 중후기 교토의 구제와 마을」,『인민의 역사학』193호, 2012년.

21 쓰카모토 마나부塚本学,『살아가는 것의 근대사 – 인명 환경의 역사로부터』, 헤이본샤센쇼平凡社選書, 2001년. 동,『생물을 둘러싼 정치 – 겐로쿠元禄의 민속학』, 고단샤가쿠쥬츠분코講談社学術文庫, 2013년.

22 후지이 죠지藤井讓治,『에도개막』, 고단샤가쿠쥬츠분코, 2016년.

동을 동결하고, 만성적 기근 상황에 대응하기 시작한 막번제 국가가 '살아가려고 하는' 사회, 그리고 '살리려고 하는' 사회로 전환되고 있던 것을 명시한 점에서 중요하다.

그러나 현재, 이들 과제가 중근세 이행기 연구의 주요 주제라고 말하기는 어렵다. 민간 봉사활동 사상이나 영주 측의 '인정仁政 이념', 버려진 아이 양육을 사회 의무로 하는 사람들의 의식변화[23]가 어떤 과정을 거쳐 생겨났는지, 주시해갈 필요가 있을 것이다. 그때는 중근세 이행기 사회에서 시행된 다양한 시책을 '생존' 문제로서 다시 파악하여, '살아남기' 위한 구조를 만드는 과정으로 이해하는 연구의 축적이 필수라고 생각한다.

맺음말
─ 중근세 이행기 연구의 과제

2015년 9월에 강행 체결되어 다음 해 실행된 안보 관련법을 배경으로 현재 아베 정권에서 '전쟁이 가능한 나라' 만들기가 착착 진행되고 있다. '핵무기가 없는 세계'를 지향한다고 공언하면서도 「무기 수출 3원칙」을 사실상 철폐하고 제정한 「방위 장비 이전 3원칙」을 근거로 국내 군용산업을 증대시킨 아베 정권은, '군학 공동軍学共同'을 주장하면서 2015년 10월 1일에 방위 장비청을 발족시켰다. 그리고 '안보 보장기술연구 추진제도'로서 '안전보장에 도움이 되는 기

---

23 사와야마 미카코沢山美果子, 『에도의 버려진 아이들 ─ 그 초상』, 요시카와코분칸 역사문화 라이브러리, 2008년.

술개발'에 많은 돈, 세금을 투입하고, 방위성을 시작으로 해서 대학이나 기업, 연구기관도 끌어들여 무기 개발에 착수해가려고 하고 있다. 'dual-use(군민양용)'이라는 이름하에 전후 과학자들이 견지해온 '과학의 평화이용'을 근저에서 흔드는 사태가 진행되고 있다. 전쟁 상황이 항상화恒常化되는 상황에서 폭력을 동결하여 '평화'로운 사회를 만들어 내려고 한 중근세 이행기 사람들의 일과는 완전히 역행하고 있다고 할 수 있다.

한편 국내 경제 상황에 눈에 보이는 진전 없이, 빈부의 차가 확대되어가는 현상 속에서 아이나 여성의 빈곤이 심각한 사회문제가 되고 있다. 때로는 아이 6명 중 1명이 '빈곤층'이라 불릴 정도로 아이들의 빈곤율은 선진국 중에서도 높은 수준을 나타내고 있다. 또 빈부의 차가 교육격차와도 연동되어 고등교육을 받을 기회를 놓치는 사회적 약자는 더한 빈곤층을 재생산해가는 악순환을 초래하고 있다. 최근 자주 발생하는 재해로부터의 부흥도 앞이 보이지 않은 채, 불안만이 확산하는 사회에 우리가 놓여있다고 해도 과언이 아니다.

이런 현대사회의 여러 문제를 눈앞에 두고 중세사·근세사 연구로서 무엇을 해야 할지 생각했을 때, 역시 필요한 것은 지역사회 연구인 것을 깨닫는다. 권력층의 폭주를 막고, 정책의 시비를 묻기 위한 현대사회를 보는 눈은 우리 민중의 처지에서 역사를 파악한다는 연구 시각에 의해 길러지는 것이고, 현대사회를 살아가는 데에도 유효하게 기능할 것이다. 그러나 중근세 이행기 지역사회 연구에는 아직도 과제가 산처럼 쌓여있다. 사람들의 '생존'을 지탱하는 조직으로 가장 기초가 되는 촌 공동체는 언제 어떻게 형성되었는지 또 그것은 전쟁에서 '평화'로 이행하는 중에 어떤 변화를 이루었는지, 사람들의 '생존'을 지탱하는 지역사회의 네트워크는 어떻게 형성되었는지,

초기 막번 정치개혁에 의한 발본적인 제도개혁이 왜 가능했는지, 또 그 핵심인 '구제'는 왜 무너졌는지, 다양한 구제가 강구되는 중에 사람들의 '생명'을 지키려고 한 사상은 어떻게 생겨났는지 등, 일일이 파악할 여유가 없다. 모두 앞으로의 중근세 이행기 연구의 과제라고 할 수 있다.

참고문헌

• 이나바 쓰구하루稲葉継陽, 『일본 근세 사회 형성사론 – 전국시대론의 사정』, 아제쿠라쇼보, 2009년.

• 구라치 가쓰나오倉地克直, 『'살아가는 것'의 역사학 – 도쿠가와 일본의 삶과 마음』, 게이분샤敬文社, 2015년.

• 쓰카모토 마나부, 『살아가는 것의 근대사 – 인명 환경의 역사로부터』, 헤이본샤센쇼, 2001년.

• 히가시지마 마코토, 『〈연계〉의 정신사』, 고단샤겐다이신쇼, 2012년.

• 후지키 히사시, 『도요토미 평화령과 전국사회』, 도쿄대학출판회, 1985년.

근세 지역사회 연구의 가능성
— 지역의 관점에서 전체 역사로

와타나베 다카시渡辺尚志

머리말

지역사회론은 현재 일본 근세사 연구에서 중심적 테마 중의 하나이다. 그 기초에는 '무사에게 지배당하며 아무 말도 못 하는 서민', '촌의 테두리에 묶인 폐쇄적인 백성의 세계'와 같은 선입견을 뒤집고, 촌 외로 열린 지역사회에서 다양한 계기로 결부되었다. 영주에 대해서도 단호히 목소리를 높이는 민중의 역량을 밝히고, 근세 속에서 생겨난 단독 '지역자치' '지방자치'의 도달점을 적극적으로 평가하려는 것에 관한 관심이 있다(동시에 거기에 내포된 한계나 모순도 직시해야만 하지만).

또 지역사회론의 바탕에는 역사의 전체상 파악에 대한 희구가 있다. 연구가 개별적으로 세분화 및 정밀화됨에 따라 시대의 전모를 내다보고 싶은 생각도 강해진다. 그러나 한번에 전체상에 다가가기는 어렵다. 그래서 먼저 대상 지역을 설정하고 거기에서의 정치·경제·사회·문화 등을 종합적으로 밝히는 것을 목표로 한다. 한정된 지역에서의 전체상을 해명한 후에 그것을 기점으로 시야를 전국·세계로 확대해 가는 것이다. 이처럼 전체상 구축을 위한 전략적 1단계로써 지역사회 연구를 평가할 수 있다. 지역의 개성과 전체성 그리고 외부에 대한 확대를 합쳐서 해명하려는 것이 지역사회 연구라고 할 수 있다.

이상의 의미로부터 지역사회론에는 연구상 중요성과 큰 가능성이 있다. 그 일부를 소개하는 것이 이 글의 목적이다. 다만 나는 이미 몇 번인가 지역사회론에 대해서 논한 적이 있다.[1] 그래서 이 원고에서는 그것들과의 중복을 피하고, 최근 '지역사회'나 '지역'을 책 이름에 올려 간행된 5권의 저서를 다루며, 거기에서의 지역사회 연구 도달점과 과제를 생각하고자 한다.[2]

1. 지역정치사라는 방법
— 가고하시 도시미쓰籠橋俊光의 저서에서

지역사회에서 펼쳐지는 정치과정을 해명하기에 제도적 분석만으로는 불충분하며 밖으로 나오기 어려운 비공식적으로 주고받은 것들도 포함하여 규명할 필요가 있다. 그것을 실천한 것이 가고하시

---

1 와타나베 다카시渡辺尚志, 『근세 대농과 촌락 공동체』, 도쿄대학출판회, 1994년, 제1장. 동, 『촌에서 본 근세』, 아제쿠라쇼보校倉書房, 2010년, 제1장, 제2장. 동, 「근세 촌락사 연구의 과제를 생각하다」, 『역사평론』731호, 2011년. 동, 「바쿠후말 지역사회의 변모」, 메이지유신사학회 편 『강좌 메이지유신7 메이지유신과 지역사회』, 유시샤有志舎, 2013년. 이것들도 합쳐서 참조해주길 바람.

2 본고와 관련하여 시무라 히로시志村洋, 「오죠야大庄屋와 조합촌」(『이와나미강좌 일본 역사』14권, 2015년)도 참조 바람.

도시미쓰『근세 번령藩領의 지역사회와 행정』(세이분도숫판淸文堂出版, 2012년, 이하 '본서')이다.

가고하시는 "본서 목적은 근세 여러 번령에서 지역사회 행정, 특히 마을 관리인 촌역인村役人이 떠맡은 지역 내부 행정에 대해서, 그 기구와 사회적 의의를 평가하는 것이다. 근세 여러 번령에서 지역 사회는 어떻게 성립하고 있었는지, 그리고 그 담당자들, 여기에서는 주로 번과 촌역인 사이에 위치하는 중간지배기구를 시작으로 하는 촌역인층을 가리키는데, 그들의 지역 행정 운영은 어떤 것으로 어떤 성격을 갖는 것이었는지, 나아가서는 그 사회적 의의가 어떤 것이었는지를 고찰한다"(본서 1페이지), "본서의 연구사적인 의미에서의 사정射程 중 하나를 이 지역정치 실현의 구체상 해명이라는 의미에서의 '지역정치사'에서, 특히 그 핵심에 위치하는 중간지배기구의 존재 형태·기능·의의의 석출에 둔다"(4페이지)고 이야기한다. 중간지배기구에 초점을 맞춰, '지역정치사'의 수법을 이용해 지역 행정의 실태에 다가가는 것이다. 대상 지역은 에도 번령藩領[제후가 다스리는 영지 및 그 통치조직]과 센다이 번령藩領이다.

본서의 첫 번째 의의는 미토번령水戶藩領의 오야마마모리大山守·야마요코메山橫目라는 특징적인 중간지배기구의 직무·기능의 상세한 검토를 통해 "지역사회 측의 구성원에도 불구하고 영주의 행정 일부를 담당하여 지역사회의 의사를 집약하고, 나아가서는 영주와 지역을 잇는 기능을 가진 존재가 형성되는 것이 근세적인 지역 행정의 모습이다"(339페이지)라고 내다보았을 것이다. 그것에 의해 지역성이나 지배 모습(바쿠후령幕府領과 번령, 대번大藩과 소번小藩)에 유래되는 다양한 개성을 중시하면서, 전국 각지의 지역사회를 공통된 전제하에서 논의하는 기반이 구축되었다고 할 수 있다. 지역사회와 영주와의 상호 규정 관계를 중시하고 있는 점도 중요하다.

두 번째 의의는 중간지배기구를 통시적으로 분석한 점을 들 수 있다. 특히 17세기에서의 근세적 중간지배기구 성립 과정의 해명은 특필된다. 17세기 초기에 번은 전국시대 이후 사무라이분侍分을 무사와 백성의 중간적 신분이라는 애매한 형태로의 지역 지배 하나로 파악했는데, 그 후 17세기를 통해 그들을 백성화하면서 제도화된 중간지배기구 속에 자리 잡아 갔다. 중근세 이행기에서의 재지유력자在地有力者 존재의 연속성과 그들의 신분적·기구적 자리 변화의 양면이 존재한 것이다. 중간지배기구의 '근대화' 과정으로부터 중근세 이행기의 단절적이지는 않지만, 평온하고 확실한 변화를 확인한 점은 중요하다.

세 번째 의의는 오야마마모리·야마요코메의 중요한 직무로서 '은밀' 업무에 주목한 점이다. '은밀' 업무란 그들의 관할지역 내부에서의 선악 양면에 걸친 인물평가·조사 등의 정보수집 활동이다. 이런 '은밀' 활동은 표면적으로는 나타나기 어렵지만, 지역 행정을 지탱하는 중요한 요소이고, 그 존재야말로 근세 지역 행정의 특징이었던 점을 밝힌 의의는 크다.

이런 의의를 확인한 후에 앞으로의 과제도 지적하고 싶다. 하나는 지역사회 실태에 대해 더 파고드는 것이다. 본서 제1부 제3장에서는 근세 중후기에서의 오야마마모리의 직무 범위 확대 배경으로 노름꾼의 횡행에서 볼 수 있는 치안 악화 등이 있는 것이 지적되고 있다. 그것에 이론은 없지만, 해당 시기에 촌과 촌인이 안고 있던 과제와 요구를 촌이나 지역 내부로 들어가 깊게 그리고 전면적으로 밝히고, 그런 다양한 과제나 요구에 대하여 오야마마모리가 어떤 기본자세에 서서 어디까지 응답할 수 있었는지를 해명하는 것이 요구될 수 있다.

두 번째 과제는 '은밀' '은밀한 처리內濟'(싸움의 화해·합의에 의한 해결) 등 '내부內' 관계 평가에 관계된다. 저자는 비공식적인 '내부' 관계의 존재가 원활한 지역 행정 수행에 불가결하지만, 그것이 부패나 월권을 낳는 위험성을 가지고 있는 점도 언급하고 있다(259페이지). 또 '은밀한 처리'에 대해서는 이미 근세부터 찬반양론이 존재하고 있었다. 그렇다면 '내부' 관계가 플러스로 작용하는 경우와 마이너스로 작용하는 경우는 어디에서 갈리는 것일까? 아니면 실태는 동일해도 그것을 보는 사람 입장에 따라 평가가 나뉘는 것일까? 지역사회 일반 민중은 '내부' 관계를 어떻게 인식하고 있었을까? 이런 점을 개개의 지역·시대·안건·관계된 주체의 성격 등에 따라서 개별적이며 구체적으로 검토하고, 그것들을 서로 비교하여 근세 지역사회 특질에 더욱 다가갈 수 있을 것이다. 또 '내부' 관계는 중간지배기구 점유물이 아니며 정도의 차이는 있지만, 근세 사회의 광범위한 장면에서 찾아낼 수 있다(이 점은 후술하는 후쿠자와 데쓰조福澤徹三도 지적하고 있다). 앞으로는 다양한 '내부' 관계를 다양성과 공통성 양면에서 규명해 갈 필요가 있을 것이다.

2. 번 지역론을 심화하다
― 노지리 야스히로野尻泰弘의 저서에서

지역사회론은 1980년대 이후 바쿠후령이나 복수 영유지가 뒤섞인 비영토 지역을 주요 대상으로 심도 있게 다루었는데, 최근에는 가고하시 연구처럼 다이묘령을 필드로 한 연구도 급속하게 진전되

II부 마이너리티(minority)·지역에서의 관점

고 있다. 그런 성과 중 하나가 노지리 야스히로『근세 일본의 지배기구와 번 지역』(요시카와코분칸, 2014년, 이하 '본서')이다.[3]

본서는 에치젠국越前国(현 후쿠이현) 사바에鯖江 번령을 대상으로 하고 있다. 사바에번 마나베間部 씨는 5만석의 후다이譜代 다이묘였다. 번령은 6개 조로 나누어져 각 조에 한 명씩 오죠야大庄屋를 두고 지역 운영에 불가결한 역할을 담당하고 있었다. 사바에 번 오죠야의 직무는 상의하달上意下達, 하의상신下意上申, 연공징수年貢取り立て, 인부징수人足徵収, 쟁론의 조정, 촌역인 선출에 대한 관여 등으로 19세기에는 번의 경제정책에도 깊게 관여하게 되었다.

본서는 이 오죠야에 초점을 맞춘 후, 거기에서 나아가 영주 권력과 지역사회로 시야를 넓혀 해당 지역의 전체상을 그려내려고 한 것인데 거기에서의 키워드는 '번 지역'이다. 노지리[미야자키현 남서부, 고바야시시 남부의 옛 정역]는 "번 지역은 영주의 지배구조와 근세에 사는 사람들의 생활을 강하게 의식하며, 그들이 속하는 영역과 타령과의 관계성을 포함한 분석개념"(17페이지)이라고 이야기하고 있다. 번 지역론에서는 노지리의 연구는 아래와 같은 의의가 있다.

첫 번째는 오죠야의 모습을 사바에 번정藩政의 동향과 관련시키면서 해명한 점을 들 수 있다. 19세기에는 그때의 번주 마나베 아키카쓰間部詮勝가 로쥬老中 등 막각幕閣[바쿠후의 최고 행정기관]의 요직을 역임했는데, 그것은 번 재정에 큰 부담이 되었고, 오죠야는 재정난

---

3 이 밖에도 마쓰시로 번松代藩을 대상으로 한 와타나베 다카시 편, 『번 지역의 구조와 변용』(이와타쇼인岩田書院, 2005년)부터 동, 『번 지역의 촌 사회와 번정藩政』(이와나미쇼인, 2017년)에 이르는 5권의 논문집이나 다카노 노부하루高野信治, 『근세 영주지배와 지역사회』(아제쿠라쇼보, 2009년). 요시무라 도미吉村豊雄・미사와 준三澤純・이나바 쓰구하루稲葉継陽 편, 『구마모토 번의 지역사회와 행정』(시분카쿠슛판思文閣出版, 2009년). 이나바 쓰구하루・이와무라 나오키今村直樹 편, 『일본 근세의 영토 지역사회』(요시카와코분칸吉川弘文館, 2015년) 등의 성과가 있다.

타개를 위해 다액의 헌금을 요구받았다. 여기에서는 번주의 정치적 입장이 오죠야의 동향을 좌우하고 있다.

이처럼 오죠야 중심의 관점에서 지역사회를 보면 번의 특징이나 정책 동향, 번주의 정치적 입장 등의 문제가 클로즈업되어 온다. 영주지배를 상대화하는 장으로서 지역이라는 시작은 중요하지만, 영주의 지배로부터 완전히 자유로운 지역이라는 것이 존재하지 않는 이상, 영주와의 관련으로 지역사회를 생각하는 것도 동시에 중요한데, 본서는 후자 측면을 의식적으로 규명한 성과라고 할 수 있다.

두 번째 의의는 번령을 넘는 문제, 즉 번과 번의 관계에 주목한 점이다. 2000년 이후 번 연구는 번 하나의 완결형 연구 극복을 하나의 과제로 삼았다. 번 연구라 해도 하나의 번의 내면만 봐서는 불충분하며 번 밖으로도 넓게 눈을 돌릴 필요가 있다는 것이다. 확실히 지역사회(이 경우는 번 지역)는 그것만으로 자기 완결한 닫힌 사회가 아닌, 항상 외부와의 교류에 따라 존립하고 있는 열린 사회이기 때문에 지역에서 밖으로 확대되는 여러 관계에 주목하는 것은 중요하다.

그런 문제의 관심에서 최근 번 연구에서는 지금까지도 번령과 에도·오사카·교토 등과의 관계나 번과 바쿠후·조정과의 관계 등이 규명되었다. 그에 덧붙여 인접·근접하는 번과 번의 관계에 주목한 점에 노지리의 연구는 의의가 있다.

다음으로 노지리의 연구에서 앞으로의 과제라 생각되는 점을 들어보자. 저자는 본서 안에서 '오죠야·촌역인층의 계층화'라는 시점의 중요성을 반복하여 강조하고 있다. 그리고 계층화에는 배타적인 요소도 다분히 있었지만, 신흥세력을 계층 내로 받아들이는 등 일정한 압력성을 가지며, 사바에 번은 계층화된 오죠야·촌역인층 그룹을 번정 기구에 받아들이는 것으로 지방지배를 실현하고 있었다고 한다.

　분명히 오죠야는 단독으로 존재하던 것이 아니라, 오죠야끼리 또는 조직 내 마을들의 촌역인들과 연계하면서 지역 운영을 하고 있었다. 그 속에서 그들은 동일 계층으로서의 결속을 강화하고, 일반 백성으로부터 한 단계 위의 신분을 주장해 갔다. 그런 그들이 집단으로서 지역 운영을 담당하고 있던 것이기 때문에 지역사회 성격을 생각할 때, 그들의 계층화·집단화의 모습에 주목하는 것은 정당하다.

　단지, 본서에서는 사바에 번에서의 오죠야·촌역인층 계층화 내실이 조금 불분명하다. 구체적으로 들자면, ①오죠야와 촌역인(특히 장백성長百姓 등 쇼야庄屋 이외의 촌역인)과의 공통성과 격차는 어떻게 되어 있었을까? 오죠야는 촌역인의 추천권을 갖는데 추천하는 사람이라 여겨지는 사람과의 사이에는 무시할 수 없는 낙차가 존재한 게 아닐까? ②계층화에는 일정한 폐쇄성이 동반되는데, 촌역인층 유동성은 어떤 정도의 것이었을까? 멤버가 빈번하게 바뀌는 것이라면 계층화했다고 말할 수는 없을 것이다. ③일반 백성들은 오죠야와 촌역인을 동일 계층으로 간주하고 있었을까? 일반 백성에 관한 의식과 행동에서 오죠야와 촌역인과는 어느 정도 공통되고 또 달랐을까?

　위의 점을 어디까지나 지역사회의 다수자인 일반 백성의 시점에 서서 더욱 체계적으로 규명하여 계층화론을 발전시킬 수 있을 것이다.

3. 지역사회의 종합적·동태적 파악을 지향하다
— 오쓰카 에이지大塚英二의 저서에서

지역사회에서 사람들이 이어지는 계기는 다양하고, 계기마다 다채로운 연결이 생긴다. 그 연결은 고정적인 것이 아니라 역사적으로 변화해간다. 따라서 지역사회 연구는 지역의 종합적·동태적 파악을 지향하는 것이어야만 한다. 이 점을 강하게 의식한 저서가 오쓰카 에이지『일본 근세 지역연구 서론』(세이분도슛판清文堂出版, 2008년, 이하 '본서')이다.

이 책은 도토미국遠江国(현 시즈오카현)의 중동부 지역(오이가와大井川와 덴류가와天竜川에 위치한 지역)을 대상으로 하여 지역사회 분석의 일반적 수법을 나타내면서 그 수법을 사용하여 해당 지역의 특질을 종합적으로 해명한 것이다. 저자에 따르면 이 지역은 중간지대로 자리매김한다. 즉, 에도나 오사카 등의 대도시에서 떨어져 있기는 하지만, 변방이 아니라 상품생산·농업기술의 발전상도 중간이었다. 이 지역은 "비영토이기 때문에 영토 경제의 구조를 갖지 않지만, 지역적인 통합을 명확하게 갖게 되었다. 중부 급류 지역이라는 지리적 환경에 규정된 농업기술을 가지는 비교적 온화한 농민층 분해를 이루고 있는 지역"(295페이지)이라고 할 수 있다.

본서의 큰 의의는 다음과 같은 점에 있다. 첫 번째는 지역사회 연구의 방법론을 제시한 것이다. 저자는 지역사회에 관한 연구 대부분이 조합촌組合村 등 정치적 결합 분석을 주안으로 하는 것을 비판하고 지역연구가 종합성을 획득하기 위해서는 더 많은 요소를 시야에 넣을 필요가 있다고 주장한다. 저자가 지역분석 요소로 특히 중시하는 것은 수리水利와 금융이다.

분명히 농업에 물은 불가결하고 많은 경우 농업용수에 대해서는 복수의 마을이 공통의 간선 용수로를 공용하고 있었기 때문에 한 마을의 범위를 넘는 지역사회를 문제시할 때는 수리에 관한 고찰이 중요해진다.

또, 근세는 경제사회화가 진행되고 있던 시대로 백성들의 생활에 화폐는 불가결했다. 따라서 저자가 지역 주민이 처한 금융환경과 촌을 넘는 금융 네트워크의 핵심인 대농에 대해서 중점적으로 검토하고 있는 것에도 충분한 의미가 있다.

그 밖에도 저자는 산 돈벌이(숯·장작 생산이나 목재 벌목) 등의 각종 산업이나, 군중의정郡中議定·조합촌의정組合村議定으로 보이는 지역통합 모습도 두루 살피고 있다. 이런 지역사회에 존재하는 다양한 연결을 폭넓게 분석하는 것이 지역사회의 종합적 파악을 위해서 중요하다.

두 번째 의의는 마을들의 연결을 단일 고정적인 것으로 파악하지 않고, 중층적이고 동태적으로 파악하는 것이다. 용수 문제로 말하자면 용수 조합들의 싸움 결과가 다음에는 일방 당사자였던 용수 조합 내부의 싸움 원인이 되고, 또한 용수 조합 내부의 싸움 결과가 조합 내의 촌과 촌의 대립을 일으키는 것처럼 연쇄적으로 지역 수리 질서가 변화해가는 것이다.

하나의 촌이 복수의 용수 조합에 속하고 있는 사례는 어느 정도 있었는데 용수 조합 내부의 마을 간에는 격차가 존재했다. 그리고 싸움을 통해 마을들 사이의 권리관계가 명확해지면서 격차의 평준화가 진행되었다. 수리를 둘러싼 마을들의 관계에는 대·중·소 상황 즉, 레벨이 있었고 그것들이 상호로 연동하면서 변용했다. 이처럼 지역사회를 중층적으로 파악하면서 지역 내부 격차나 모순을 똑바로 응시하고, 거기에서 생기는 지역사회의 다이내믹한 변동이나 통합을 그리는 것은 중요하다.

위와 같이 본서에는 큰 의의가 있는데, 본서에 의해 대상 지역의 특질을 완벽하게 그릴 수 있었던 것은 아니다. 본서에서 도토미국遠江國[도카이도에 위치한 일본의 옛 나라. 현재의 시즈오카현 오이강 서쪽에 해당] 중동부 지역 전체가 문제시되는 것은 문정文政 2년(1819) 군중의정 정도이고 나머지는 해당 지역 일부에 대한 분석이다. 오이가와大井川 하류 서안 지역에 대해서는 다양한 각도에서 검토가 이루어지고 있는데, 상당히 지역 전체상을 나타낼 수 있지만 도토미국 중동부의 다른 지역에 대해서 같은 정도의 밀도를 가진 분석이 이루어지고 있는 것은 아니다. 물론 다른 지역도 도토미국 중동부라는 것으로 공통성은 있겠지만, 동시에 차이도 있을 것이다. 그런 몇 가지 소지역의 종합적 분석의 축적 위에 도토미국 중동부 지역의 전체상이 보이는 것으로 생각된다. 지역사회를 성립시키는 다양한 요소에 대한 폭넓은 관심은, 지역의 연구 방법으로는 정당하지만 동시에 그것은 상당히 높은 목표이고, 도달하기에는 큰 노력이 필요하다. 저자도 그것을 자각하고 있기 때문에, 본서의 책 이름을 '서론'으로 한 것이며, 계속해서 '본론'의 전개가 기대된다.

4. '지역사회의 지주'에 대한 주목
— 쓰네마쓰 다카시常松隆嗣의 저서에서

지역사회에는 그 핵심 존재가 있다. 그것은 호민·호상, 중간층, 명망가 등으로 불리는 지역 유력자들인 경우가 많다. 따라서 지역사회 연구에서는 그들의 분석이 불가결하다. 그런 대표적인 연구가 쓰네마쓰 다카시의 『근세의 대농과 지역사회』(이즈미쇼인和泉書院, 2014년, 이하 '본서')이다.

본서는 근세 후기부터 메이지 초기, 대농의 행동·의식을 다각적으로 고찰하면서, 대농과 지역사회·영주 권력과의 관계에 대한 검토로 그들이 영주 권력과 지역사회와의 매개체로, 또 지역사회의 공공성을 담당하는 '지역사회의 지주'로 존재하던 것을 밝혔다. 본서가 대상으로 하는 것은 모두 기나이畿内·근국에 위치하는 단바국丹波国 다기군多紀郡 오야마미야무라大山宮村(현 효고현 사키야마시, 근세에는 사키야마 번령)의 대농 소노다가園田家와 가와치국河内国 맛타군茨田郡(현 오사카부 북동부)의 호농·지주이다.

본서는 대농의 경영분석이나 촌·지역의 경제·사회구조 분석에 따라서 대농의 정치적 행동이나 의식을 규명하고 그것들을 종합하여 대농의 전체상에 다가간 것이 특징이다. 대농 연구에서의 '정치와 경제의 종합화'를 목표로 한 것이라고 할 수 있다.

본서의 의의로는 소노다가 당주의 행동을 '국익' 실현을 키워드로써 규명하고, 그것으로 근세에서 근대로의 전개 과정을 대농을 축으로 한 일관된 관점에 서서 그려낸 것을 들 수 있다. 바쿠후 말기 유신기의 당주 다스케多祐는 근세·근대를 통해 '국익'을 추구했다. 본서에서는 ①근세의 '국익' 책이 번령 국내에서의 지역순환식의 것(식림植林·저수지 조성·신전개발新田開発)이었던 것에 비해, 근대는 오사카나 고베와의 물류도 주시하여 교통망 정비를 중시하는 이익 도입형이었던 점, ②그러나 방법은 달라도 지역 성립이나 하층민에 대한 지원을 중시하는 다스케의 자세가 일관되어 있던 점 등이 밝혀졌다.

그렇다면 '국익'의 '국'이란 무엇인가? 소노다가에게 '국'이란 근세에서는 번이었던 것이(국=번) 근대에서는 일본국을 의미하는 경우가 등장하였고(국=일본), '국'의 의미 내용은 변화하고 있다. 하지만 근세·근대를 통하여 그것과는 다른 레벨에서 경제적·인적으로 결부된 지역통합이 있었고, 그 범위가 '국'으로 인식되는 사례도 있었다(국=지역). 마지막 사례인 지역결합은 번령지나 군·현·국의 범위와는 차이가 있음과 동시에 근세에서 근대로 이어지는 면도 있고, 근대에 들어서 확대해 가는 측면도 있으며 고정된 것이 아니었다. 게다가 근대가 되면 '국익' 실현 방책이 도로 개수나 철도부설로 수렴되어 가는 경향이 있었다. 타 지역과의 경제교류에 의한 지역 활성화가 보다 중요시되기 때문이다. 본서에서 밝힌 '국'·지역·번령지·일본 등과 같은 사람들의 사회·공간인식의 모습과 그 변천을 더욱 규명하는 것은 중요한 과제일 것이다.

또 본서에서는 근세에서 번령지 주변부에 오히려 촘촘한 네트워크가 형성된 점이 지적되고 있다. 그런 주변부에서 '국익' 책이 추구되어 주변이 새로운 중심이 되면, 거기에서 또 다른 지역 간 격차가 형성된다. 이런 격차 발생의 연쇄적 구조를 어떻게 평가할지도 과제일 것이다.

소노다가 등 사키야마 번령의 대농들은 근세 후기 번에 다양한 '국익' 안을 건의했다. 본서에서는 대농에 의한 "국익 사상은 대농뿐만 아니라 넓게 영민領民에게 공유되었고, 지역사회의 실상을 파악하던 인물이 이야기하는 국익 책이야말로 실효성이 있는 국익 책이었다고 말할 수 있다"(63페이지)고 여겨진다. 확실히 그런 면이 있지만, 실제로는 대농의 헌책에 근거한 '국익' 책 대부분이 실패로 끝났다. 그렇다면 ①대농의 헌책이 정책화되는 데 앞서, 번 내에서는 어떤 논의를 했을까? 번 당국의 주체적인 대응은 어떤 것이었을까? ②전매

제 등의 '국익' 책은 지역 민중의 이해와 모순되는 경우의 존재도 고려하여(그것은 쓰네마쓰도 지적하고 있다) 지역 민중이 대농의 '국익' 책을 어떻게 받아들였을까? 또 다양한 '국익' 책이 지역 주민에게 정부양면正負兩面에서 어떤 영향을 주었을까? ③구체성·선견성을 가졌다고 여겨진 대농의 건의가 그런데도 결과적으로 성공하지 못했던 요인은 무엇일까?와 같은 여러 사항을 구체적으로 파고드는 것이 과제라고 할 수 있다.

대농을 영주 권력과 지역사회와의 관계 속에서 파악하려는 쓰네마쓰의 의도는 정말로 올바르지만, 본서에서 그 의도가 완전하게 실현된 것은 아니다. 그것은 앞으로 근세 지역사회 연구에서 규명해야 할 중요한 주제일 것이다.

5. 지역을 잇는 돈의 흐름을 복원하다
— 후쿠자와 데쓰조福澤徹三의 저서에서

쓰네마쓰와 마찬가지로 대농에 주목하여 금융 활동을 깊게 규명한 것이 후쿠자와 데쓰조『19세기의 대농·명망가와 지역사회』(시분카쿠슛판思文閣出版, 2012년, 이하 '본서')이다. 근세에서는 농촌에서도 경제사회화가 진행되면서 백성들의 화폐수요에 주로 응한 것이 지역 대농들이었다. 따라서 지역사회 연구에는 대농을 축으로 한 금융·경제구조 분석이 불가결한 것이다(이 점은 오쓰카 에이지大塚英二도 강하게 의식하고 있다).

본서는 19세기 가와치국河內国(현 오사카부)을 주요 대상으로 대농·명망가와 지역사회관계를 영주나 도시도 시야에 넣어서 금융의 관점에서 종합적으로 검토한 것이다. 저자의 목표는 "핵심적 대농·일반 대농 쌍방의 경영분석을 근세·근대를 통해 행하는 것을 토대로 경영 동향·지역경제의 상황과 지역정치 과제를 경제영역과 정치적 지배영역의 차이에도 유의하면서 밝혀가는, 19세기 지역사회론"(305페이지)의 구축에 있다.

본서는 지역사회 결합의 주요 요인 중 하나인 금융 관계의 구체상에 관하여 대농경영을 기축에 해명한 점에서 중요한 의의가 있다. 지역의 금융센터인 대농 중에도 그 경영규모에 의해 핵심적 대농(미곡 100섬 이상 소유)과 일반 대농(미곡, 20-50섬 정도 소유)의 차이가 있었는데, 그들을 핵심으로 하는 금융 관계에도 차이가 있었다. 핵심적 대농은 촌외의 대농 상대로 광범위한 금융 관계를 맺으면서 촌내에서는 중상층 백성을 대부 상대로 삼고 있었다. 한편, 일반 대농은 촌내의 소작인이나 일반 백성을 중요한 대부 대상으로 삼고 있었다. 핵심적 대농은 일반 백성을 직접 대부 대상으로는 삼지는 않았지만, 일반 대농에 대한 융자를 통해 간접적으로 일반 백성의 자금 수요에 응하며 지역 성립에 기여하고 있었다.

또 근세에서는 빌리는 사람의 변제 능력을 고려해서, 애초 변제 조건을 완화하고 장기간에 걸쳐 참을성 있게 변제를 기다리는 등, 유연한 금융 관계가 일반적이었다. 언뜻 보기에 빌려주는 사람 측의 양보로 보이지만, 한편으로 장기간에 걸친 이자 취득의 축적이 빌려주는 사람에게 이익을 가져옴과 동시에 빌려주는 사람의 유연한 대응을 기대하고 빌리는 사람이 많이 모이는 등, 긴 안목으로 보면 빌려주는 사람에게도 장점이 있었다. 그러나 근대에 들어서자 애초 계약 시의 변제 조건대로 엄격한 변제가 당연시되고, 그것이 오히려 대농의 금융 규모를 축소는 결과를 가져왔다. 이처럼 금융환경에 주목하여 근세에서 근대로의 전환 의미를 해명한 것은 의의가 깊다.

그 밖에도 오사카라는 대도시가 가까이 있으면서도 대농과 도시 상업·대출 자본과의 관계는 한정적이었다. 대농의 도시 자본에 대한 종속이 보이지 않는 점과 대농 금융의 아킬레스건으로 생각되기 쉽지만 영주금융領主金融에 대한 대농경영에 중요한 의미가 있었던 점 등, 많은 흥미로운 논점이 제기되고 있었다.

앞으로의 과제는 저자가 가와치국河內国에서 발견한 금융구조(무담보금융의 일반화나 신용거래의 성숙을 포함)를 다른 지역과 비교 고찰하는 것과 가와치국에서의 다른 다양한 지역적 결합에도 관심을 두고 종합적인 지역상을 구축하는 것이다.

맺음말

이상, 최근 간행된 5권의 저서를 토대로 근세 지역사회 연구의 도달점과 과제를 생각해봤다. 각 저자의 연구는 각기 개성적이고, 거기에 지역사회 연구의 다방면에 대한 전개 가능성이 나타났다. 여기에서는 앞으로의 과제에 대하여 몇 가지 덧붙이고 싶다.

이 글에서 취급한 각 저서에 이르기까지의 연구사를 되돌아보면, 지역사회론은 먼저 바쿠후령이나 비영토 지역에서의 중간지배기구·조합촌의 '발견'에 의해 활성화했다. 거기에서는 영주의 지배를 상대화하는 것의 의의가 강조되고, 자치·자율·공공성 등을 키워드로 근대에 대한 연속성을 중시한 논의가 전개되었다. 그에 반해 한편에서는 지역·촌의 내부구조 분석의 중요성이나 지역 내의 모순이나 근세 고유 특질의 중시가 주장되었다(이런 동향에 대해서는 참고문헌이나 주(1) 졸고를 참조). 또, 다이묘령에 대한 관심이나 지역사회론에 영주의 권력 문제를 넣을 필요성이 인식되며, 다이묘 영토에서의 지역사회 연구도 진전되었다.

다만 지금까지의 연구는 중간층 분석에 비중을 두었기 때문에 지역사회의 다수자이며, 그 자체로 다양한 존재 형태를 취하는 일반 민중의 실태 해명에 입각한 지역사회론 구축은 앞으로의 큰 과제이다. 직접 조합촌의 운영에 관계되는 일이 적은 일반 민중은 소송·백성의 무력 봉기一揆·농민운동村方騷動 등의 방법으로 자기주장을 했는데, 이런 움직임도 지역사회론에 의식적으로 넣어갈 필요가 있다. 19세기에는 백성 무력 봉기에서의 살상·방화 등 일탈적 행동이 눈에 띄게 되고, 무력 봉기는 폭력적 성격을 강해져 간다.[4] 자치·공공성 성숙과 폭력·분쟁의 확대를 어떻게 통일적으로 이해할지가 의문시되고 있다.

또 지역자치의 진전에만 눈을 빼앗기면 근세에서 근대로의 이행 과정을 내재적으로 설명하기 어려워진다. 막번 체제가 해체되는 국내적 계기를 발견하기 어려워지는 것이다. 따라서 일반 민중의 동향을 충분히 주시하면서 지역 내부 모순이나 대립, 막다른 곳에도 성실하게 관심을 가지며 근대로의 전환을 어떻게 그릴지가 앞으로의 중요한 과제일 것이다.[5]

게다가 최근 연구는 지역 행정의 모습에 주요한 관심을 보내왔지만, 물과 산(용수와 입회) 등 자연환경을 둘러싼 지역의 결합 형태나

---

4 스다 쓰토무須田努, 『'악당'의 19세기』, 아오키쇼텐青木書店, 2002년.

5 이 점을 의식한 연구에 마쓰자와 유사쿠松沢裕作, 『메이지 지방자치체제의 기원』(도쿄대학출판회, 2009년)이 있다.

재해에 대한 지역적 방재·부흥대책의 실정 등, 지역을 무대로 한 사람과 자연의 관계사, 환경에 대한 대응사 규명도 필요하다.

이처럼 지역사회론은 앞으로 다양한 방법으로 발전이 기대되는 성장 분야라고 할 수 있다. 부디 많은 분들이 지역사회 연구에 관심을 갖고, 거기에서 역사 전체상의 파악을 목표로 해 주길 바라고 있다.

참고문헌

• 구루시마 히로시久留島浩, 『근세 막령의 행정과 조합촌』, 도쿄대학출판회, 2002년.

• 시무라 히로시, 「근세 후기의 지역사회와 오죠야제 지배」, 『역사학 연구』729호, 1999년.

• 히라카와 아라타平川新, 『분쟁과 여론』, 도쿄대학출판회, 1996년.

• 야부타 유타카藪田貫, 『국소国訴와 백성 무력 봉기의 연구』, 아제쿠라쇼보, 1992년(2016년에 세이분도숫판에서 신판 간행).

• 와타나베 다카시 편, 『근세 지역사회론』, 이와타쇼인, 1999년.

경계 · 주변으로부터의 관점

히와 미즈키檜皮瑞樹

머리말

일본열도의 북과 남, 현재 일본국 양단에 위치하는 홋카이도를 포함한 북방지역이나 오키나와제도·야에야마八重山 지역은 일본열도를 중심으로 한 이른바 일본 사회와는 다른 역사나 그 역사에 기인한 경험을 갖는다. 특히 19세기 이전 근세 사회에서 각각의 지역과 그곳에 생활하는 사람들은 일본 사회와의 접촉이나 밀접한 관계를 맺으면서도 정치적으로는 막번 체제에 완전히 포섭되는 일 없이 각각이 독자적인 사회시스템과 문화를 보유했다. 그러나 19세기 중반 이후에서 두 지역은 '강제적'으로 일본 사회에 편입되었다. 그런 내포화 과정에서 무력 행사를 포함한 폭력이 발동된 점, 아이누 민족이나 류큐 민족의 내포화에 대한 저항이 존재했던 점을 간과해서는 안 된다. 역사학에서는 각각의 지역이나 사람들의 내포화 배경에 에조치蝦夷地[마쓰마에 번의 성시 마쓰마에를 중심으로 하는 와인지和人地를 제외한 홋카이도 본섬]에서는 제정 러시아와의, 류큐 왕국에서는 청나라清国와의 각각 국경 문제가 존재한 점, 양 지역의 내포화가 국민국가 형성의 일부나 후의 식민지 지배의 단서였던 점 등이 논의됐다.

근세부터 19세기를 대상으로 한 두 지역을 비교사적으로 검토한 성과는 2000년대 이후에 많이 발표되고 있다. 대표적인 것으로는 『일본 역사 25 일본은 어디로 갈까?』(고단샤講談社, 2003년)나 나미카와 겐지浪川健治 외 편 『주변사에서 전체사로』(세이분도淸文堂出版, 2009년), 기구치 이사오菊池勇夫·마에히라 후사아키眞栄平房昭 편 『열도사의 남과 북』(요시카와코분칸吉川弘文館, 2006년) 등을 들 수 있다. 동시에 통사적인 역사서에서는 "열도의 북과 남"이라는 항목이 세워지는 것이 일반적이라고도 할 수 있다. 또 이와사키 나오코岩崎奈緒子「에조치·류큐의 '근대'」[1]처럼 두 지역이 경험한 근대화 과정을 주로 정치외교사적 관점에서 검토한 뛰어난 업적도 존재한다.

이와 같은 연구 조류의 계기로는 양 지역의 역사적 경험의 공통성을 강조하는 내국 식민지론이 있다. 하지만 동시에 양 지역의 역사를 함부로 동일시하는 것에 대한 비판도 존재하고 있다. 물론 아이누 민족과 류큐 사람들의 역사적 경험에는 차이가 있고, 그 차이는 20세기 이후에 더욱 현저해지는 것은 말할 것도 없다. 또 근대 일본에서의 식민지 지배나 그 경험, 19세기의 양 지역의 역사를 직접 결부시키는 것도 더욱 신중해야 한다. 한편 일본형 화이질서華夷秩序 [중국의 입장에서 중국이 주도하는 국제 관계]나 막번 체제로 특징지어지는 일본 근세 사회에서 양 지역의 평가나 1860-1880년대에서의 메이지 정부에 의한 시책 공통성은 이미 많은 지적을 받아왔다. 이 원

---

1 이와사키 나오코岩崎奈緒子, 「에조치·류큐의 '근대'」, 『일본사강좌』7권, 도쿄대학출판회, 2005년.

고는 이상의 연구 성과나 두 지역에 관한 연구 상황을 정리한 많은 성과[2]를 조망한 후에 최근 두 지역을 둘러싼 역사연구 특징과 그 과제 정리를 목적으로 한다.

이처럼 역사학에서는 19세기 이전에 두 지역이 가진 독자성과 근대화 과정에서 일본 사회로부터의 폭력에 대하여 많은 논의를 주고 받아온 한편, 교과서 서술을 포함한 일반적 인식으로는 두 영역이 근세 단계부터 마치 일본 사회의 일부였던 것 같은 설명이 유포되고 공유되고 있는 점이 큰 문제이다. 야마카와山川 출판사『고교일본사 B』(2007년 3월 검정판檢定版)를 소재로 하면, 류큐는 「지역사회의 역사와 문화」라는 칼럼을 다루고 있는데 "1609(게이초慶長 14)년에 사쓰마薩摩 번에 정복당해, 왕국 체제 상태로 일본에 복속되었다"(114페이지)며 정복이나 복속과 같은 말을 사용하여 그 독립성을 왜소화하는 표현을 사용하고 있다. 에조치와 아이누 민족도 마찬가지로 지역사회라는 구분의 칼럼에서 다루고 있다. 그 내용은 "18세기부터 19세기에 길쳐(중략) 바구후는 이때, 처음으로 에조치를 '일본'의 일부"(141페이지)라고 에조치 막령화幕領化에 대해서 정확하게 기술되어 있기는 하지만, 한편으로 근대 이후에 관해서는 "이 때문에 혼슈인本州人의 홋카이도 진출과 근대화 정책, 아이누의 동화책이 착착 진행되어 갔다"라며 메이지 정부에 의한 동화정책의 폭력성이나 아이누 민족의 다양한 저항에 관해 무관심한 큰 문제를 안고 있다.

오키나와의 전후사를 곡해하는 스가 요시히데菅義偉 장관의 발

---

2 최근 성과로 다니모토 아키히사谷本晃久, 「근세의 에조」(『이와나미강좌 일본 역사』13권, 이와나미쇼텐岩波書店, 2015년). 와타나베 미키渡辺美季, 「동아시아 세계 속의 류큐」(『이와나미강좌 일본 역사』12권, 이와나미쇼텐, 2014년)를 들어본다.

언이나 아이누 민족의 민족성을 부정하는 도의회 의원의 발언이 이러한 역사의식을 둘러싼 문제를 기반으로 하는 점은 말할 것도 없다. 동시에 일련의 폭언이 미디어를 통해 큰 사회문제로 이어지지 않는 점은 더욱 큰 위기로 인식해야만 한다.

그 때문에 이 글에서는 근세 막번 체제하에서의 두 지역 평가나 19세기에서의 화이질서 해체와 동아시아 세계의 재편에 동반하여 생긴 에조치와 류큐 왕국의 내포화, 나아가서는 근대국가에 의한 폭력에 대한 두 지역의 대응 등에 관하여 기존 연구 성과를 참조하면서 서술할 것을 두 번째 과제로 하고자 한다.

1. 막번 체제와 에조치·류큐

아라노 야스노리荒野泰典[3]에 의해 제기된 '네 개의 개항지'론은 종래 일본 근세 사회에 부여된 '쇄국'의 이미지를 넘는 시도였는데 에조치나 류큐를 대상으로 한 역사연구에도 그 의미는 컸다. '네 개의 개항지'론에서는 아이누 민족과 류큐 왕국을 막번 체제에서 교역 체제의 일부로 평가하고 나아가서는 두 지역을 네덜란드나 청나라, 이씨 조선과 함께 바쿠후의 대외관계 속으로 집어넣은 것에 큰 의의가 있었다. 물론 두 지역을 네덜란드나 청나라와 동등한 국가로 취급하는 것의 가부나 막번 체제하에서의 자립성을 둘러싼 많은 논의가 존재한다. 그러나 아이누 민족이나 류큐 왕국이 명목상으로는 막번 체

---

[3] 아라노 야스노리荒野泰典, 『근세 일본과 동아시아』, 도쿄대학출판회, 1988년. 동, 「에도바쿠후와 동아시아」, 아라노 야스노리 편, 『에도바쿠후와 동아시아』, 요시카와코분칸吉川弘文館, 2003년 등.

제의 외부로 명확하게 인식되어 있었던 점, 양 지역과의 관계가 일의적으로는 교역 관계에 있었다고 논한 것은 큰 의미가 있다. 게다가 잊어서 안 되는 점은 네 개의 개항지론이 그린 양 지역과 막번 체제와의 관계는 군사적 충돌을 동반으로 구축된 것이었다는 점이다.

류큐에서 1603년(게이쿄 8) 시마즈 이에히사島津家久에 의한 군사적 침략(류큐 침공)은 막번 체제에서 류큐 왕국의 명운을 결정하는 사건이었다. 시마즈 씨와의 전쟁에서 패한 류큐는 국왕 쇼네이尚寧가 포로로 잡혀가고 그때까지 지배하에 있던 아마미쇼토奄美諸島를 잃게 되었으며 일시적으로 시마즈 가의 지배하에 놓였다. 그러나 류큐 침략 때문에 류큐 국왕이 국왕으로서의 독립된 지위를 잃는 일은 없었다. 1610년(게이초 15)에 도쿠가와 히데타다德川秀忠는 쇼네이를 알현謁見하고 류큐 왕국의 개역을 금지하며 국왕의 존속을 명했다. 바쿠후는 도요토미 히데요시의 조선 출병으로 관계가 악화된 명나라와의 강화교섭講和交涉 중개역할을 류큐 왕국에 기대했다. 실제로 1612년(게이초 17)부터 3회의 진공사절進貢使節이 파견되었는데, 명나라가 바쿠후 의도를 알아채 강화담판은 실패로 끝났다.

한편 에조치에서는 15세기부터 16세기에 걸쳐 오시마渡島반도를 중심으로 화인和人 사회와 아이누 민족과의 군사적 충돌이 발생했다. 오시마반도로 진출한 시모구니 안도下国安藤 씨나 가키자키蠣崎 씨는 아이누 민족과의 교역을 경제적 기반으로 했는데 1457년(고쇼康正 3) 코샤마인 전투(코샤마인 전투는 1457년 발생한 아이누와 일본인의 싸움) 이후에도 16세기 전반까지, 아이누 민족과의 충돌은 계속되었다. 가키자키 씨는 1551년(덴분天文 20) 「이적의 상업 선박 왕래 법도夷狄之商舶往還之法度」에 의해 오시마반도에서 기반을 확립했다. 이 '법도'의 의의에 대해서는 에모리 스스무榎森進가 첫 번째로 아이누 민족에 대한 양보로 긴장 관계를 종결시킨 것, 두 번째로 화인의 이주 구역인 '초기화인지初期和人地'를 창출한 것, 세 번째로 아이누 민족과의 교역장을 마쓰마에松前로 한정한 것, 세 가지를 지적하고 있다.[4] 그 후 1593년(분로쿠文禄 2) 도요토미 히데요시의 공문서에 의해 가키자키 씨의 에조시마蝦夷島 지배권이 처음으로 공인된다. 또 근세 사회에서의 에조치 내의 마쓰마에 씨의 지배령인 화인지는 이 '초기화인지'가 기반으로 형성되었다.[5] 근세 사회를 통해 현재 홋카이도는 오시마반도 남부의 화인지와 에조치로 분단되었다.

17세기 두 지역이 막번 체제와의 관계를 구축한 계기로는 류큐 왕국이나 아이누 민족과 일본(화인) 사회와의 무력을 동반한 충돌이 존재한 것으로 그러한 군사적 침공과 그 후 전후 처리를 통해 막번 체제가 울타리 밖에 자리 잡은 것을 경시해서는 안 된다.

1) 종속성을 둘러싼 논의

막번 체제에서 양 지역의 평가를 고찰하는 데 도쿠가와 장군이 발급한 영지판물領地判物[領地: 봉건제 사회에서 영주가 지행하는 토지, 判物: 무로마치 시대 이후 쇼군·다이묘 등이 수령 안도 등을 실시할 때 도장을 찍어 하달한 문서]이나 흑인장黑印狀[무로마치~에도시대에 다이묘大名가 먹을 이용한 검은 도장을 찍어서 발급한 공문서]은 중요한 의미가 있다. 물론 두 지역과 시마즈 씨·마쓰마에 씨와의 종속성을 둘러싼 흑인장에 관한 해석에는 많은 논의가 존재한다. 1634년(간에이寛永 11)에 시마즈 이

---

4 에모리 스스무榎森進, 『아이누 민족의 역사』, 소후칸草風館, 2007년, p. 147.

5 중세에서 아이누 민족은 동북지방 북부에도 거주하고 있었는데, 아이누 민족과 화인 사회와의 관계를 현재 홋카이도 이북으로 한정하는 것은 적절하지 않지만, 본고에서는 논의를 좁히기 위해 오시마渡島반도를 둘러싼 사상으로 한정하여 서술했다.

에히사島津家久에 대하여 발급된 영지판물에는 사쓰마薩摩·오스미大隅·휴가日向의 65만 5,000석에 더해 '이 외 류큐 왕국 12만 3천7백석'이라고 류큐의 지행고 12만여가 더해졌다. 그러나 류큐 왕국의 치교다카知行高[에도시대 영지인 고쿠다카]가 영지판물에 '그 외'라고 평가된 일이나 군역 대상 외였던 것으로부터 '류큐는 막번 체제의 지행知行[봉건적 주종관계 성립의 요건으로서 권력자가 복종자로 분봉한 토지] 체계에는 들어있었지만, 군역을 부과하지 않는 무역 취급'[6]이라고 평가받는다. 또 시마즈 가는 류큐 왕국에 대하여 '류큐국사琉球国司' 칭호를 명한 한편, 바쿠후로부터는 왕호인 '쥬잔국왕中山国王' 사용을 허가받았다. 그 한편 류큐 왕국은 시마즈 씨에 대한 상납 물건을 바치고 있었고 또한 명나라나 청나라에 대한 진공 교역에서도 시마즈 씨의 개입이 이루어지는 등, 시마즈 씨로부터 여러 가지 간섭을 받았다. 막번 체제에서 류큐 왕국의 자립성을 둘러싼 논의도 이런 사상의 해석을 둘러싸 발생하고 있다.

한편, 에조치의 경우는 1604년(게이초 9)에 도쿠가와 이에야스로부터 마쓰마에 요시히로松前慶広에게 발급된 흑인장의 조문이 논의 대상이 되었다. 흑인장의 제1조·제2조의 '덧붙임附'인 "이夷(아이누 민족)에 대해서는 어디에 통행해도 아이누 민족의 의향으로 해야 할 일"라는 한 문장이, 아이누 민족의 행위에 대하여 바쿠후가 규제를 가했는지 아닌지, 또는 제3조의 "아이누인에 대해서 바른 것이 아니면 흠을 잡는 것은 엄하게 금지할 것"이라는 문구가 아이누 민족에 대한 보호를 어느 정도 의미하는지?와 같은 점이 초점이 된다. 다만 아이누 민족에 관해서는 지금의 호적에 해당하는 인별장人別帳[에

---

6 아카미네 마모루赤嶺守, 『류큐 왕국』 고단샤講談社, 2004년, p. 98.

도시대의 호적 명칭이 작성되지 않았던 점, 아이누 민족에 대하여 연공 등의 부역이 부과되지 않았던 점으로 상징되는 것처럼 근세 사회를 통해 마쓰마에 번에 의한 아이누 민족에 대한 직접적·정치적 지배가 실현됐다고 평가할 수 없는 것은 명확하다. 근세 단계에서의 아이누 민족과 화인 사회와의 관계에 대해서는 1990년대 이후 장소청부제場所請負制[마쓰마에 번에서 번주와 번사가 운상금 납품을 조건으로 에조치의 교역권을 상인에게 위탁하여 경영을 도급시킨 제도]에 관한 연구 진전이 현저하다. 거기에서 17세기에는 아이누 민족이 마쓰마에 성 아래에서 교역하고 있던 성하교역제城下交易制부터 마쓰마에가 가신단家臣団이 에조치 내에서의 교역을 주도한 상장지행제商場知行制로의 이행에 아이누 민족의 교역에서의 주체성이 상실된 점, 게다가 18세기에는 청부상인請負商人이 직접 어장경영을 한 장소 청부제에 의해 화인 사회에 대한 아이누 민족의 경제적 종속성이 강해진 점이 많은 연구로 이미 지적되고 있다.[7] 한편 다니모토 아키히사谷本晃久[8]는 장소청부제에 포섭되면서도 '한료가세기飯料稼'라 불리는 자가 소비의 어로 활동 존재를 실증하여 화인에 의한 생산 활동에 포섭되지 않은 아이누 민족의 독자적 생산·경제활동의 존재를 밝혔다. 화인 사회에 대한 아이누 민족의 종속성에 관해서도 아이누 민족의 생산 활동에 입각한 꾸준한 논증과 더한 논의가 필요하다. 18세기 이후에서 화인 사회와 아이누 민족과의 관계를 다룰 때에 아이누 민족에 대한

---

7   다지마 요시야田島佳也, 『근세 홋카이도 어업과 해산물 유통』, 세이분도슛판淸文堂出版, 2014년. 홋카이도 동북사 연구회, 『장소청부제와 아이누』, 홋카이도 출판기획 센터, 1998년 등.

8   다니모토 아키히사, 「근세 아이누의 출가 사이클과 그 성립 과정」, 『가쿠슈인대학学習院大学문학부 연구연보』45호, 1998년. 동, 「아이누의 '자가 벌이自分稼'」, 기구치 이사오菊池勇夫 편, 『에조시마와 북방세계』, 요시카와코분칸, 2003년.

화인 사회의 구조적 폭력이라는 전제에 서면서도, 아이누 민족의 자립성을 정성스럽게 그려내는 것이 큰 과제이다.

공통되는 것은 시마즈 씨나 마쓰마에 씨가 독점한 것은, 두 지역과의 교역권으로 류큐 왕국, 아이누 민족도 일본 국내 다른 세력과의 자유 교역을 제한받은 점이다. 시마즈 씨나 마쓰마에 씨에게 중요했던 것은 류큐 왕국이나 아이누 민족과의 교역에 의한 수익 유지로, 나아가서는 두 지역을 통해 중국과의 접촉을 유지하는 것이었다.

2) 동아시아 세계와의 접점

류큐 역사의 연구에서 왕국의 막번 체제에 대한 종속성을 논의할 때, 류큐 왕국의 중국화와 중국의 독자 관계가 논의의 초점이 되고 있다. 왕부王府의 중국화에 관해서는 정월의 조가의례朝賀儀礼가 중국풍으로 개선된 점, 국가 의례에서 '중화 예법'이 채용된 점, 일본풍으로 작성됐던 가보가 중국식 세계도世系図[가보 중의 세조 이래의 세계를 기록한 그림]로 변화한 점 등이 지적되고 있다. 또 중국으로 간 국비 유학생인 '관생官生'이나 비공식 유학생이었던 '근학勤学'에 의해 유교뿐만 아니라 풍수나 역법 등 대륙의 기술을 적극적으로 도입한 점, 슈리성首里城의 배치나 장식에 중국 영향이 짙게 나타나고 있는 점도 왕국의 적극적인 중국화 사례로 소개된다. 한편 대륙과의 독자적 관계에 대해서는 17세기 말 표류민을 직접 푸저우福州로 송환하는 체제가 채용된 점이나, 교역 활동을 포함한 진공 사절의 중국에서의 실태나 책봉사册封使[중국 왕조의 황제가 부용국 국왕에게 작호를 수여하기 위해 파견하는 사절]의 슈리성에서의 예의 등에 관한 상세한 연구 성과가 발표되고 있다. 그리고 근세 사회를 통해 류큐 왕국은 "'중국

속의 류큐' '일본 속의 류큐'와 같은 중의적인 지향을 하면서 국가의 완충 지역화를 모색"[9]했다고 평가된다.

이런 논의는 지금까지의 시마즈 씨와의 관계를 강조하는 역사연구가 결과적으로 류큐 왕국의 자립성을 상실시켰다는 것에 대한 비판이기도 하다. 게다가 중국과의 책봉 관계, 막번 체제와의 관계 유지라는 두 가지 지향성이나, 중국과 일본에 대한 이중관계성이 류큐 왕국의 주체적인 행위(선택이라고 바꿔 말해도 좋을 것이다)에 의해 실현된 것을 강조하려는 경향이 존재한다.

한편 아이누 민족에도 산탄교역山丹交易[에도시대, 산탄인(연해주 민족)과 아이누와의 사할린에서의 교역]으로 상징되는 사할린섬에서 중국으로 연결되는 교역로의 존재 등, 북방세계에 대한 확장이 지적되고 있다. 다카쿠라 히로키高倉浩樹[10]는 아이누 민족을 포함하는 북방 소수민족의 경제활동을 대상으로, 18세기부터 19세기에 걸친 가라후토樺太·에조치 간의 교역 네트워크, 사할린섬과 중국과의 경제적 네트워크, 나아가서는 베링해협 교역의 삼자 관계성을 밝혔다. 동시에 종래 역사연구의 문제점으로 바쿠후와 러시아와의 국경 문제에 의한 북방세계 단절이라는 측면 강조와 선주민족先住民族(일정한 민족 혹은 종족의 토지 점유 이전에 동일한 토지에 거주 흔적을 남긴 민족) 독자 네트워크 존재의 경시를 지적했다. 한편 상장지행제나 장소청부제 등 마쓰마에 씨에 의한 일련의 정책으로 아이누 민족이 에조치에 갇혔다는 평가도 뿌리 깊게 존재한다. 물론 북방세계에 대한 확장으로부

---

9 앞에 게재한 주 6. 아카미네, 『류큐 왕국』, p. 114.

10 다카쿠라 히로키高倉浩樹, 「18~19세기 북태평양세계에서의 가라후토 선주민 교역과 아이누」, 앞에 게재한 기구치 이사오·마에히라 후사아키真栄平房昭 편, 『열도사의 남과 북』.

터, 아이누 민족 자립성의 과도한 평가는 곤란하다는 점은 말할 것도 없다. 그러나 마크 윈체스터[11]가 지적하는 것처럼 "아이누 민족의 자립성이 높은 근세 중기 이전에 대하여, 그 자립성을 상실하는 근세 후기부터 근대"라는 정체된 인식구조에서의 탈각이 앞으로의 큰 과제이고, 근세의 아이누 사회를 화인이나 일본열도와의 관계만으로 한정하지 않는 역사 파악 방식은 그 큰 힌트가 될 수 있다.

3) 지역 내부에 관한 관심

최근 류큐 역사의 연구에서 류큐 왕국 내에서의 사회적 관계성에 대한 주목이라는 특징이 지적된다. 이런 연구 관심은 종래의 바쿠후나 중국과의 관계에 편중한 정치외교사적 연구로부터의 큰 전환이며, 류큐 사회에서 신분제도에 관한 관심의 고조는 그 상징적인 동향일 것이다. 가보를 기준으로, 가보를 가진 '계보'인 사족과 가보를 갖지 않는 '무계無系'의 백성이라는 명확한 신분사회의 존재, 사족 속에서의 후다이譜代사족·신참사족이나 사키시마先島(미야코宮古·야에야마八重山)의 사족士族[문벌이 높은 선비나 무인의 집안]과 같은 계층성 등, 류큐 왕국 내부에서의 지배구조에 관한 연구 성과가 젊은 연구자를 포함하여 많이 발표되고 있다.[12] 게다가 신분제 사회의 구축이란 '유교 이념에 근거한 사회질서'[13]의 구축으로, 전술한 왕국의 중

---

11 마크 윈체스터(Mark Winchester), 「근현대 아이누 사상사 연구」(히토쓰바시대학一橋大学·박사논문·갑제507호) 2009년 3월.

12 다나 마사유키田名真之, 「류큐가보의 성립과 문중門中」, 『계보가 말하는 세계사』, 아오키쇼텐青木書店, 2002년. 도미야마 가즈유키豊見山和行, 「근세 류큐의 사와 농(백성)」, 『신분론을 넓히다』, 요시카와코분칸, 2011년 등.

13 아사토 스스무安里進 외, 『오키나와 현의 역사』, 야마카와슛판샤山川出版社, 2010년, p. 171.

국화와 밀접하게 관련되고 있는 점이 지적되고 있다. 또 야에야마나 미야코와 왕국과의 사이에 존재한 지배·비지배의 종속적인 관계성, 왕국에 대한 "저항"으로서의 밀수품(밀무역)이나 결락(거주지로부터의 실종) 등, 류큐 왕국에서의 사회적 알력이나 격차에 관한 관심도 높아지고 있다.

한편 아이누 역사의 연구에서는, 아이누 사회와 화인 사회와의 관계성에 관한 관심은 높지만, 아이누 사회 내부의 격차나 지배관계와 같은 연구의 관심은 그다지 높지 않다. 그런 상황 속에서 장소청부제나 장소경영이 본질적으로는 경제적 착취 구조로 아이누 민족에 대한 폭력성을 불가피하게 안고 있다는 성격을 전제로 한다. 한편 에조치에서의 장소를 '이문화를 편입한 사회'로 파악하고, 거기에서의 일본인, 아이누 관계에 새로운 접근을 시도한 다니모토 아키히사[14]의 '근세 에조치 재지在地 사회'론은 수탈과 착취라는 구조로부터의 탈각와 함께 아이누 사회 내부를 고찰할 때 큰 시사를 주고 있다.

물론 류큐 역사, 아이누 역사의 연구에서, 그 내부구조에 대한 접근을 곤란하게 하는 요인으로서 자료적 제약을 언급해야만 한다. 류큐 역사에서는 오키나와 전투에서 전근대 자료의 압도적인 부재인 점, 아이누 역사에서는 아이누 민족 자신에 의해 기록되어 남겨진 자료가 극히 한정되어 있다는 점 등이 이런 연구 상황의 배경으로 존재한다. 앞으로 이런 자료적 제약을 극복하기 위해서는 자료의 발굴에 그치지 않는 방법론적인 진전이 필요하다.

---

14 다니모토 아키히사, 「근세 에조치 재지在地사회와 바쿠후의 대외정책」, 『역사학연구』832호, 2007년.

2. 19세기 충돌과 내포화

18세기 말부터 19세기에 걸쳐 두 지역은 서양과의 접촉을 경험하고, 그 경험이 두 지역의 근대화에 대한 개막이다. 에조치는 제정 러시아의 아담 락스만, 니콜라이 레자노프의 내항, 그리고 지시마千島 사할린섬에서 러시아와의 무력 충돌을 계기로 바쿠후에 의한 직접 통치(막령화)를 경험한다. 이 최초의 막령화는 이와사키 나오코岩崎奈緒子[15]가 지적하듯이, 다분히 군사 방위적 성격이 강한 것이었다. 그 후 마쓰마에 복령기復領期를 거쳐 19세기 중반에는 마찬가지로 러시아와의 국경 문제를 계기로 다시 바쿠후 직할지배가 실행되었다. 두 번째 막령기幕領期에는 적극적인 이주·개발 정책이 실행되었고 동시에 아이누 민족과의 유교 사상을 매개로 한 지배관계 구축이 시도되었다. 그러나 바쿠후 말기 단계에서 바쿠후는 아이누 민족과의 사이에 본국과 같은 지배관계를 구축하는 일은 없었다.

류큐에서의 계기는 1840년대 프랑스·영국 배의 내항과 프랑스인 선교사의 체재, 그리고 통상요구였다. 게다가 1853년에 미국 페리 함대가 내항하여 슈리성 방문을 강행하고 1854년에 다시 내항해서 류미수호조약琉米修好条約을 체결하고 1859년의 류란수호조약琉蘭修好条約 체결과 서양 제국과의 통상체제로 편입되어 간다. 서양 제국의 접근이라는 사태에 대하여 류큐 왕국은 시마즈 씨나 바쿠후와 밀접하게 연락하면서 대응했다. 서양 세계와의 접촉은 청나라와 바쿠후에 둘 다 속하는 류큐 왕국의 애매한 위치가 가진 불안정함을 나타냈다. 이 단계에서 류큐의 귀속, 즉 청나라와 바쿠후와의 국경

---

15 앞에 게재한 주 1 이와사키, 「에조치·류큐의 '근대'」

문제가 현재화하는 일은 없었다.

1) 국경 문제와 내포화

두 지역과 서양 세계와의 접촉으로 바쿠후는 종래 지역으로서의 경계 인식의 한계를 자각함과 동시에 인근 제국과의 국경 획정이라는 정치적 과제에 직면했다. 1855년 러일화친조약露日和親條約에서는 지시마 열도에서의 국경 획정에 대하여 사할린섬에서는 '지금까지의 관례대로' 현상 유지만 정해지고 국경의 획정은 뒤로 미루어졌다. 한편, 에조치本蝦夷地(홋카이도)는 이 조약으로 바쿠후에 의한 통치가 확정되었고 그 결과, 적극적인 이식민移植民·개척정책이 실행되었다. 메이지유신 이후에는 메이지 정부나 개척사에 의해 홋카이도(1869년에 개칭)에서의 아이누 민족에 대한 본격적인 통치정책이 실행되었는데, 일련의 개척정책에 의해 아이누 민족의 권리나 생활이 보호받는 일은 없었다. 특히 1872년 홋카이도 토지 매대売貸규칙 및 홋카이도 토지 규칙에 따라서 홋카이도 전체의 관유화官有化와 민간으로의 매도가 실행되었다. 일련의 토지정책에 의해 아이누 민족의 생활이나 수렵, 또는 종교적 의례의 장을 일방적으로 빼앗기면서 홋카이도에서의 근대적인 토지 소유로부터도 본질적으로 배제되었다. 게다가 홋카이도에서의 '지조창정地租創定'[16]을 기도한 1877년의 홋카이도 지권地券(메이지 초기에 토지 소유권을 나타내기 위해 메이지 정부가 발행한 증권) 발행 조례에서도 아이누 민족의 거주지를 관유지로 편입하는 조치가 취해져 소유권 인정은 보류되었다. 물론 두 규

---

16 일본사에서의 '지조地租개정'이라는 용어에 대하여, 전근대 홋카이도에는 지조가 존재하지 않았다는 이유에서 '지조창정'이라는 용어가 사용된다.

칙에 따라서 토지를 소유한 아이누 민족도 분명히 존재했지만, 1885년까지 화인에 대하여 매도·대부된 토지가 3만 7천 정보町步였던 것에 비해, 아이누 민족이 취득한 것은 고작 75정보에 불과했다. 게다가 1875년의 가라후토치시마樺太千島 교환 조약에 의해 사할린섬의 포기와 지시마 열도의 영유라는 형태로 국경 문제는 해결되었다. 그러나 이 조약으로 본 에조치(홋카이도)와 북방세계와의 연결이 차단되어 전근대에서 아이누 사회가 가질 수 있던 가능성이 완전히 단절되었다.

류큐 왕국을 둘러싸고 1871년 청·일 수호조약 제1조에 "양국에 속한 국토도 각 예를 갖춰 대하고 조금도 침략하는 일 없이 영구안전을 얻어야 한다"라고 영토 보전만이 기록되고, 일본과 청나라와의 국경 획정은 미루어졌다. 조약체결 이후에도 청나라와의 국경 문제, 즉 류큐의 귀속 문제는 불안전한 상태였다. 병행하여 류큐 왕국과 청나라와의 관계를 단절하고 일본으로의 내포화를 실행하는 예비단계로 1872년에 메이지 정부는 류큐 국왕 쇼타이尚泰를 번왕으로 류큐 왕국을 류큐 번으로 개칭했다. 그 후 류큐 왕국의 일본으로의 "합병"은 첫 번째로 1871년 10월 미야코섬 주민의 표류와 그 후 대만 원주 민족에 의한 살해사건을 계기로 이루어진 대만출병이라는 외교정책이다. 두 번째로 류큐 왕국의 일본과 청나라에 대한 양속 관계 단절을 기도한 메이지 정부에 의한 국내 정책이라는 두 정책이 밀접하게 관련하면서 진행되어 간다. 메이지 정부는 표류민을 살해한 대만 원주 민족이나 그들의 거주지인 대만 동남부가 '무왕의 땅', 즉 청나라의 영토가 아니라고 일방적으로 해석하여 1874년 5월에 육군 중장 사이고 쓰무미치西鄕從道를 중심으로 한 대만으로의 출병과 전투, 그리고 군사점령을 강행했다. 병행하여 이루어진 청나라와 외교 교섭에서는 대만출병이 청일 수호조약에 대한 위배행위라 비판하는 청나라에 대하여 메이지 정부는 청나라의 주권 외 지역에 대한 출병이라고 주장했다. 영국 공사 웨이드(Sir Thomas Francis Wade)의 중재로 1874년 10월에 체결된「호환조약」에서는 청나라로부터 미야코섬 주민에 대한 위로금 지급과 함께 피해자인 미야코섬 주민이 '일본국의 속민'이라고 대만에 대한 군대 파견과 군사점령이 '보민의거'(자국민을 보호하기 위한 행위)라고 명기되었다. 메이지 정부는「호환 조약」에 의해 류큐에 대한 일본 영유권을 청나라가 승인했다고 일방적으로 해석했는데, 이 조약으로 청나라와 류큐와의 책봉 관계가 해소된 것은 아니었다. 이듬해인 1875년 7월에는 류큐에 파견된 내무대승內務大丞·마쓰다 미치유키松田道之는 청나라에 대한 조공사 파견정지나 일본의 연호사용, 나아가서는 류큐에 대한 진대분영鎭台分營 설치를 포함한 '시달達'[에도시대에 상위의 관공서·관리로부터 하위의 관공서·관리, 그 외 관하의 사람에게 내려진 지시·명령]을 류큐 왕국에 명했는데, 류큐는 이 '시달'에 대하여 강한 거부 자세를 나타냈다. 일단 귀경한 마쓰다 미치유키는 류큐의 폐번치현廢藩置縣 처분의 강행을 주장했다. 메이지 정부는 마쓰다를 류큐 처분관處分官으로 임명하여 1879년 3월에 쇼타이의 슈리성 철퇴나 구마모토 군대와 오키나와 분견대分遣隊[본대나 본부에서 나누어 파견한 부대]의 주둔 류큐번의 폐지와 같은 류큐 처분이 단행되었다. 류큐 처분은 왕부王府의 저항에 대하여 경관이나 군대와 같은 무력을 배경으로 실행되었던 점, 나아가서는 판적봉환版籍奉還과 폐번치현이 동시에 강행되었던 점에서 강한 폭력성을 동반한 정책이었다.

2) 내포화라는 폭력에 대한 저항

가라후토치시마樺太千島 교환 조약의 부록조약으로는, 사할린섬과 지시마 열도의 원주민에게 국적 선택권과 3년간의 유예기간이 인정되었다. 그러나 개척사는 조약체결 이전부터 가라후토 아이누의 홋카이도에 이주를 계획했다. 1875년 9월에는 800여 명의 가라후토 아이누의 소야宗谷로의 이주, 게다가 1876년 6월에는 소야에서 쓰이시카리쳐雁로의 재이주가 강행되었다. 두 번의 이주는 가라후토 아이누의 희망에 따른 것이 아니었고 특히 두 번째 재이주는 물리적인 무력을 이용한 강제적 이주였다. 일련의 개척사에 의한 강제적인 이주 정책에 대하여 가라후토 아이누도 명확한 의사표시를 했다. 최초의 이주에서는 구체적인 이주처가 쟁점이 되어 이시카리石狩 지방을 이주지 후보로 한 개척사에 대하여 아이누 민족은 "소야 지방을 제외하고 그 외는 어쩔 수 없이 모두 그 장소[17]에 머무르지 못하도록 한다." 소야 지방 이외로의 이주를 강하게 거부했다. 게다가 두 번째 이주 시에는 쓰이시카리에서의 현지 조사를 한 후, 다시 이주에 대하여 강한 거부 자세를 보였다. 1876년 4월 탄원서에서 자신들의 요구를 들어줄 수 없는 경우는 개척사의 보호를 거부할 것, "일단 멀어지게 되었지만 가라후토에 돌아가는 것 외는 없고, 예를 들어 고향에 돌아간다고 해도 신세를 지지 않는다"[18]라고 개척사에 의한 지배로부터의 이탈과 사할린섬에 대한 귀환 강행을 방패로 쓰이시카리로의 재이주에 대한 저항을 시도했다. 최종적으로 쓰이시카리로의

---

17 「마쓰모토松本 판관判官 사료 메이지 8년」, 쓰루오카시鶴岡市 향토자료관 소장, 본고에서는 홋카이도립 문서관 소장 마이크로필름에서 인용.

18 마쓰모토 쥬로松本十郎, 「이시카리 도카치 양하石狩十勝兩河 기행」(다카쿠라 신이치로高倉新一郎 편, 『일본서민 생활사료집성』4권, 산이치쇼보三一書房, 1969년에서 인용)

재이주는 이런 가라후토 아이누의 의사표시를 무시하며 강행되었는데, 개척사의 폭력적인 정책에 대하여 아이누 민족이 주체적으로 행동하였던 점을 간과할 수 없다.

한편, 류큐 처분에 대해서도 심한 저항운동이나 처분 후에도 계속하여 이루어진 청나라 내에서의 구원 운동 존재를 경시할 수는 없었다. 1878년 초대 주일청나라 공사 하여장何如璋을 통한 메이지 정부에 대한 항의운동, 류큐 처분에 대한 불복종·보이콧, 1879년 7월 쇼 도쿠코向德宏의 리홍장李鴻章에 대한 탄원서 제출 등을 들 수 있다. 쇼 도쿠코의 탄원서에서는 종주국 청나라에 의한 군사개입이나 메이지 정부로부터의 이탈과 중화 세계에서의 왕국 부흥이 구상되었다. 이에 대하여 오키나와현은 청나라로의 밀항과 정치운동을 경계하여 오키나와에서의 불복종·거부에 대해서도 철저한 탄압을 가했다. 또 야에야마의 청나라로의 할양割讓(다른 법적 실체에 소유물(재산)을 양도하는 것)을 꾀한 청일 수호조약의 분도개약分島改約 교섭에 관해서도 망명 류큐인은 청나라로의 탄원서 제출을 중심으로 한 정치운동을 펼쳐, 류큐 왕국의 분단조치를 호소했다.

맺음말

19세기 중반 근대국가 일본이 창출되는 과정에서 에조치·아이누 민족과 류큐·오키나와라는 두 지역은 폭력을 동반하면서 일본 사회로 포섭되었다. 물론 포섭과정에서 아이누 민족이나 류큐 사람들은 일본 사회로부터의 폭력에 저항하지 않은 것은 아니다. 그리고 역사연구에서도 일본 사회에 의한 포섭의 역사 과정이나 그 폭력을 낳은 구조적 요인을 밝히는 동시에, 근대국가의 폭력에 대한 두 지역의 주체적인 영위를 그려내는 것이 과제이다.

그때, 일찍이 역사연구가 희구한 저항 주체 또는 통합과 저항이라는 극단의 이항대립적인 도식을 비판하면서도 안이한 상대화나 폭력의 불가시화에 빠지지 않는 것이 요구된다. 왜냐하면 근대 이후에 두 지역의 주체적인 영위는 비공식 형태를 취하지 않을 수 없게 되어, 동시에 그들·그녀들의 모습이 보이기 어렵게 되는 것뿐만 아니라, 그 목소리는 언뜻 보면 근대국가나 일본 사회로의 동화를 지향하게 되기 때문이다. 오가와 마사히토小川正人[19]나 사카타 미나코坂田美奈子[20]가 지적하는 것처럼 그런 목소리를 동화주의로 안이하게 비판하는 것은 매우 큰 오산이다. 근대 이후 두 지역이 걸어온 역사와 그 주체성을 고찰할 때는 국민국가 일본과의 사이에 두 지역이 떠안은 미세한 괴리 발견이 불가결하다.

참고문헌

- 아라노 야스노리, 『근세 일본과 동아시아』, 도쿄대학출판회, 1988년.
- 아사토 스스무 외, 『오키나와 현 역사』, 야마카와슛판샤, 2010년.
- 에모리 스스무, 『아이누 민족의 역사』, 소후칸, 2007년.

---

19 오가와 마사히토小川正人, 『근대 아이누 교육제도사 연구』, 홋카이도대학도서간행회, 1997년.

20 사카타 미나코坂田美奈子, 「선주민(아이누)과 주류사회(화인)의 불균형 관계」, 오카와다 아키라岡和田晃, 마크 윈체스터 편, 『아이누 민족 부정론에 저항하다』, 가와데쇼보신샤河出書房新社, 2015년.

'경계'를 만들어 내는 힘
― 남이탈리아에서 세운 근대에 관한 질문

오다와라 린小田原琳

1. 남이탈리아의 양상

'남이탈리아란 무엇인가?'라는 질문은 기묘하게 보일까? 보통 '남이탈리아란 어떤 곳일까?'라고 묻는 것일지도 모르겠다. 그렇다면 남이탈리아란 어떤 곳일까? 이탈리아의 남반부를 종종 '장화'라 불리는 반도의 무릎에서 아래 무릎 앞의 네모난 섬, 발끝이 차올리는 세모난 섬. 햇빛이 쏟아져 내리며 지중해로 열린 장소. 지금은 이탈리아를 대표하게 된 새빨간 토마토를 듬뿍 사용하는 요리는 그곳에서 생겨났다(그렇다 하더라도 19세기 말 이후의 일이지만). 지중해를 우아하게 여행하고 지역 요리나 문화를 즐기는 크루즈도 인기다.[1] 우리가 '이탈리아'에 투영하는 이미지 대부분은 남이탈리아와 결부되

---

[1] 2012년 1월에 토스카나주 앞바다에서 좌초 사고가 일어나 선장이 승객을 두고 가장 빨리 피난한 것으로 유명해진 코스타 콩코르디아호도 이런 지중해 크루즈 투어 도중으로, 조난되지 않았다면 마르세유나 바르셀로나, 사르데냐섬의 칼리아리나 시칠리아섬의 팔레르모에 기항할 예정이었다.

| 그림 1 | 이탈리아 | 그림 2 | 이탈리아의 (구) 식민지

어 있다고 해도 좋을지 모른다.

　한편 그 토지는 이탈리아의 가난한 절반으로도 보인다. 예를 들어 이탈리아 통계국이 발표한 2014년 수입과 생활상황에 관한 통계에 의하면 지리적 구분(북·중·남부)에서의 빈곤과 사회적 배제 리스크(Europe 2020 지표에 의함)가 2013년에는 북부보다 중부가 1.25배, 남부가 1.86배, 2014년에는 북부보다 중부가 1.04배인 것에 대하여, 남부는 3.27배로 급증하고 있다. 특히 아이들이 없는 고령 세대나 단신 세대 아이들의 어린 세대 빈곤이 강해지고 있는 것이 지적되고 있다.[2]

2　http://www.istat.it/en/files/2015/11/Income-and-living-conditions_DEF.pdf?title=Income+and+living+conditions+-+23+Nov+2015+-+Full+text.pdf(2016년 3월 22일 액세스). 참고로 CIA에 의한 소득이나 자산의 불평등(사회 격차)을 측정하는 지표 중 하나인 지니계수 조사에 따르면, 이탈

남이탈리아를 안고 있는 지중해도 또한 지금은 양의적이다. 2013년 10월에 발끝 앞의 세모난 섬, 시칠리아섬에서 남쪽으로 약 200킬로미터에 위치한 튀니지 연안부터는 그 약 절반의 거리인, 람페두사섬 앞바다에서 500명의 난민을 태운 보트가 전복되어 행방불명 사망자를 포함하면 400명에 가까운 사람들이 사망했다. 이른바 '람페두사의 비극'이라 불리는 이 사건은 널리 알려져 지중해가 지금 호화객선 여행과는 전혀 다른 양상을 가지고 있는 것을 세계로 널리 알렸다. 그러나 사실, 이동하는 사람들의 지중해에서의 사고는 2000년대 들어서부터 끊임없이 계속되었다. 세계적인 사람의 이동(이주) 문제를 전문으로 다루는 국제연합의 관련 기관인 국제이주기구(International Organization for Migration, IOM)에 따르면 2000년부터 2014년까지의 사이에 적어도 4만 명이 지중해에서 목숨을 잃었다. 적어도라고 한 것은 구조의 눈이 닿지 않았던 곳에서 일어난 사고나 발견되지 못한 사망자는 여기에 포함되지 않기 때문이다.[3] 이탈리아 남부, 칼라브리아주의 조이아 타우로와 로자르노를 거점으로 이런 위험을 무릅쓰고 바다를 건너 이탈리아에서 과혹한 육체노동에 종사하는 사람들을 주제로 〈지중해〉라는 제목의 작품을 제작한 영화감독 조나스 카피그나노(Jonas Carpignano)는 2015년 4월, 트리폴리(리비아)를 출발한 보트가 리비아와 람페두사섬 사이에서 침몰하여 800명 이상이 사망한 사고를 언급하면서 이렇게 이야기했다. "최근 미국에서도 보도되게 되었지만, 이탈리아나 유럽에서는

리아는 31.9(2012년 측정), 일본은 37.9(2011년)이다. 지니계수는 작을수록 사회 내의 격차가 작은 (평등함) 것을 나타낸다.

3 International Organization for Migration(IOM), 2014, *Fatal Journeys: Tracking Lives Lost during Migration*, Geneva, IOM, p. 11.

이미 오랫동안 이런 비극을 들어왔다. 매년 이 시기 4월이지. 물이 따뜻해지면 사람들이 고향을 떠나기 시작해. 최근 리비아 보트 침몰과 같은 큰 사건이 있으면 모두 한동안은 그것에 주의를 기울이지. 그리고 겨울이 되고 그에 따라 미디어 보도가 멈출 때까지 몇 번이고 몇 번이고 그런 사고가 일어나 지중해를 횡단하기에는 물이 너무 차가워지니까 말이야."[4] 기원전 2세기에 브리튼 섬에서 이집트까지, 이베리아반도에서 메소포타미아까지 넓어진 로마제국은 판도의 중심에 있는 바다를 자랑스럽게 'Mare Nostrum(우리들의 바다)'라 불렀다. 그 이름은 이탈리아군이 2013년 10월의 '람페두사의 비극'을 계기로 약 1년에 걸쳐 전개한 이민구조작전에 투입되었다. 그러나 이 작전이 EU 가맹국이 공동으로 사람의 이동이나 국경관리를 하는 FRONTEX(유럽 대외 국경관리 협력 기관, 2004년 발족)에 의해 계승된 것을 생각할 때, 지중해를 '우리들의 바다'라고 부르는 것은 누굴까?라고 묻지 않을 수 없다. EU는 2000년대 이후, 공동 이민정책을 발전시켜 가는 중에 EU의 안전(security)을 지키기 위해 이민을, 통합되어야 할 타인이라고 간주하였다.[5] 지중해를 원하는 세계를 '외부'로 규정한다면 위험을 무릅쓰고 그 바다를 건너오는 사람들과는 '우리' 속에 포함될 리 없다. '그들'은 이 순간에 만들어진다. 그리고 남이탈리아라는 장소를 역사적으로 뒤돌아보면, 그곳에는 '우리들'과 '그들'을 창출하는 폭력의 근대사가 축적되어 있다.

---

4 영화 〈Mediterranea(지중해)〉(2015년·이탈리아, 프랑스, 미합중국, 독일, 카타르·107분)신문자료에서 조나스 카피그나노 감독의 인터뷰

5 쓰치야 다케시土谷岳史, 「EU공동이민정책의 전개 – '이민'과 '우리들'의 변영」,『다카사키 경제대학 논집』52권 3호, 2009년, p. 15.

2. 근대라는 폭력

어느 토지를 역사적으로 본다. 역사화하면 그 장소는 단순히 '지리적 표현'에 그치지 않게 된다. 남이탈리아가 다양한 의미를 주고 특별한 공간이 되어 간 것은 19세기 후반의 일이다. 프랑스혁명 이후, 나폴레옹에 의해 이탈리아반도 전체는 점령당하며 구 군주들은 추방당했다. 사르데냐 왕국(현재의 피에몬테주, 리구리아주, 사르데냐주에 해당)의 사보이 왕가는 발끝의 네모난 섬, 사르데냐섬으로 양 시칠리아 왕국(거의 현재의 마르케주, 캄파니아주, 풀리아주, 바실리카타주, 칼라브리아주, 시칠리아주에 해당)의 부르봉 왕가는 반도의 영토를 잃고 발끝인 시칠리아섬으로 도망쳤다. 이탈리아반도 전체가 프랑스 제국의 지배하에 놓이는 전대미문의 사태였는데 프랑스 본국과 마찬가지로 봉건제가 폐지되고 중앙집권제의 정비에 의해 종래와는 다른 새로운 지배층이 탄생하는 계기도 되었다. 이 신흥 부르주아지가 나폴레옹에게 파괴당한 유럽의 구체제를 회복하게 된 1815년의 빈체제 이후, 이탈리아반도의 여러 제도나 산업의 근대화를 지향하는 '리소르지멘토(재흥[6])'라 불리는 운동의 담당자가 되어 1820년, 1831년, 1848년의 여러 혁명을 일으켜 간다. 특히 1848년에는 파리의 2월 혁명보다 더 빠른, 1월에 팔레르모에서 민중 반란이 일어났고, 혁명은 반도 전체로 파급되어 빈체제 후, 이탈리아반도 제국에 큰 영향력을 끼치게 된 오스트리아에 대하여 일시적으로 통일전선이 형성되었다.[7]

6　이탈리아 근대사의 서술에서 '재흥'은 오랫동안 국가통일운동이라 생각되어 왔는데, 통일 이전 반도 각국에 대한 실증연구나 통일 경위의 비판적 연구가 겹쳐져, 최근에는 사회, 경제, 문화의 혁명을 지향하는 여러 운동의 종합으로 다루는 견해가 강해지고 있다.

7　고타니 마사오小谷眞男,「재흥」, 기타무라 아케오北村曉夫・이토 다케시伊藤武 편저,『근대 이탈리아

혁명이 실패로 끝난 후, 양 시칠리아 왕국에서는 혁명에 가담한 많은 지식인이 혁명의 실패 이후에도 헌법을 유지하며 자유주의적 입헌군주제를 유지한 사르데냐 왕국의 수도 토리노 등 북부 이탈리아로 망명했다. 체제 전환의 싸움에 패배하여 어쩔 수 없이 망명한 이들 지식인은 혁명 세력을 탄압하고, 헌법이나 의회 등, 1848년 혁명 중에 달성된 성과를 폐지한 두 시칠리아 왕국의 부르봉 왕가를 비난하며 남부를 몽매한 군주에게 지배당한 해방되어야 할 저주받은 토지로 그렸다. 이것이 남이탈리아를 '문제'로 간주하는 언설의 기원이 되었다.[8] 후에 이 '남부 문제'(남부를 역사·경제·사회적으로 특수한 성격을 갖는 지역으로 논하는 설명)의 최초 제기자인 파스콸레 빌라리(Pasquale Villari)도 또한 이런 지식인(혁명가)의 한 사람이었다.

1860~1861년 이탈리아반도의 통일은 프랑스와 동맹을 맺은 오스트리아와 전쟁을 하는 한편, 반도 내에서는 주민투표로 사르데냐 왕국에 대한 각국의 '합병' 찬반을 묻는 형식으로 진행되었다. 이 때문에 이탈리아 왕국 성립 후에 헌법을 포함하는 사르데냐 왕국의 여러 제도가 전국적으로 확대되었다. 이즈음 사르데냐 왕국의 어느 정치가는 남이탈리아에 대하여 이렇게 개탄했다. "이 무슨 야만인가! 이게 이탈리아인가! 이것은 아프리카다." 두 시칠리아 왕국령은 통치자의 변천을 거치기는 했지만, 수 세기에 걸쳐 영역으로는 안정되며 발전해 왔기 때문에 작은 국가가 양립하는 북부 이탈리아와는 다른 정치적·사회적 문화를 키워왔다. 그 차이가 19세기 유럽에서의

의 역사 16세기부터 현대까지』, 미네르바쇼보ミネルヴァ書房, 2012년, pp. 47-52.

8 Marta Petrusewicz, 1998, *Come il Mezzogiorno divenne una Questione. Rappresentazione del Sud prima e dopo il 1848*, Soveria Mannelli, Rubettino, p. 136.

근대화 프로그램에 편입된 국가의 통일이라는 구조 속에서 '격차'로 인식되어 간 것이다.

　이런 인상은 1860년부터 약 5년간에 걸쳐 구旧 양 시칠리아 왕국의 영역 전국에서 일어난 반란 때문에 강화되었다. 나폴레옹의 지배하에 초래된 봉건제 폐지는 접수된 구 봉토의 분할·매각에 의한 자립 농가 창조라는 목적이 있었다. 그러나 비교적 유복한 농민이나 도시의 신흥 부르주아지는 토지를 매입할 수 있었다. 하지만 토지를 소유하지 않거나, 또는 가족의 생존에는 불충분한 토지밖에 소유하지 못하여 영주의 농지에서 노동하며 생활의 양식을 얻고 있던 농민들에게는 그것이 불가능했다. 또 이때 촌락공동체가 소유하며 공동이용이 허가되었던 공유지(가축 방목, 장작 줍기 등이 이루어졌다)도 매각되었기 때문에 가난한 농민은 한층 곤궁에 빠지게 되었다. 새로운 정부에 대하여 애초에는 생활개선의 기대를 품었던 농민들은 이 기대에 배신감을 느끼고 봉기에 이른다. 공유지의 부활이나 토지분할 등을 요구하는 농민들에게 새롭게 탄생한 이탈리아 왕국과 대립하는 부르봉가의 지지자나 군인, 교황청 등의 세력이 가담한 자연발생적이고 동시다발적인 여러 반란을 정부는 'Bigantaggio(산적 대반란)'으로 부르며 철저하게 탄압했다.[9] 탄압을 위해 동원된 병사는 총 10만 명이 넘었다. 발의한 하원의원의 이름에서 통칭 피카법(Legge Pica)으로 불리는 계엄령(이동의 자유 금지 '산적'이나 이를 보조한 시민의 재판을 거치지 않는 체포·처벌 등이 허가되었다)하에서 사망자 수는, 공식적인 기록에 따르면 약 5,000명이라고 하는데, 어느 연구자는 총살이

9　오다와라 린小田原琳, 「자유주의 시대」, 앞에 게재한 주 7 기타무라·이토, 『근대 이탈리아의 역사 16세기부터 현대까지』, pp. 81-84. 이 반란에 대해서는 후지사와 후사토시藤沢房俊, 『비적匪賊의 반란 - 이탈리아 통일과 남부이탈리아』(태양출판, 1992년)를 참조.

나 다른 방법(진압 도중 살해 등)으로 희생된 사망자 수를 1만 8,250~5만 4,750명으로 추정하고 있다.[10] 산적이 아닌 사람도 모두 '산적', 즉 법외에 있는 범죄자라 지명하는 것으로 이 반란에 참여한 사람들이 가지고 있던 다양한 이유를 돌아보지 않고 탄압하는 것이 가능했다. 이 '내전'을 거쳐 1870년대에는 남이탈리아라는 '문제'와 어떻게 그것을 해결할지의 논의가 공론상으로 전개되어 간다. 그 최초가 1848년 혁명 후, 토스카나로 망명한 사학자 파스콸레 빌라리의 『남부서간』(1875년에 신문에서 발표, 1878년에 간행)이었다. 이후 그의 주변 지식인들은 열심히 '남부 문제'를 논해간다. 일반적으로 이런 19세기 말의 논의는 남부 이탈리아의 빈곤과 '산적'이나 마피아 등의 반사회적 행위는 그것에 기인한다고 지적하며, 국가에 의한 적절한 통치가 이 '문제'를 해결한다고 주장한 가부장제의 특징을 가지고 있었다.[11]

여기에서 확인하고 싶은 것이 두 가지 있다. 첫 번째로 어느 토지(여기에서는 남이탈리아)와 그곳에 사는 사람들은 문명화되지 않았고, 문명화되어야 한다고 간주하는 인식 스타일이 근대화를 지향하는 운동과 함께 생겨나 계속되고 있다. 근대화=문명화했다, 또는 하는 '우리들'은 그렇지 않은 후진적이라 간주되는 '그들'과 동시에 출현한다. 두 번째로 근대화의 명법하에서는 '그들'을 힘으로 문명화하는 것이 정당화되지만, 그것은 그 과정에서 힘을 갖지 않는 측에도 초래되는 피해·죽음의 이유가 문명화되지 않았던 '그들' 자신

---

10 Roberto Martucci, 1999, *L'invenzione dell'Italia unita, 1855-1864*. Firenze, Sansoni, p. 314. 이때 이탈리아반도의 전체 인구는 약 2000만 명이다.

11 오다와라 린, 「'남부'란 무엇인가? – 남부문제론에서의 국가와 사회」, 기타무라 아케오·고타니 마사오 편, 『이탈리아 국민국가의 형성 자유주의기의 국가와 사회』, 일본 경제평론사, 2010년, pp. 198-204.

의 잘못(이지만 그것은 정말로 그들의 책임일까?)으로 바뀌는 것이다. 우리는 이 인식 스타일의 잔향을 오늘날의 EU 이민에 대한 시선에서 들을 수 있을 것이다. 차이는 그렇게 생각하는 대상이 지중해의 이쪽인지 저쪽인지, 라는 것뿐이다. '문명'과 '야만'의, 또는 '우리들'과 '그들'의 경계를 바다로 밀어내는 것은 제국주의 시대이다. 그리고 이탈리아 국가에서 남이탈리아가 '문제'화 되어 간 것 또한 이 시대였다.

3. '경계'의 자의성

1870년대 후반부터 서구열강은 산업화의 진전에 의한 여과 자본의 투자처·원료나 식량의 공급지로 식민지 획득에 착수한다. 열강은 아시아나 아프리카에서 현지 사람들의 의지와 상관없이 끌어들이면서 서로 충돌하는 제국주의 전쟁을 전개한다. 이 침략 과정에서 서구는 침략하려는 땅과 그 문화를 '야만'으로 간주하고, '문명화' 하는 것을 목적으로 칭했다. 즉 '우리들'과 결정적으로 다른 '그들'('타인'이라 해도 좋을 것이다)이 사실로 앞서 존재하는 것이 아니라 처음부터 대등이 아닌 양자로써 말로 설명해서 만들어진 한쪽에 의한 다른 쪽의 지배를 정당화한 것이다.[12] 이탈리아도 1880년대부터 이 '경

---

12 식민지주의에서의 '문명화의 사명' 언설에 대해서는 니시카와 나가오西川長夫, 『(신)식민지주의론 세계화시대의 식민지주의를 묻다』, 헤이본샤平凡社, 2006년), 스기모토 요시히코杉本淑彦·야마다 시로山田史郎 외, 『백인이란 무엇인가? – 백인성·스터디스 입문』(도수이쇼보刀水書房, 2005년), 히라노 지카코平野千果子, 『프랑스 식민지주의의 역사 – 노예제 폐지부터 식민지제국의 붕괴까지』(진분쇼인人文書院, 2002년) 등을 참조. 또 식민지주의에서의 언설 작용에 대해서는 문학연구 분야에서 중요한 공헌이 있다. 이 연구 동향은 팔레스타나에서 태어난 문학이론 연구자 에드워

쟁'에 참여하고 있었다. 이탈리아의 최초 식민지는 의화단사건 후에 텐진天津에 창설된 조계租界를 제외하면 동아프리카의 소말리아다 (1889년에 보호령화, 1908년에 식민지화[13]).

물론 남이탈리아의 역사적 경험은 식민지와는 크게 다르다는 점을 고려해야만 한다.[14] 남이탈리아의 합병에는 일정한 폭력이 동반되었는데, 그 후 정책에서 보면 북이탈리아에 대한 우선적인 자본투자가 남북격차를 형성해 갔다고는 하지만 남이탈리아가 여과 자본의 투자처·원료의 공급원이 되었다고까지는 말할 수 없는 점(다만 19세기 말 이후 이탈리아 북부 공업 발전에 동반하여 남에서 북으로의 대규모 노동력 이동은 있었다[15]), 남이탈리아를 위한 특별 입법 등은 있었지만 이것은 오히려 지역진흥을 목적으로 한 것이었고(그 효과는 한정적인 것에 그쳤지만) 이탈리아 국내의 여러 지역에 법과 제도상의 차이가 없는 점 등이 그 이유이다.

그런 차이에도 불구하고 반강제적인 합병, 중앙정부에 대한 저항이나 폭력적 탄압, 통일 후의 산업화·경제 격차의 확대, 그리고

드 사이드에 의한 『오리엔탈리즘』(1978년)을 계기로 생겨나, 포스트콜로니얼 비판이라 불리고 있다. 고모리 요이치小森陽一, 『포스트콜로니얼』(이와나미쇼텐岩波書店, 2001년)도 참조할 것.

13 이탈리아의 식민지배는 종종 단기·소규모였다고들 했는데, 소말리아 식민지화의 수년 후에는 리비아도 식민지화(초기 실효 지배는 연안부에 그치긴 했지만)하였고, 제국주의 사에서 특별 후발이라는 것은 아니다. 1930년대 이후에는 리비아 내륙부 및 에티오피아를 침략하였고, 저항하는 사람들에게 가혹하고 맹렬한 탄압을 가했다.

14 Enrico Del Lago, 2014, 'Italian National Unification and the *Mezzogiorno*: Colonialism in One Country?' in Róisín Healy and Enrico Del Lago(eds.), 2014, *The shadow of Colonialism on Europe's Modern Past*, New York, Palgrave Macmillan, p. 57.

15 이런 이동은 19세기 이전의 계절적 농업노동이나 산업화 이후 공업선진지역으로의 이동과의 관련 속에도 평가된다. 이탈리아의 출이민出移民 현상에 대해서는 기타무라 아케오, 「베네토에서 브라질로 - 세기 전환기에서의 이탈리아 이민의 한 모습」(야마다 시로 외, 『이민』, 미네르바쇼보, 1998년). 동, 『나폴리의 마라도나 이탈리아에서의 '남'이란 무엇인가?』(야마카와슛판샤山川出版社, 2005년) 등을 참조.

남이탈리아와 북이탈리아를 대립하는 이항(게다가 그 둘은 대등이 아님)으로 간주하는 인식 등의 요소는 분명히 '남부 문제'를 식민지주의 틀에서 생각하는 가능성으로 현대 연구자들을 끌어들였다. 이 논의에 따르면 남이탈리아는 북이탈리아를 '남이탈리아가 아닌 것'으로 그려내기 위해서 북이탈리아에는 존재하지 않을 법한(그것은 실제로 존재하지 않는 것을 꼭 의미하지는 않음) 여러 가지 악덕을 한몸에 짊어진 존재로 그려져야만 했다. 그런 의미에서 통일 후 남이탈리아와 북이탈리아 관계에는 같은 시기의 식민지주의와의 관련성을 발견할 수 있을 것이다.

'남부 문제'와 식민지주의가 설명에서 명백하게 (그렇지만 사실 애매하게) 교차하는 지점이 있다. 인류주의이다. 19세기 말에 '남부 문제'론에도 인종론이 흘러들고 있었다. 하지만 남부 문제와의 격투가 어떤 종류의 지식인들에게 인종적 차이에 기인하는 사회적 차이라는 '과학'을 확신시켜갔다. 이른바 '범죄인류학'(범죄행위 이유를 유전적·생물학적 요인에서 구하는 학문으로 당시에는 '실증주의 인류학'이라고 칭했다)의 아버지라 불리는 체사레 롬브로소(Cesare Lombroso)는 남이탈리아에서 사로잡힌 '산적'의 두개골을 측정하여 인류보다도 원숭이에 가까운 사실을 '발견'했다.[16] 롬브로소에게 많은 영향을 받은 인류학자인 알프레도 니체포로(Alfredo Niceforo)는 북이탈리아와 남이탈리아는 인류가 다르고 남쪽의 '지중해인'은 북쪽의 '아리아인'보다도 개인 능력은 높지만, 집단으로서의 진보에는 알맞지 않기 때문에 마

---

[16] Cesare Lombroso, 1876, *L'uomo delinquente*(범죄적 인간). Milano, Hoepli. 또 인류에서 여성은 남성보다도 진화가 느리다는 것도 '발견'했다. C. Lombroso e G. Ferrero, 1893, *La donna delinquente, la prostituta e la donna normale*(범죄적 여성, 매춘부, 보통의 여성). Torino; Roma, L. Roux.

피아나 산적 등 범죄가 생긴다고 주장하고 있다.[17] 니체포로가 말하는 '지중해인'이란 에티오피아(19세기 말 열강에 의한 아프리카 분할에서 살아남은 제국으로 이탈리아는 이곳을 호시탐탐 노리고 있었다)를 필드로 인류학 연구를 하고, 롬브로소와 함께 큰 영향력을 가진 쥬세페 세르지(Giuseppe Sergi)를 모방한 분류로 아프리카를 기원으로 하는 인종이라고 여겨지고 있었다.[18] 오늘날의 견해로는 신기하다고밖에 말할 수 없는 분류를 만들어 각각에 고유 특징을 주는 이 인종주의는 바로 식민지주의와 함께 서구에서 발전한 것이다.

남이탈리아의 주민을 유럽과 아프리카 사이, 백인과 흑인 사이로 간주한 것은 이탈리아의 과학자들뿐만이 아니었다. 식민지주의는 침략과 동시에 지구 규모에서의 노동 재편성(지구 규모에서의 분업 체제 형성)을 진행하여 사람을 자본에 맞춰 이동시키는 시스템을 만들었다. 그중 최고가 17세기 아프리카대륙에서 유럽 및 미국으로 흑인을 강제 이송한 것이다. 또 19세기에는 중국이나 인도에서 식민지 권력에 의한 행정이나 상업 재편에 동반하는 대규모 내부 이동이 있었다.[19] 19세기 후반 이후 이탈리아에서 가속된 반도 내 남북 이동 및 유럽이나 미국으로의 이동은 강제가 아닌 자발적인 이동, 이른바 이민인데, 자본주의 시스템의 지구 규모로의 재편성 — 지구화의 일환이라는 의미에서는 공통되는 측면을 갖는다. 이런 이동과 그 결과

---

17 Alfredo Niceforo, 1898, *L'Italia barbara contemporanea. Studi e appunti.* Milano; Palermo, Sandron. 오다와라 린, 「기억의 장」으로서의 '남부문제' '북'·'남'의 이항대립적 인식을 둘러싸고」, 『일본과 이탈리아 문화연구』46호, 2008년, pp. 53-54.

18 Barvara Sòrgoni, 1998, *Parole e corpi. Antropologia, discorso giuridico e politiche sessuali interrazziali nella colonia Eritrea(1890-1941).* Napoli, Liguori, pp. 33-46.

19 Paolo Macry, 1995, *La società contemporanea.* Bologna, Il Mulino, pp. 100-101.

로서의 사회적 변화도 인종주의적 설명으로 뒤덮었다. 이탈리아 이민자들은 이민처에서 '인종화'되어 종종 제도적·사회적 차별을 받았다. 1907년~1910년에 걸쳐 미합중국 정부의 위탁을 받아 이민 문제를 검토한 이민위원회, 통칭 '딜링햄 위원회'(윌리엄 딜링햄 상원위원이 위원장으로 임명된 것을 이유로)는 미합중국으로 이주한 이민자 조사를 할 때 당시 최신 이론이었던 인종 이론에 따라서 '피부색, 머리카락, 머리 모양' 및 '심리적' 기질에 의한 '인류의 5가지 대분류'(백색, 흑색, 황색, 갈색, 적색 인종)를 채택했다.[20] 이 분류로 남이탈리아 출신자는 북부유럽에서 분리되어 보다 피부색이 진한 인종과 묶인 후에 진짜 '니그로'는 아니지만, 아프리카 피가 섞인 '지중해인'이기 때문에 합중국에 동화되어 시민이 될 능력에는 의문이 있다고 결론지어진 것이었다.[21] 이 위원회에 협력하여 이민 조사를 실행한 미국의 어느 인류학자(그 자신은 유대계의 이주민이었다)는 자신의 논문 속에서 쥬세페 세르지를 참조하고 있다.[22]

이렇게 인종을 둘러싼 이성은 식민지와 대서양을 왕래하면서 인종 사이에 존재하치 않았던 계급을 만들어갔다. 1922년에 성립된 파시스트 체제는 30년대에는 적극적으로 식민지 확대에 착수하여 리비아 내륙부의 '평정'(그 과정에서 현지 민간인 10만 명을 강제수용소에 이송해 그 대부분을 영양실조나 병으로 죽음에 이르게 했다), 에티오피아를

20 John M. Lund, 1994, 'Boundaries of Restriction: The Dillingham Commission' in *History Review*, vol. 6, University of Vermont. http://www.uvm.edu/~hag/histreview/vol6/lund. html (2016년 3월 31일 액세스)

21 William J. Cornell and Fred Gardaphé(eds.), 2010, *Anti-Italianism: Essays on a Prejudice*. New York, Palgrave Macmillan, p. 27.

22 Franz Boas, 1912, 'Changes in the Bodily Form of Descendants of Immigrants' in *American Anthropologist*, New Series, vol. 14, no. 3, 1912(Jul-Sep), p. 550.

침략(1935-36년)했다. 당시 이탈리아에서 유행한 '작고 검은 얼굴'이라는 노래가 있다. "노예 중 한 명인 흑인의 딸이여! 우리가 너와 함께 할 때, 우리는 너에게 다른 법률과 다른 왕을 주겠지! 우리 검은 셔츠군은 너를 해방하고 쓰러진 영웅들의 원수를 갚겠지"라는 가사가 있다. 여기에는 오래되고 나쁜 전제에 괴로워하는 약한 흑인 딸을 법률 = 문명의 담당자인 백인 남성이 구한다는 '문명화의 사명' 이름하의 폭력 정당화와 근대사회에서 바람직하다고 여기는 남녀관계(젠더)가 명백하게 나타나 있다. 하지만 문명은 '해방'된 사람들을 대등하게 다루는 것이 아니다. 성폭력이나 사실상 혼인 관계 등 '혼혈' 아이들도 포함하여 식민지의 '그들'에게 종주국인 '우리들'과 동등한 권리가 주어지는 일은 없었다.[23] 이런 근대적 폭력과 젠더에 의한 '우리들'의 정당화는 1943년에 영·미군을 주체로 한 연합군이 시칠리아섬에 상륙하는 사태에 이르렀을 때, 이탈리아에 반전한다. 이탈리아인은 연합군의 '흑인병'이 이탈리아의 '백인 여성'을 습격하는 것을 두려워해 태어난 아이들을 차별하고 망각했다.[24] 피부색이 다른 아이들은 "아이가 태어났어. 검은 아이가 태어났어"라는 가사의 나폴리민요에 그 흔적을 남기고 있다.[25] 이탈리아가 식민지에서 실시했던 이 같은 사실도 또한 전후 오랫동안 망각되어 왔다.[26]

---

23 Sòrgoni, op. cit., pp. 87-125.

24 Silvana Patriarca, 2015. 'Fear of Small Numbers:《Brown Babies》in Postwar Italy' in *Contemporanea* n. 4, 2015(ottobre-dicembre), pp. 537-568. 1943년 가을 연합군과의 휴전협정에 의해 북이탈리아는 독일군에 점령당했는데, 연합군에 의한 점령은 남이탈리아에 한정되어 있었다. 이 때문에 '인종혼란' 문제는 주로 남이탈리아에서 생겼다.

25 E. A. Mario(작곡), Edoardo Nicolardi(작사), *Tammurriata nera*(1944).

26 오다와라 린, 「역사의 부인 식민지주의사 연구로 보는 이탈리아 역사수정주의의 현재」, 『Quadrante』12, 13호, 2011년, pp. 187-195.

4. 역사화의 논리를 물음에 부치다

여기까지 살펴본 것은 이탈리아반도의 남반부와 도서부라는 장소의 200년 정도의 역사이다. '남이탈리아란 무엇인가?'라는 질문에는 다음과 같이 답할 수 있을지도 모르겠다. 그것은 '경계'이다, 라고 말이다. 유럽과 비유럽의, 문명과 야만의, 생과 사의, '우리들'과 '그들'의, 그렇지만 어쩌면 세계 어떤 장소도 그렇다. 왜냐하면 '우리들'과 '그들'은 미리 있는 게 아니라, 만들어져 가는 것이기 때문이다. 어떤 장소를 역사화한다는 것은 그 토지에서 일어난 사건을 통해 거기에 전해져온 의미를 찾는 것인데, 동시에 그 자체가 그 토지에 의미를 주는 행위이기도 하다. 남이탈리아와 지중해는 반복하여, 지금도 여전히,(이 문장을 통해서도) '경계'로서 다시 만들어지고 있다. 그것은 남이탈리아와 지중해를 역사적으로, 그리고 동시에 글로벌하게 보지 않으면 알 수 없다. 그것도 역시, 지구상 어느 장소에 대해서도 말할 수 있을 것이다. 이탈리아는 유럽 최대 미군 기지를 가지고 있다(공식적으로는 미군기지가 아니라 NATO에 제공된 이탈리아군 기지로 되어 있지만). 기지는 비첸차, 피사, 나폴리 등, 이탈리아 각지에 있는데, 중동이나 아프리카에서의 군사행동을 위해서, 특히 시칠리아섬의 기지가 최근 중요성을 더하고 있다고 한다. '우리들'과 '그들'을 명확히 나누려고 하는 세계 최대의 폭력 장치에 이탈리아는 정치적으로도 경제적으로도 관련되어 있다.[27] 역사의 세계화의 필연성이라는 의미로, 여기에 일본의 오키나와나 한국의 제주도도 상정해야 할 것이다.

---

27 David Vine, 2013, 'Italy: home of pizza, pasta, wine and the U.S. military' in *The Guardian*, 3 October 2013. http://www.theguardian.com/commentisfree/2013/oct/03/us-military-base-exp-ansion-italy(2016년 3월 31일 액세스)

그렇지만 그것을 '경계'로 하지 않는 적극적인 선택 또한 존재한다. 목숨을 바쳐 남이탈리아로 오는 이주민들은 식민지 지배를 계기로 재편된 글로벌 분업의 현대적인 현상이지만, 군사력에 의해 요새화된 바다에 맨몸으로 도전하는 사람들이기도 하다.[28] 그리고 그런 사람들을 제일 먼저 맞이하는, 최전선에 있는 람페두사섬(지자체 명 람페두사＝리노사)의 시장, 주세피나 니콜리니(Giuseppina Nicolini, 2012년부터 현직)는 이주민을 보호하는 적극적이고 인도적인 활동에 칭찬을 받고 많은 상을 받았다. 그녀는 시장으로 당선되고 바로 이탈리아 정부와 EU에 대하여 공개 서간을 발표했다. 그 발표를 통해 지중해에서는 많은 사람이 목숨을 잃고 있음에도 불구하고, 유럽이 침묵하는 것을 비난하며 이렇게 이야기했다. "람페두사가 그 주민과 함께 구조와 환대를 최우선으로 하는 노력으로 이 사람들(이주민)에게 사람으로서의 존엄을 존중해주고, 우리나라와 유럽 전체에 존엄을 주고 있는 것이 이해되어야 합니다. 이 사망자들이 우리와 같은 인간이라면 익사자 한 명 한 명을 넘겨받을 때마다 나는 애도의 전보를 받고 싶습니다. 그들의 피부가 하얗고, 휴가 중에 물에 빠진 우리들의 아이인 것처럼."[29] 서로 부정하는 존재로서 '우리들'과 '그들'을 만들어 내는 힘에 대한 분노가 여기에 있다.

---

28 이렇게 도달한 사람들은 이탈리아 또는 다른 유럽 여러 나라에서 더한 곤란에 도전해야만 한다. 과혹한 육체노동, 빈곤, 정규체재허가 취득의 곤란 등 그에 동반하는 사회보장 결여 등이다. 이런 상황은 다양한 보도나 영화, 다큐멘터리 등으로 알 수 있다. Hans Lucht, 2012, *Darkness before Daybreak: African Migrants Living on the Margins in Southern Italy Today*. Berkeley and Los Angeles, University of California Press.

29 Giusi Nicolini, 2012, *L'appello del sindaco di Lampedusa all'Unione Europea*. http://www.rad-io3.rai.it/dl/radio3/programmi/puntata/ContentItem-cb0328f7-f715-4c84-8822-ca06b5de47d-5.html(2016년 3월 31일 액세스)

참고문헌

- 기타무라 아케오·고타니 마사오 편, 『이탈리아 국민국가의 형성 자유주의기 국가와 사회』 일본 경제평론사, 2010년.

- 스기모토 요시히코·야마다 시로 외, 『백인이란 무엇인가? - 백인성·스터디스 입문』, 도수이쇼보, 2005년.

- 니시카와 나가오, 『〈신〉식민지주의론 세계화시대의 식민지주의를 묻다』, 헤이본샤, 2006년.

- Edward Said, 1978, *Orientalism*. London: Routledge and Kegan Paul(『오리엔탈리즘』 상·하, 이마자와 노리코今沢紀子 역, 헤이본샤 라이브러리, 1993년)

일본 경제사 연구의 현상과 과제
― 지역 사료와의 관계로

다카야나기 도모히코高柳友彦

머리말

역사를 배우는 많은 사람에게 있어서 경제사는 어떤 내용의 학문이라는 이미지를 가질까요? 대학에 막 입학한 경제학부 1학년생들에게 설문조사를 했더니 여러 가지 대답이 돌아왔습니다. 일본 경제가 발전한 역사, 구체적인 주제로는 은행 등 대기업이나 광공업이 발달한 역사, 또는 금융·무역의 역사 등의 학문이라 대답합니다. 많은 학생은 큰 금전이 움직이거나 다양한 공업제품이 생산되거나 주요 경제활동을 대상으로 분석·연구하는 학문의 이미지를 가지고 있는 것입니다. 이런 인식 배경에는 우리가 소비자 또는 서비스 제공자로서 평소 경제활동에 관련되면서 '경제'의 이미지가 '돈벌이'나 '비즈니스'와 같은 말을 연상시켜 '금전의 변통'이라는 측면이 인식되고 있기 때문일지도 모릅니다. 그러나 '경제'라는 말은 나라를 통치하고 국민을 구제하는 의미의 '경국제민経国済民' '경세제민経世済民'을 생략한 것으로, 원래 "인간의 공동생활을 유지하고 발전시키는 데 필요한 물질적 재물의 생산, 분배, 소비 등의 활동. 그것들에 관련된 시책, 또 그것들을 통해 형성되는 사회관계"(『정선판精選版 일본국어대사전』)라는 의미가 있습니다. 단순히 돈을 주고받는 것에 관계된 부분만이 아니라, 넓게 사람들의 생활이나 그 일, 사회의 모습 전부가 '경제' 범위 속에 포함된 것입니다. 따라서 경제의 역사를 대상으로 하는 경제사는 넓게 사회 일반의 역사적 사항을 논의하는 학문이라고 할 수 있습니다.

그렇다면 우리는 지금까지 경제 역사를 어떻게 배워왔을까요? 고교 일본사 교과서를 참고하면서 확인해봅시다. 대표적인 고교 일본사 교과서인 야마카와출판사山川出版社의 일본사 B의 목차를 보면 경제에 관한 기술을 시대별로 볼 수 있습니다. 고대 중세에서는 토지 소유나 상품유통에 관련된 기술을 볼 수 있는데 그 분량이 많지는 않습니다. 한편 근세 이후에는 독립된 단락으로 경제를 다루며 다양한 경제활동의 역사를 소개하고 있습니다. 특히 근대 이후가 되면 「근대산업의 발전」(메이지기의 산업혁명이 테마), 「경제부흥에서 고도성장으로」(전후 일본의 고도 경제성장이 테마) 등의 항목이 각각 한 단락 마련되어 있습니다. 또 산업발전이나 경제성장을 다루는 것뿐만 아니라, 경제성장의 부정적인 면이나 문제점을 다루고 있는 점에 주목할 수 있습니다. 근대에서는 지주제 아래에서의 엄격한 농촌 생활이 소개되는 것 외에, 칼럼으로 「여공이 넘은 고개」「다나카 쇼조田中正造와 아시오 광독 사건」 등 사회문제를 다루고 있습니다. 현대에서는 농산어촌의 과소화, 4대 공해재판으로 대표되는 공해 문제와 화합 문제와 같은 인권 문제 등을 그리고 있습니다. 이런 경제활동 이외의 폭넓은 사회운동·사회문제 양상을 포함한 역사가 경제의 항목으로서 기술되어 있는 것은 기업 활동의 전개나 산업발전 측면에 덧붙여, 각각의 시대를 살아가는 사람들의 생활이나 일, 사회 모습을 총체로 파악하는 것이 역사학에서 '경제'를 다루는 것의 의의로 생각되기 때문일 것입니다.

이런 고교 일본사 교과서의 서술을 소개한 것은, 최근 경제사의 연구 조류의 변화와 역사학에서 경제사가 해야 할 역할이 괴리되어 있다는 인식이 있기 때문입니다. 앞서 이야기했듯이 경제사는 역사학의 한 분야로 자리매김한 한편, "경제활동의 연혁사 또 경제생활의 발전과정 및 경제와 사회, 법제, 민족, 지리 등과의 관련을 역사적으로 연구하는 경제학의 한 부문"(『정선판精選版 일본 국어대사전』)으로 정의되는 측면도 있습니다. 경제학은 경제 현상의 법칙성을 연구하고 현상 분석이나 일반이론의 구축, 정책 제언을 하는 학문 분야입니다. 경제학의 하위부문으로 경제사가 자리 잡고 있어서 그런 이론과의 관계도 중요해집니다.[1] 이 경우 경제법칙과의 관련으로 설명할 수 있는 부분에 논의가 집중되는 경향이 강해지기 때문에 위에서 서술한 역사학으로서 '경제'를 다루는 경우와의 사이에서 대상으로 삼는 주체나 실상에 더해, 명백해지는 역사상의 차이(경제 합리성을 강조한 인간상)로 나타납니다. 이렇게 경제사는 역사학·경제학이라는 두 가지 이질적인 학문체계의 틈에 자리 잡고 있어서 경제학에 친화성을 가질 수도 있고, 역사학의 문맥이 강하게 나타나는 경우 등 각각의 논자 관심이나 대상 차이에 의해 다른 역사상이 전개되어버리는 점에 어려움이 있는 것입니다.

그래서 이 원고에서는 근현대 일본을 대상으로 하는 일본 경제

1　지즈카 다다미埠塚忠躬, 『사학개론』, 도쿄대학출판회, 2010년.

사의 최근 연구 동향을 소개하면서, 역사를 배우는 사람들에게 역사학에서의 경제사의 의의, 그리고 앞으로 어떤 시점이나 대상이 경제사에 요구되는지, 함께 생각해봅시다.

1. 최근 일본 경제사의 연구 동향

1960년대 이후 유신기부터 산업혁명기로 연구 대상 시기가 내려가는 중, 봉건제에서 자본주의로의 이행에 관심이 옮겨져, 일본에서의 자본주의 전개나 그 실태 해명이 이루어지게 되었습니다. 그후 대상 시기가 산업혁명 시기에서 전간기戰間期·전시기로 확대되면서 논의가 심화하여 갑니다. '일본 자본주의상의 구축'을 키워드로 한 연구가 확대되는 중에 초학자용 입문서로서『근대 일본 경제사를 배우다』(상·하, 유히카쿠有斐閣 ,1977년) 등이 간행됩니다. 마르크스 경제학과의 관련 속에서 자본주의를 배우는 의의가 논의되고, 또 역사학과의 친화성은 일정 정도 유지되고 있었습니다.[2] 실제, 역사학의 학회지인『역사학 연구』나『일본사 연구』,『역사 평론』등의 지면에는 현대 자본주의 전개나 국가독점 자본주의 등이 주제로 설정되어, 경제사가 역사학에서 논의 대상이었던 것을 볼 수 있습니다.

냉전 체제의 붕괴 이후, 역사학과 마찬가지로 경제학에서도 새로운 시점의 재검토를 도모할 수 있었습니다. 1988년부터 1990년

---

2 본서에서는 상하권으로 천황제 국가론의 장이 마련되어 있는 점으로부터도 역사학과의 사이에서의 공통 역사 인식을 가지고 있었다고 생각된다. 역사학에서의 마르크스 경제학과의 접점에 대해서는 도베 히데아키戸邉秀明,「마르크스주의와 일본사학」(『이와나미강좌 일본 역사』 22권, 이와나미쇼텐岩波書店, 2015년)을 참조

에 걸쳐 간행된『일본 경제사』(전 8권, 이와나미쇼텐岩波書店)는 수량 경제사의 성과를 고려한 새로운 일본 경제의 역사상을 제시했습니다. 이 시리즈의 특징은 1970년대에 정리된『장기 경제통계』를 베이스로 하여 근세부터 현대에 걸친 일본 경제의 발전과정에 대하여 '경제사회'의 모습에 주목하여[3] 그 성립과 전개 과정을 역사적으로 밝힌 것입니다.[4] 특히 자본주의 전개 과정을 구조적으로 파악하려고 했던 그때까지의 연구에 대하여 경제활동을 주축으로 하면서 '경제사회'의 모습이 각각의 시대나 지역·사회와 어떤 관계를 맺고 있었는지 지금에 이르는 경제발전의 모습을 통시적으로 파악한 것입니다. 책 시리즈의 또 다른 특징은 근세 이전과 근현대를 구별하는 것이 아니라 관계성을 가진 역사상을 구축한 결과, 근세에서의 경제발전 실상을 분명히 한 점일 것입니다. 근세를 대상으로 한 시리즈 1·2·3권에서는 역사 인구학 등 새로운 성과를 담아 근세 사회의 그때까지의 이미지 변경에 다가섰다고 할 수 있습니다. 근세에서의 경제활동 연구가 심화한 것에 너해 사람들의 생활에 관한 관심도 상해져, 역사 인구학의 성과로 근세 촌락에서의 결혼·출산과 같은 가족 모습에 관계된 연구도 소개되었습니다.[5]

---

3 경제사회란 "거기에 사는 사람들이 기본적으로 경제적 활동을 하는 사회"라고 정의된다. "개인으로든, 집단으로든 경제적 가치를 중심으로 일상 행동을 하는, 바로 '경제사회'에 살고 있다"고 이야기하듯이, 경제활동 측면을 중시하는 입장이다.『일본 경제사』1권, 이와나미쇼텐, 1988년, p. 15.

4 이 시리즈의 편저자였던 나카무라 다카후사中村隆英가 1971년에 발표한『전전기 일본 경제성장의 분석』(이와나미쇼텐)은 근현대에서의 일본 경제 수량분석을 하였는데, 이 시리즈뿐만 아니라 그 후 경제사 연구에 큰 영향을 주었다. 나카무라 연구의 의의에 대해서는 아베 다카시阿部武司, 「나카무라 다카후사 선생님과 경제사」(『학제』1호, 2016년). 수량경제사의 연구 동향에 대해서는 사이토 오사무齋藤修, 「수량경제사와 근대 일본 경제사 연구」(『일본 경제사6』, 도쿄대학출판회, 2010년)를 참조.

5 역사 인구학의 성과는 근세사 연구에도 도입되고 있는데, 긍정적인 의견뿐만 아니라 사실 평가

경제성장을 주안으로 하는 연구의 조류는 2000년대 이후 일본 경제사의 교과서에도 영향을 끼쳤습니다. 1990년대까지는 이시이 간지石井寬治『일본 경제사』(도쿄대학출판회)나 근현대 서술로 좁힌 미와 료이치三和良一『개설 일본 경제사』(도쿄대학출판회), 전간기 이후에 초점을 맞춘 아사이 요시오浅井良夫 · 이토 마사나오伊藤正直 등, 『현대 일본 경제사』(유히카쿠) 등이 대표적인 교과서로 사용되었습니다 (각각 시기에 따라 가필 수정을 하여 재판하고 있음). 그러나『일본 경제사』 시리즈에 도입된 사이먼 쿠즈네츠의「근대 경제성장」의 틀을 이용한 교과서가 등장하고, 많은 대학에서 사용하게 된 것입니다. 그 배경에는 경제학부에서 가르치는 경제사라는 수업 성격이 강하게 영향을 끼치고 있었습니다. 경제학은 앞서 이야기했듯이 경제법칙, 이론, 현상 분석, 정책 제언을 하는 학문입니다. 1990년대 이후 많은 대학의 경제학부에서는 미국에서 발전한 마크로 경제학 · 미크로 경제학을 베이스로 한 커리큘럼을 짜는 일이 많아졌습니다. 경제사라는 과목을 경제학부에서 가르치던 중, 일관된 체계에서 학습하는 것이 우선되자, 마르크스 경제학을 베이스로 한 경제사보다도 마크로 경제학에 친화성을 가진 '근대 경제성장' 등을 주축으로 한 경제사 교육이 이루어지게 된 것입니다. 또 현상에서 경제 분석에 사용하는 용어(GDP 등)를 이용하여 학생들에게 체계적으로 경제학을 이수시키려는 것을 고려한 점도 그 이유로 들 수 있습니다. 그런 상황에서 '근대 경제성장'을 베이스로 한 근현대 일본의 경제발전과정을 다룬

에 대해서도 걱정은 표명되고 있다. 오노 쇼小野將, 「신자유주의 시대'의 근세사 연구」, 『역사과학』200호, 2010년.

교과서 등이 등장하고 있는 것입니다.[6] 다만, 경제성장·발전에 주도적인 역할을 짊어진 산업이나 주체(기업)의 동향을 강조하기 위해서 엄격한 생활을 강요받고 있던 노동자나 농민의 노동이나 생활, 또 농업 분야 등의 기술은 거의 보이지 않게 됩니다. 경제성장의 폐해로 나타난 노동자의 노동이나 당시 격차와 같은 사회문제보다도 경제성장을 견인한 산업이나 기업이 주목받기 쉬워지게 된 것입니다. 당사자의 다양한 문제나 사회 전체의 틀에 대한 이해와 같은 시점을 비중 있게 다루는 것이 어려워졌다고 할 수 있습니다.

1990년대 이후 연구 조류의 변화나 논점의 다양화는 경제사의 연구 리뷰인『사회경제사학의 과제와 전망』(이하『과제와 전망』)에도 나타나고 있습니다. 이 기획은 사회경제사학회가 10년마다 기획하는 것으로, 최근에는 60주년(1992년)·70주년(2002년), 80주년(2012년)이 간행되고 있습니다. 연구 방법·주제의 다양화에 맞춰 새로운 연구 분야가 개척됨과 동시에 주제의 세분화·전문화도 진행되고 있습니다. 예를 들어 2002년의『과제와 전망』에서는 1990년대 이후 현실 사회에서의 세계화한 시장경제의 동향이나 지구 규모로 일어나는 환경·격차 문제에 관한 관심 고조의 영향을 받아 글로벌 역사나 환경과 같은 논점에 덧붙여 가족·안전망 등 새로운 주제도 등장하고 있습니다. 집필자도 경제사 전문가로 한정되지 않고 폭넓게 역사학에 관련된 사람들도 참가하는 등, 역사학 연구 성과를 담는 형태로 내용이 여러 갈래에 걸쳐 있습니다. 한편 최신간(2012년)에서는 4개의 주제로 구분되는 가운데, 1편에서는 '조직'을 다루고 있습니다. 전간前

---

6 예를 들어, 미야모토 마타오宮本又郎 편,『일본 경제사 개정신판』(방송대학출판회, 2012년). 하마노 기요시浜野潔 외 편,『일본 경제사 1600-2000』(게이오기주쿠대학慶應義塾大学 출판회, 2009년)를 들 수 있다.

꜀에서 중시되던 시장에서의 '제도' 역할에 덧붙여, 여기에서는 '조직'에 주목하고 있습니다. 양자는 함께 경제학 분야에서의 연구 진전 영향을 강하게 받아 전개되고 있는 것입니다.[7] 또 이 10년 동안 크게 변화한 점은 데이터 처리 등의 기술이 비약적으로 진보한 결과, 정성적 분석에 더하여 새로운 연구 방법이나 분석에 따라 정량적으로 고찰할 수 있는 대상이 넓어진 것입니다. 이것은 인접하는 사회과학과 접근을 가능하게 하고 정량분석의 성과로부터 새로운 지식을 발견하는 등, 정성적인 분석에서 나오던 역사상의 재확인이나 재구축이 진행되고 있습니다.[8]

이처럼 10년마다 동향을 확인한 것만으로도 연구 조류 변화의 격동을 짐작할 수 있습니다. 특히 최근 '거래 비용론' 등에 보이는 경제학의 동향을 의식하여 시장에서의 경제활동을 담당하는 주체의 동향이나 그것이 기능하는 제도나 구조의 해명에 많은 관심이 쏠리고 있습니다. 다만 한편으로는 현실사회에서의 빈곤이나 격차, 또는 '생존'의 모습과 같은 문제가 주목받는 상황임에도 불구하고, 사람들의 생활이나 의식 당사자의 사상에 관한 관심은 낮은 상태인 것이, 경제사의 문제점이라 지적할 수 있을 것입니다.

새로운 연구 수법으로 그때까지의 실증연구를 극복할 수 있는 것은 연구의 진척에 중요한 진보라고 할 수 있습니다. 다만, 연구 시각의 조류 변화나 새로운 분석 시각에 의해 경제사 연구가 파악한

---

7 더글러스 노스(Douglass Cecil North)에 의한 '제도'의 경제학, 윌리엄슨(Williamson)의 '시장과 조직'의 경제학에서의 성과가 큰 영향을 주고 있다. 또 오카자키 데쓰지岡崎哲二, 「시장의 기능을 지탱하는 조직」(「사회경제사학의 과제와 전망」, 유히카쿠有斐閣, 2012년)을 참조.

8 특히 이 책의 「사람과 환경」에서는 「노동과 세대」(야마모토 치아키山本千映), 「체위와 영양」(도모베 겐이치友部謙一) 등 서구에서의 연구 진전을 볼 수 있다.

'시대' 확인이 단면적으로 강조되어 버리는 문제도 나오고 있는 것입니다. 따라서 경제사 연구자가 인식하고 있는 '역사상'을 역사학이 어떻게 받아들이고 또 이해해갈지가 앞으로 중요한 과제가 되어갈 것입니다. 그래서 최근 역사학의 통사 시리즈인 『이와나미강좌 일본 역사』(전 22권, 이와나미쇼텐岩波書店, 2013-16년)에서 근현대의 경제활동에 관한 논문을 몇 가지 들어, 그런 '역사상'의 모습에 대하여 생각해봅시다.

『이와나미강좌 일본 역사』 시리즈에서는 근현대 1-5권 중에서 각 권에 경제사상에 관한 장이 각각 마련되어 있습니다. 이때까지 경제구조를 논해 온 양상과는 다른 새로운 지식을 제시한 연구도 등장하고 있습니다. 모두 해당 시기의 경제사상을 다룬 논문인데 그 중에서도 제2권에 수록된 논문은 최근 경제사 연구 동향을 찾는 데에 중요할 것입니다. 제2권에 수록된 나카무라 나오후미中村尚史의 「일본의 산업혁명」, 사카네 요시히로坂根嘉弘의 「지주제 성립과 농촌 사회」는 각각 1890년대부터 20세기 초에 걸친 '산업혁명'이나 '지주제'와 같은 일본 근대사에서 가장 중요하다 해도 좋을 주제에 관하여 집필하고 있습니다. 자세한 내용소개는 생략하지만, 나카무라 논문에는 최근 산업혁명론에서의 논의 전개를 소개한 후, 공업화 과정을 부현府県별 총 부가가치 액의 지역 간 격차를 사실로 설명하고, 도쿄, 오사카에 한정되지 않는 지역의 공업화 모습과 그것을 지탱하는 지방 자산가·기업가의 존재를 강조하고 있습니다. 덧붙여, 후쿠오카현 구루메久留米 지역의 기존 사업 전개를 사례로 들면서 지역의 산업화 전개를 논하고, 산업혁명기의 지역 변모 양상을 밝히고 있습니다. 이 논문의 특징은 최근 경제학의 동향을 고려한 연구사 이해와 그 기술일 것입니다. 특히 지역 편성의 모습을 마크로적 경제통계 데이터 분석으로 유형화하고 있는 점, 그 경제활동의 주체로서의 기업이나 그 담당인 상인의 동향에 주목한 점입니다. 게다가 근세부터 계속된 기존 산업의 상인에게 주목하고 있는 점도 이 30년간에서의 기존 산업연구의 전개를 고려한 것입니다.[9] 이 논문은 최근 경제학에서의 새로운 지식과 개별 사례의 실증연구를 어떻게 결부할 수 있는지를 시험한 의욕적인 논문이라고 할 수 있습니다. 다만, 공업화에서의 제도나 조직의 중요성을 지적하는 가운데, 이때까지의 산업혁명연구가 중시하고 있던 질적 변화와의 관계 등을 통일적으로 파악하는 게 필요할 것입니다. 게다가 기업경영이나 자산가의 동향을 주시하고 있는 점에 대해서 인접 사학 분야 특히, 정치사 연구와 군사 역사연구의 접점을 잃고 있는 점이 남겨진 과제일 것입니다.[10] 지역사, 정치사 연구에서는 '명망가'라는 논점에서 해당 시기의 지역경제 모습을 분석하고 있는 점에서도 지역사회와 기업발흥과의 관계, 해당 시기의 역사상을 파악하기 위해서, 더욱 상세한 사회관계나 정치사 분석과의 관련이 필요합니다.[11]

시카네 논문은 지금까지의 지주제 연구와는 다른 새로운 지주제의 이해를 논하고 있습니다. 지금까지 계급대립이나 모순으로 파악해온 지주 소작 관계를 아시아와의 비교로부터 농업발전에 강하게 역할을 다한 모습으로 평가한 논문입니다. 여기에서도 경제학의 지

---

9 기존 산업론의 전개에 대해서는 다니모토 마사유키谷本雅之, 「기존 산업의 변용과 전개」, 『일본 경제사1 바쿠후말 유신기』(도쿄대학출판회, 2000년)를 참조.

10 이 점, 이시이 간지는 『일본의 산업혁명』(아사히신문사, 1997년)의 문고화(고단샤講談社 학술문고, 2012년) 때와 마찬가지의 것을 말하고 있다.

11 이즈카 가즈유키飯塚一幸, 「지역사회의 변용과 지방 명망가」, 『역사과학』219호, 2015년. 졸고, 「지역'경제사 연구의 현상과 과제 – 근대 일본 경제사 연구를 중심으로」, 『역사학연구』929호, 2015년.

식을 전제로 하는 점은 나카무라 논문과 같은데, 사카네의 논문에서
는 그 경향이 강하고 경제발전을 견인한 주체나 그 제도를 강조하고
있습니다. 따라서 지주 소작 관계라는 구조를 '제도'로서 파악하여,
지금까지의 연구에서 강조해온 수탈적인 관계를 단면적이라고 비
판하고, 양자의 관계는 상호 경제적인 이익이 생기는 관계였던 것을
나타내고 있습니다. '제도'의 경제적 측면을 중시하는 것은 경제사
상의 동향이 정치·사회와 어떤 관계를 갖는지, 또 사람들의 일에 어
떤 영향을 주는지에 대해서 한정적으로 파악해버리는 우려가 있습
니다. 분명히 경제 제도로서 지주 소작 관계가 오랫동안 존속한 것
을 생각하면, 사카네 논문은 일정한 의미를 갖습니다. 그러나 왜 그
런 구조가 당시 사회문제가 되었는지, 라는 관점이 빠져 있는 점은
큰 문제가 아닐까 싶습니다. 서로 경제적인 이익이 생긴 한편, 다양
한 모순이 발생한 이유를 밝히는 것이 요구되고 있는 것입니다. 여
러 제도의 모순을 이해하는 데에는 2권의 이시이 히토나리石居人也
「사회문제의 발생」의 논고가 참고됩니다. 거기에서는 아시오 광산,
광독 사건 등 해당 시기의 다양한 사회문제가 나타나는 양상을 밝히
고, '사회문제'의 석출을 단순히 자본주의화의 모순과 같은 경제사상
에 관련된 모순뿐만이 아니라, 더욱 넓은 '문명화'에 대한 부작용으
로 파악하고 있습니다. 경제활동의 측면을 주시하는 것은 경제학 등
의 분석으로 새로운 지식을 얻을 수 있는 이점이 있는 한편, 폭넓은
'사회'에 대한 관심을 잃어버릴 수 있는 위험이 있고 '역사상'을 파악
하는 경우, 한정적인 시각에 그치고 맙니다. 그래서 경제사가 요구
받고 있는 것은 경제사상과 사회와의 관계를 어떻게 해명해 가는지
라는 것입니다. 예를 들어 근현대 제5권의 오카도 마사카쓰大門正克
「고도 경제성장과 일본 사회의 변모」에서는 기업경영이 사람들의 생

활과 어떤 관계를 맺고 있는지에 대해서 교육이나 가족의 시점을 중시하고 있습니다. 생활에 관련된 시점의 존재가 역사학에서 경제사가 유효한 하나의 지침이 될 것입니다.

앞서 지적했듯이 경제사는 역사학과 경제학의 틈새 학문이기 때문에 각각의 시대 연구자의 문제 관심이나 현상의 동향에 크게 영향받기 쉽다고 할 수 있습니다. 경제학의 지식을 중시하는 경우, 경제 이론의 전제를 강조하고 이론 구조의 범위 내에서 이해할 수 있는 역사 서술이 되어 버릴 우려가 있습니다. 다만, 경제 분석이 뛰어난 점을 이용하지 않는 것이 아니라 역사학·경제학 쌍방의 지식이 우위에서 실증할 수 있는 점을 상호 발견하여 서로 보충하는 것이 필요할 것입니다. 역사학·경제학을 입장으로 하는 경제사 연구 각각이 서로 다가가, 보완관계를 어떻게 만들어갈지가 앞으로 요구되는 것입니다.[12]

2. 앞으로의 경제사와 그 실천

최근 경제사의 연구 조류에서는 경제학의 새로운 지식의 영향으로부터, 그 연구 범위나 시각을 한정적으로 다루는 경향이나 사회와의 약한 관계에서 역사학과의 차이로부터 존재를 확인할 수 있었습니다.

---

12 이토 마사나오伊藤正直는 경제이론의 실험장으로서 '경제사'의 평가가 강해지는 경향이 있는 가운데, 경제학과 경제사의 양자 접근 필요성을 주장하며, 각각의 자신 있는 분야에서의 공존·대화의 가능성에 대하여 언급하고 있다. 이토 마사나오, 「경제학과 역사연구」, 『동시대사 연구』6호, 2013년.

그렇다면 경제사는 역사학 연구에 있어서 어떤 의의가 있는 것일까요? 먼저 결론을 말하자면, 경제성장이나 각각의 시대 경제구조 속에서 사람들의 일이 어떻게 변용하고 영향을 받았는지, 또 정치·사회와의 관계를 밝히는 것으로 생각합니다. 이런 논점은 필자의 오리지널이 아니라 옛날부터 계속 지적되어 온 문제였습니다. 앞서 소개한 『근대 일본 경제사를 배우다』(상)에서, 이시이 간지는 산업혁명이 민중에게 어떤 영향을 끼쳤는지를 지적한 후에 "산업혁명을 통해 일본의 민중이 어떤 생산 제력을 만들어냈는지 밝힌 것뿐만이 아니라 그런 생산제력이 민중의 구체적인 생산과 소비생활을 어떻게 바꾸었는지, 라는 점 또한, 아니 그것이야말로 규명되어야 할 것으로 (중략), 지역 차·계층 차를 명확히 한 소비구조의 사적 연구가 긴급히 진행되어야 한다"[13]고 말하며, 소비생활면의 연구 필요를 이야기하고 있습니다. 최근 가계소비 등 생활실태의 통계를 이용한 연구 성과나 소비 모습에 주목한 연구가 등장하고 있는데, 이런 시각에 충실을 기하는 것이 경제사 연구에 요구되는 것입니다.[14]

또 이시이는 논고의 마지막에서 "우리들의 과제는 민중사를 뺀 구조론 구축이어서는 안 되며 동시에 구조와의 관련을 잊은 추상적인 민중사 서술이어서는 안 된다. 바로 구조론과 결합한 민중사 형식이어야 한다"라고 이야기하고 있습니다.[15] 실제로 경제사 연구와 역사학 연구와의 차이에 대해서는 경제사 측의 요인뿐만 아니라, 역

---

13 앞서 게재한 『근대 일본 경제사를 배우다』 상, p. 72.

14 가계소비연구에 대해서는 야자와 히로타케谷沢弘毅, 『근대 일본의 소득분포와 가족경제 – 고격 차사회의 개인 계량 경제사학』(일본도서센터, 2005년), 가세 가즈토시加瀬和俊 편, 『전간기 일본의 가계소비 – 세대의 대응과 그 한계』(사회과학연구소 연구시리즈 57, 2015년)

15 앞서 게재한 『근대 일본 경제사를 배우다』 상, p. 86.

사학 측으로부터 경제사와 거리를 두는 것이 많은 것도 사실일 것입니다. 민중사나 운동사 주체가 어떤 경제 상황·조건에 있었는지, 사회와의 관계에 덧붙여 경제구조나 일과의 관계에도 주목해갈 필요가 있을 것입니다. 이처럼 약 40년 전부터 경제사와 역사학과의 괴리 문제는 논의되고 있으며, 쌍방으로부터의 접근이 요구되는 것으로 생각합니다. 이 점은 신자유주의 등에 대항하는 데도 중요한 작업이며, 최근 『'생존'의 동북사』나 농업사를 중심으로 전개되고 있는 역사연구 등 새로운 도입이 보이는 가운데, 앞으로 이런 연구를 축으로 전개해 갈 것을 기대할 수 있습니다.[16] 지금까지의 연구사에 덧붙여 역사학의 성과를 어떻게 비판적으로 계승해갈지, 단순히 이론에 따르는 것뿐만 아니라 심화한 실증과 폭넓게 경제·사회를 파악하는 시각을 이용하여 역사상을 구축해 가는 것이 요구됩니다.

경제사 연구가 사람들의 생활이나 일, 사회와의 관계를 맺기 위해서는 어떤 행동이 요구되는 것일까요? 그것은 연구에서 가장 중요한 역사자료와의 관계를 재검토해가는 것으로 생각합니다. 경제사는 역사자료의 존재가 있고서야 비로소 성립하는 학문입니다. 거기에서 기업자료, 지역자료, 통계자료 등 필요한 자료의 종류는 여러 갈래에 미칩니다. 사람들의 일이나 사회와의 관계를 분석하기 위해서는 경제 분석에서 불가결한 통계자료뿐만 아니라, 기업, 주민들이 남긴 자료와 마주할 필요가 있습니다. 역사자료를 보존해가는 기업이나 지역사회와 마주 보는 방법이 중요한 단서가 될 것입니다.

16　오카도 마사카쓰大門正克 외 편, 『'생존'의 동북사』, 오쓰키쇼텐大月書店, 2013년. 근년의 농업사 연구의 동향에 대해서는 고지마 요헤이小島庸平, 야스오카 겐이치安岡健一의 뛰어난 논고가 참고가 된다. 고지마 요헤이, 「최근 근현대 일본 농업사의 '재흥'을 둘러싸고」, 『동시대사 연구』8호, 2015년. 야스오카 겐이치, 「근대 일본농업·농촌에 관한 역사연구의 동향」, 『역사평론』787호, 2015년.

예를 들어 경제사에서는 지역의 역사로서 관계되는 것이 아니라 어디까지나 사례 연구의 하나로 지역을 대상으로 하는 일이 많고, 지역에 관한 연구 성과의 환원이 거의 이루어지지 않는 문제가 있습니다. 이 점은 필자도 지역을 대상으로 한 연구를 계속해오는 중에 불충분했다는 것을 자각했습니다. 그러므로 지역 사람들에게 자기 연구를 어떻게 환원해갈지, 지역에 역사연구의 의의를 전달해 가는 것이 중요할 것입니다. 덧붙여, 기업연구에서도 도쿄에 본사를 둔 대기업뿐만 아니라 그 지방에서 유지되는 기업의 경영자료에서 그 종적을 밝히는 것이나, 기업이 지역사회와 어떤 관계를 맺으면서 전개하고 지역경제나 지역사회에 공헌해왔는지를 분명히 하는 것도 중요한 과제일 것입니다. 이런 역할에 대해서 지자체가 그 책무를 다하면 된다는 목소리도 있습니다만, 지자체에 관련된 경제사 연구자의 부족이라는 현실 속에서 생각해야만 합니다. 그것은 실제로 지자체에서 적은 경제 항목이나 관심의 저조로 나타나고 있습니다. 사람들의 일이나 사회와의 관계를 보는 장으로서의 지역에 관한 관심을 높여갈 필요가 있는 것입니다.

연구 성과를 환원하기 위해서도 역사자료와의 관계를 지금 이상으로 늘려갈 필요가 있을 것입니다. 경제사에서 이용하는 다양한 지역자료나 상가 등의 경영자료, 기업 자료의 대부분은 지자체나 그 소유자가 스스로 수집·정리한 것을 이용하고 있습니다. 경제사 연구자 스스로가 자료수집이나 자료정리에 직접 관계하는 경우가 꼭 많지만은 않습니다. 이런 상황을 고려하면, 자료 보전 활동 등을 중시해가야만 합니다. 즉, 각지의 자료 보전 운동이나 지역사연구에 대하여 적극적으로 경제사 연구자가 관계를 맺으며 공헌하는 것이 중요할 것입니다. 역사자료 네트워크[17]에서는 사료 보전에 힘쓰며 많은 역사학 관계자들이 지탱하고 있습니다. 그러나 경제사 연구자나 학회는 일부를 제외하고, 동일본대지진 등의 피해지역에서 곤란한 상황에 놓인 지역자료 보전 등의 노력에 소극적으로 대응해 왔습니다. 또 지역사회에 역사자료로 남겨진 대부분은 상가자료 등 그 지역 산업의 중심을 담당한 집의 문서나 지자체에 남겨진 행정과 재정자료 등입니다. 지역사회나 지자체 측에서는 자료의 의의를 밝히고, 그 분석을 위해, 경제사 연구자의 관계를 필요시하고 있습니다.[18] 이대로의 상황에서는 지역사회 레벨에서의 경제사 연구 의의를 상실할 우려가 있으며, 역사학과의 접점을 가진 경제사 연구가 곤란해져 갈 것입니다.

앞으로의 경제사 연구는 경제학에서 새로운 지식과의 관계를 구축하는 한편, 지역사회 등과의 관계를 더욱 깊게, 또 강하게 유지해 가는 것을 지향합니다. 그것은 지역에 살아가는 사람들에게 경제사 연구가 어떠한 의의가 있는지를 되묻는 계기가 되면서, 경제사가 역사학에서 달성해야 할 역할을 재확인하는 계기가 될 것입니다.

---

17 1995년의 한신·아와지대지진으로 재해를 입은 역사자료 보전을 위해 설립된 조직으로(당초는 역사자료 보전 정보 네트워크) 부현府縣마다 많은 네트워크가 형성되어 있다. 이런 역사자료 보전에 대해서는 오쿠무라 히로시奧村弘 편, 『역사문화를 대재해로부터 지키다』(도쿄대학출판회, 2014년)를 참조.

18 이 점, 재해 이후 사료 보전을 해온 관계자의 의견에서도 확인할 수 있다. 「2014년도 역사학 연구회 대회 보고 지금, 역사연구에 무엇이 가능한가?」, 『역사학연구』924호, 2014년.

맺음말

경제학과 역사학의 틈새에서 흔들리는 경제사는 그때그때의 학문적 유행이나 연구자의 문제의식에 큰 영향을 받아왔습니다. 경제발전이나 경제성장에 관한 관심이 높았던 시대에는 기업을 중심으로 한 경제활동에 대한 강한 관심이 요구되었는데, 현재 그런 동향뿐만 아니라 격차나 노동과 같은 다양한 사회문제, 지역경제·사회와의 지속적인 유지 등, 현실사회가 질문 받는 사항이 여러 갈래에 미치고 있습니다. 지금을 살아가는 사람들에게 경제사가 어떤 의의가 있는지, 어떠한 문제의식으로 역사연구를 해갈지, 지금 한 번 더, 원점으로 되돌아갈 필요가 있을 것입니다. 지역자료를 중심으로 하는 역사 보전이나 지역의 고유성을 재확인·재구축하기 위해서도 경제사 연구자의 관계가 필요해지고 있습니다.

참고문헌

- 『일본 경제사』전 6권, 도쿄대학출판회, 2010년.

- 가노 마사나오鹿野政直, 『이와나미 고교생 센터 역사를 배우는 것』 이와나미쇼텐, 1998년.

- 사와이 미노루沢井実·다니모토 마사유키, 『일본 경제사』, 유히카쿠, 2016년.

- 나카니시 사토루中西聡 편, 『일본 경제의 역사 – 열도 경제사 입문』, 나고야대학출판회, 2013년.

- 존 힉스(John Richard Hicks), 『경제사의 이론』, 신보 히로시新保博·와타나베 후미오渡辺文夫 역, 고단샤학술 문고, 1995년.

III

사회사·문화사를
묻는다

호모 · 모빌리터스가 묻는 '역사'
— 정착을 내면화하는 이야기의 죽음을 향해

호조 가쓰타카北條勝貴

머리말
— 이동론移動論에서 조사照射하는 환경문화사

아무 특별한 것도 없는 공간이 자신에게 소중한 장소가 된다. 쌓아온 경험과 기억이 그 장소를 자신에게 둘도 없는 것으로 바꾼다. 일찍이 지리학자 이푸 투안(Yi-Fu Tuan)은 이런 현상을 "물리적으로 무미건조한 공간(space)에서 심적으로 피가 통한 장소(place)로"라는 논제로 설명하고, 후자에 대한 인간의 애정을 토포필리아(topophilia)라는 조어로 표현했다.[1] 그러나 장소의 창출＝공간의 비균질화라는 심적 레벨에서의 차별화를 의미하고, 애착은 물론 반대로 혐오감도

---

[1] Yi-Fu Tuan 1974, *TOPOFHILIA: A study of Environmental Perception, Atitudes and Values*, Prentice-Hall(오노 유고小野有五·아베 하지메阿部一 역, 『토포필리아(Topophilia)-인간과 환경』 지쿠마학예문고ちくま学芸文庫, 2008년), Yi-Fu Tuan 1977, *Space and Place: The Perspective of Experience*, University of Minnesota Press(야마모토 히로시山本浩 역, 『공간의 경험－신체에서 도시로』 지쿠마학예문고, 1993년).

만들어낼 수 있다. 그것들은 인간의 행동을 규제하고, 정치적·사회적인 폐해조차 일으킬 것이다. 장소에 대한 집착은 정착을 재촉하고 인구를 확대하면서 격차나 권력탄생의 온상이 된다. 일단 성립된 왕권이나 국가는 인민을 효율적으로 수탈하기 위해 더욱 이동자체를 지배하려고 한다. 자발적 통합을 일으키는 내셔널리즘은 물론 개인적 기억과 밀접하게 관계되는 고향 의식조차 그런 이념적인 일면을 갖는다. 토포필리아는 보다 감성적·원시적일지도 모르지만, 그것이 순수한 사랑이라고 어찌 말할 수 있을까?

정착 사회를 진보사관으로 가치를 정했을 때, 인간의 자유로운 '이동'은 이미 미개하며 부정적인 뉘앙스로 어물어물 넘기고 있다. 그러나 이른바 상식적 사고의 구조 자체가 지금 강하게 재검토를 요구하고 있다. 일찍이 정치 인류학자 피에르 클라스트르(Pierre Clastres)는 구아야키족(파라과이), 구아라니족(브라질) 등의 남미 인디언을 조사대상으로 동일성 원리를 부정하는 여러 사회적 규칙=권력 집중 억제 구조(신화, 혼인, 집단의 모습, 이동, 폭력=전쟁 등)를 조사, 그 기능의 모습에서 국가 성립을 인류문명의 '발전'이 아닌 '실패'로 간주했다.[2] 즉, 부와 힘의 편중을 계기로 하는 왕권·국가의 탄생은 평등성을 추구하는 사회에 차질이 생겼기 때문에, 신의 의지 실현이라도 없으면 단선적·법칙적 진보의 결과도 의미하지 않는다고 한다. 또, 정치학·인류학의 제임스 스콧(James C. Scott)은 중국 서남에서 동남아시아에 걸친 구릉지대('조미아(Zomia)'라는 새로운 이름으로 불린다)에 분포하는 소수민족 문화(산지에서의 화전·수렵·채집 등의 생업,

---

2   Pierre Clastres 1974, *La societe contre l' Etat: recherches d'anthropologie politique*, Editions de minuit(와타나베 고조渡辺公三 역, 「국가에 저항하는 사회 – 정치인류학 연구」, 수이세이샤水声社, 1987년)

친족관계의 자유자재 변화, 문자 미사용과 구승, 이동성 등)를 분석, 그들은 원래의 평지민이 영역 국가에 의한 포섭을 거부하고 이동해 온 것으로 미개하게 비치는 습속[습관이 된 풍속]은 국가화에 저항하는 기술로, 전략이라고 평가했다.[3] 두 책에 공존하는 것은 공동체 사회는 반드시 국가를 향해 수렴되어 가는 것은 아니며, 거부·저항의 선택지를 찾는 예도 있고 그 수단으로 이동이 있다는 무질서한 상상력이다. 이족보행으로의 특화를 최대 형태적 특징으로 하는 사람에게 있어서 이동은 더욱 근본적인 가치를 가질 수 있는 것은 아닐까?

　　최근 인류학에서는 관련된 사고방식에 동조하는 듯이, 이동을 인류 진화의 본질에 두는 '호모·모빌리터스(Homo mobilitus)'론이 제기되는 데 이르렀다. 유인원의 선조는 아프리카 대지구대의 서쪽에 있는 열대우림에서 번영했는데, 건조·한랭화에 의해 그 영역이 축소되면서 어쩔 수 없이 산악지대로 이동하게 되었다. 사람의 선조가 되는 그룹은 그곳에서 내몰려, 동쪽 사바나에서 새로운 식량자원을 얻고 적응하여 고도의 이동하는 능력을 조성한 것이 아닌가, 즉 사람이 사람인 근본에는 생존전략으로서의 이동성이 있는 게 아닐까?[4] 관련된 관점은 앞의 클라스트르나 스콧의 논의와도 통하여, 애매한 채로 상식화된 정착 사회론을 묻는 근거가 된다. 즉, 만약 사람이 '호모·모빌리터스(이동하는 자=인간)'라면 이동을 억제하는 정착(바로 차질일 것이다)은 왜 생긴 것일까?

　　일본의 역사학계에서는 유물사관의 긴 속박 아래 자연환경과 인

3　James C. Scott 2009, *The Art of Not Being Governed: An Anarchist History of Upland Southeast Asia*, Yale University Press(사토 진佐藤仁 감역, 『조미아 - 탈 국가의 세계사』, 미스즈쇼보みすず書房, 2013년)

4　인토 미치코印東道子 편, 『인류의 이동지』(린센쇼텐臨川書店, 2013년)

간과의 관계를 대부분 정착·벼농사·국가를 키워드로 하는 단순한 진보사관으로 설명해왔다. 이들의 테크니컬 기간에는 부의 확대나 행복의 증진이 무의식에 구조화되어, 벼농사 지상주의를 통해 대일본제국→국민국가 일본의 정당성·연속성을 지탱하며 현재에 이르고 있다. 이 원고에서는 (가) 왕권이나 국가의 역사를 전제로 하지 않고, 동아시아를 무수한 민족 집단이 대항하며 싸우는 필드로 파악할 것, (나) 이동론을 축으로 열도의 환경문화사를 방법·서술 레벨에서 다시 파악하는 것을 염두로, 이때까지와는 다른 역사상 구축을 목표로 하고 싶다.

1. 산지민·이동민/평지 정착민의 상극

단순한 환경결정론에 빠지는 것을 피해야만 하지만, 자연환경은 우리가 세계를 파악하는 안목과 사고방식을 확실하게 낚어버린다. 더 정확하게 말하자면 기후나 지형, 식생, 서식 동물과 같은 자연의 모든 조건과의 교섭에서 우리는 신체와 말을 구사하며 자기의 생활세계를 구축하고 있다. 결과적으로 주로 평지에 거처를 정하고 벼농사를 중심으로 농업을 하는 사람들과 산지에서 느슨하게 이동하면서 수렵·목축·화전 등을 생업으로 하는 사람들은 바로 '사는 세계'가 다른 것이다. 그것은 개개인의 관습 행동의 소산인데, 동시에 과거로부터의 쌓인 계승이기도 하다. 일본열도에서는 야요이弥生 시대에서의 조직적인 관개수灌漑水 벼농사 경작의 도입에 따라 그때까지 평야 대부분을 덮고 있던 산림이 서서히 벌채되어 가고, 지형에 따른 부정형 두렁을 갖는 논이 형성되었다. 고분시대古墳時代에서 국가의 탄생은 더욱 대규모로 복합적인 발전을 초래했고, 7세기 후반 이후 기후 온난화와 상응하여 조리제条里制[일본 고대의 경지 구획법]에 근거한 일찍이 없었던 한 변이 109m를 기본으로 하는 방격분할경관方格地割景観이 출현하게 되었다. 풋거름(퇴비)을 공급하는 잡목산柴草山이 광범하게 전개되고, 농촌이나 도시 주변에서 산림이 모습을 감추는 것은 중세 후기~근세 초기인데, 이 고대 시점에서 산·마을에는 명확하게 경계가 나누어져 갔다고 봐야 할 것이다.[5] 대조적인 '장소'에 사는 사람들은 서로 상대를 부정·비난하고, 분쟁이나 차별을 만드는 일도 있다.

예를 들어 야나기타 구니오柳田国男가 사사키 기젠佐々木喜善의 이야기를 듣고 정리한『도노 이야기遠野物語』는 근대 동북지방 농촌의 생생한 생사관, 신령과 인접하는 신체감각을 전달하는 귀중한 민족지인데 이 민족지에는 야마오토코山男·야마온나山女에 관한 이야기가 여러 개 담겨 있다. 그들의 모습은 중화 문명의 야만 표상인 긴 머리에 동굴 거주 그대로로, 마을에 내려와서는 여성을 유괴하여 아이를 낳게 하는 사람·괴수의 중간 같은 존재로 기술되어 있다. 예를 들어, 6·7화는 사냥꾼이 산중에서 행방불명이 된 마을 여자와 재회했는데, 그녀는 야마오토코의 꼬임에 넘어가 야마온나가 되었다는 내용으로 평지민과의 대립·항쟁·도주의 모티브를 갖는다. 이것

---

5 열도전반의 자연환경 변천에 대해서는 쓰지노 료辻野亮, 「일본열도에서의 사람과 자연의 관계 역사」(마쓰다 히로유키松田裕之·야하라 데쓰카즈矢原徹一 책임편집, 『시리즈 일본열도의 3만 5000년 – 사람과 자연의 환경사1 환경사란 무엇인가?』, 문일종합출판文一総合出版, 2011년), 다케이 고이치武井弘一, 『에도 일본의 전환점 – 논의 급증은 무엇을 초래했을까?』(NHK북스, 2015년), 잡초산柴草山의 문제에 대해서는 미즈모토 구니히코水本邦彦, 『초산草山이 이야기하는 근세』(야마카와슛판샤山川出版社, 2003년), 졸고, 「일본열도 사람들과 자연 – 전통적 농촌 풍경을 의심하다」(역사과학협의회 편, 『역사의 '상식'을 읽다』, 도쿄대학출판회, 2015년) 등 참조.

과 아주 닮은 이야기는 4세기 중국의 동진東晉[중국 사마예司馬睿에 의해
세워진 왕조]·간보찬干宝撰『수신기搜神記』에서 볼 수 있다. 간보干宝는
문무에 재능을 발휘하며, 저작랑著作郎으로서 사서『진기晉紀』를 편
찬하는 한편, 사대부의 네트워크나 가인家人·고용인과의 관계를 통
해 지앙난江南 지역의 민속·전승을 광범하게 수집했다. 그 결과로
서 이 책은 6조기六朝期 지앙난의 민속(족)지로서도 읽을 수 있는 내
용으로 되어 있다. 문제의 이야기(12권-308,『법원주림法苑珠林』육도편
六道篇·축생부감응록畜生部感応録)는 확원玃猨이라는 원시인에 관한 것으
로, 역시 산중을 걷는 인간 여성을 앗아가 아내로 삼는다고 한다. 흥
미로운 것은 태어난 아이들에 대해서 "성장하면 인간과 다르지 않게
된다. 모두 양씨 성楊姓을 써서, 그 때문에 현재 촉蜀나라의 서남에는
여러 양씨가 많다. 모두 확원의 자손이다"라고 한다. 아마 촉나라의
한 지역에 원숭이 토템(원숭이를 시조로 하여 다양한 금기나 신앙을 갖는
다) 민족 집단이 존재했던가, 또는 어떤 소수민족의 혈연을 원시인으
로 표상한 것으로 생각된다(산중에 사는 소수민족을 요괴 등이라 파악하는
기술은 지괴소설志怪小説[주로 육조시대 중국에서 쓰여진 해괴한 이야기로, 같은
시기의 시인소설과 함께 후대의 소설 원형이 됐으며 작품은 당대의 전기소설로
이어졌다]이나 도서道書·불서仏書 종류에서 간혹 볼 수 있다). 그러나 근대 일
본열도의 동북과 4세기 중국 지앙난 지방에서 이렇게 혹사한 산사
람의 표상이 있는 것은 왜일까?

하나는 시대적으로 선행하는 중국의 설명형식이 열도로 수입되
어 시간을 두고 사용된 가능성을 생각할 수 있다. 현존하는 문헌 중,
전국 말기의『예기礼記』곡례曲礼에서 보이는 오랑캐 표상은『산해경
山海経』등을 거쳐, 진한秦漢의 통일왕조 건설에 동반되어 구체화·명
확화되었다. 원래 '夷' '蛮' '戎' '狄' 자체가 그런 구성인데, 정사이

비열전正史夷狄列伝 종류에 보이는 호칭 표기에서는 '犭'이 많이 붙거나, 벌레虫나 금수禽獣에 관련된 글자가 사용되고 있다. 중화·오랑캐夷狄의 표상은 노골적이라고 할 수 있는 문명·야생의 이항대립도식하에 구축되어 있다. 위의 확원의 이야기는 데라시마 료안寺島良安『화한삼재도회和漢三才図会』우류寅類에 수록되며 에도기에도 넓게 읽혔다('獿'로 항목을 내세워, 야마코라고 읽게 한다). 그리고 근세에 나베쿠라성鍋倉城 상업지역으로서 번영하며, 내륙부·해안부의 교통 결절점結節点이었던 도노遠野로 전해져 사람들의 이야기 실마리를 규정한 것도 있을 수 있다.

또 다른 하나는 한 시기, 산사람을 열도 원주민이 산중으로 도망간 것으로 간주하여, 그 문화의 흔적이 동북이나 류큐에 잔존하고 있다고 논한 야나기타柳田가 의식적인지 무의식적인지 익숙한 한문 서적 형식으로 서술한 것도 상정할 수 있다. 야나기타도 읽은 미야오이 야스오宮負定雄『기담잡사奇談雑史』2권-7·8, 스즈키 보쿠시鈴木牧之『북월설보北越雪譜』2편 4권「이수異獣」등에는 같은 산사람 표상이 역시 평지와의 대립·항쟁·도주를 가지고 이야기되고 있다. 그러나 모두 평지 정착민이 산지민·이동민에 대하여 공유하는 일정한 차별적 인식이 없다면, 동종의 설명형식이 초시대적으로 계속 사용되는 일도 없을 것이다. 예를 들어 평지민의 적개심은 화전이 산지 경사면을 황폐시켜 흘러나간 토사로 산기슭에 재해를 초래하는 것일까? 또는 전승이 이야기하듯이 양자의 공생할 수 있게 했던 증여교환贈与交換을 부정하는, 습격이나 약탈이 행해진 것일까? 불교가 가져온 살생죄업관殺生罪業観이 산과 바다의 수렵어로 종사자를 구해내기 어려운 야만인으로 보이게 한 것일 수도 있다. 아니 그 이전에 벼농사를 중심으로 하는 평지의 생업에서 우월성을 찾아내는 통

치자의 흰전에 관한 허위 자존심의 작용이 클 것이다. 아이누나 산카サンカ[일본에 일찍이 존재했다고 여겨지는 방랑민 집단], 류큐 사람들에 대한 설명 등, 이런 종류의 사례는 너무 많아서 일일이 셀 수가 없다. 1928년(쇼와 3) 6월의 『경성일보京城日報』는 조선총독부의 의향에 따라, 조선 화전민의 생계인 화전을 세계에서도 드문 미개한 농작이라고 깎아내리며, 아이누나 집시와 함께 논하는 기사를 게재하는데, 그것은 마치 진한秦漢 이후 한인사회가 야오족들 화전과 이동의 민족을 배척해온 역사의 닮은꼴이기도 하다.[6]

『메타히스토리』로 저명한 역사학자 헤이든 화이트(Hayden White)는 최근 구축된 과거 = 역사의 모습을 practical past, historical past의 두 가지로 나누어 설명하고 있다. 후자는 근대 역사학이 구축한 좁은 의미의 역사 이야기인데, 전자는 그것도 포섭하는 인간의 역사실천 전반을 의미한다.[7] 포스트모던론자는 대개 후자를 비판하고 전자를 무자각적으로 옹호하는데, 위에 언급한 차별적 언설이 practical past에 많이 속하는 것도 알아야 할 것이다. 사람들이 어느 토지와 긴밀한 관계를 맺고, 정착의 시작을 계기로 사람들을 거기에 속박하기 위한 다양한 계층, 위상으로부터의 이야기가 겹쳐, 이러지도 저러지도 못하는 설명 공간을 구축해 간다. 스콧은 "(이동하는 사람들은) 구승으로 역사를 전달하는 것은 물론, 원래 역사 자체를 그다지 필요로 하지 않는 것은 아닐까"[8]라고 한다. 역사를 가지지 않는

---

6 우선, 졸고, 「민족표상에서의 기록·기억·망각 – 야오족의 신화=역사관과 『평황권첩評皇券牒』을 둘러싸고」(『일본문학』65권 5호, 2016년) 참조.

7 Heyden White 2014, "The Practical Past", in *The Practical Past*, Northwestern University Press(사토 케이스케佐藤啓介 역, 「실용적인 과거」, 『사상』1036호, 2010년)

8 앞에 게재한 주 3. 『조미아』, pp. 237-239.

이동의 사고방식은 자유롭고 강인하다고 할 수 있을까? 우리들에게 그런 족쇄로서의 역사를 포기하는 것이 언젠가 어디에선가 필요할지도 모른다.

2. 자연환경과의 호수성互酬性은 환상인가?

자연환경의 여러 요소에 신령의 존재를 인정하고, 또는 신불을 표상하고, 그로부터의 공여에 무언가의 부채감을 표명하는 문화는 동아시아에 한정되지 않고, 유라시아부터 미국, 오세아니아, 아프리카의 전근대사회, 민족사회에 극히 광범하게 분포하고 있다. 그러나 한편으로는 자연환경에서의 수확을 당연시하는 정당화 설명도 촌락·민족 레벨, 왕권·국가 레벨에서 넓게 확인할 수 있다. 이것들이 역벡터에 작용하여 대립·상쇄하는 경우, 동일 벡터에 작용하여 한쪽을 강화하는 경우 등, 그 양상은 시대·지역의 정황에 의해 다양한데, 이하 경향은 일반적으로 인정받을지도 모른다.

(가) 시대 경과에 따라 정당화 추진력이 강해져, 부채감도 유명무실해지고, 이윽고 표상되지 않게 된다.

(나) 고차 권력체만큼 정당화 추진력이 강해진다.

그렇다면 자연환경에 대한 부채감은 미래에 무언가 의미를 갖지 않는 것일까? 그것은 인류문명에서 어떠한 역할을 해 왔을까? 이동의 사고방식과의 관계를 포함하여 생각해보고자 한다.

환경에 뿌리박힌 생업에서 이런 종류의 설명에서 사회적 기능을 봤을 때, 먼저 상기되는 것이 사회집단 전체를 파탄시킬 수 있는 과도한 이익 추구의 억제이다. 예를 들어, 유라시아 북방의 수렵채

집민에게 전승되는 '동물의 주인' 신화는 그 민족의 주요 수렵대상
인 동물을 '주인'이 사람과의 계약·호수성互酬性[사물의 상호 왕래에 관
한 것] 아래 식량으로서 보내준 것으로 이야기한다. 압도적인 불균등
으로 보이는 어획물의 제노사이드도 신화라는 'practical past'에 근
거하여 자연환경＝신령에 대한 선업(그 자체가 일방적이지만)에 대한
대가로서 정당화되는 것이다. 이리모토 다카시煎本孝가 소개한 캐나
다 아북극カナダ亜北極의 수렵민 치페와이언의 베디아제 신화ベジアー
ゼ神話에서 카리브(북아메리카산 순록)의 정령 베디아제는 일찍이 자신
을 구하고 키워준 노인의 은혜를 보답하고자 카리브의 혀를 잘라 보
낸다. 카리브는 1년 중 봄여름을 북방 툰드라에서 가을과 겨울을 남
방 타이가에서 보내기 때문에 계절이 바뀌는 시기에는 장거리를 무
리 지어 이동한다. 치페와이언은 이 이동에 신화를 겹쳐 도하 중에
움직임이 둔한 무리에 카누를 출발시켜, 선물＝'고기'를 잡는다. 무
리의 도래가 다소 늦더라도 치페와이언 남자들은 신화의 재현을 믿
고 인내심 강하게 계속 기다리고, 촌락에서는 노인, 여성, 아이들이
에너지 소비를 최대한 억제하며 생활한다고 한다. 이리모토의 말을
빌리자면 치페와이언에게 베디아제 신화ベジアーゼ神話는 카리브와
의 생태적 관계에 대한 설명으로 생존전략의 기저도 이루고 있다.[9]
일본열도 북방의 원주민족인 아이누에 대해서는 삼라만상森羅万象
을 카무이(신령)라고 파악하고 감사하게 지내는 '공생'성만이 강조되
기 십상인데, 예를 들어 주식인 사슴이나 연어, 고래 등은 카무이로
인정되지 않고, 그것들을 통괄하는 사슴을 늘리는 신ユカッテカムイ

---

9 이리모토 다카시煎本孝, 「종교와 생태」, 아키미치 도모야秋道智彌 외 편, 『생태 인류학을 배우는 사
람을 위해』, 세계사상사, 1995년.

이나 물고기를 늘리는 신チェパッテカムイ이 역시 '고기'를 가져다준다고 본다.[10] 동시에 가혹한 자연조건 속에서 생존하기 위해 귀중한 기회를 최대한으로 살리며 '살생'에 대한 심리적 기제를 어떻게 떼어내 갈지를 지향했던 것이다.

그렇다 치더라도 인간은 생존을 위한 살생=포식에 대하여 왜 복잡한 갈등을 품는 것일까? 생태계에서는 개개의 생명이 그 존속을 위해 반복하여 먹고·먹히면서, 상호 서로 얽혀 전체적 조화를 유지하고 있다. 각각의 생명 주체가 구현하는 것은 조화를 위한 자기희생이 아니라, 스스로 그에 속하는 종족을 존속시키려고 하는 욕구와 활동이다. 그러나 인간은 대뇌 신피질 확대에 의한 추상적 사고의 실현에 동반하여 먹고·먹히는 관계 속으로 타자에 대한 상상력을 끌고 들어가 버렸다. 타자의 내면을 상상하고 배려하는 능력은 여러 개의 감정 레벨에서 긴밀하게 연관시키는 사회(그것이야말로 사람의 생존전략이었다)의 형성에 불가결한데, 인간은 그 대상을 '식물' 범주로까지 확대해 버린 것이었다. 그 결과 개체보존의 생리적 욕구와는 역벡터의 심리가 작용하여, 포식을 둘러싸고 많은 스트레스를 품게 되었다. '동물의 주인' 신화가 지향하는 심리상태는 현대의 대량생산·소비사회가 '고기'를 공업생산품으로밖에 인식하지 않는 정황과 유사하다. 그러나 직접 손을 써서 '어획물'을 살해하는 사람들에게는 어느 정도 불식하려고 해도 지워버릴 수 없는 동식물에 대한 공감, 생명이 있는 것의 동류의식이 우리와는 비교할 수 없을 정도로 강하게 존재하는 것이다. 그러므로 정당화의 설명은 필요했다.

---

10 나카가와 히로시中川裕, 『아이누의 이야기 세계』, 헤이본샤 라이브러리平凡社ライブラリー, 1997년, pp. 60-62.

또, 역시 북방 수렵민의 문화에 속하는 톰슨 인디언(북아메리카 북서해안 내륙부)은 수렵대상인 산양과 인디언 사냥꾼과의 이류혼인담異類婚姻譚을 이야기하고 있다. 젊은 사냥꾼이 산양을 쫓아 그들의 세계를 방문하자 모피를 벗은 산양은 인간과 같은 모습을 하고 있었고, 그는 어느 딸과 혼인을 하고, 다른 많은 여자와도 정을 통하여 자식을 얻는다. 이윽고 인간 세계로 돌아오게 된 젊은이에게 아내는 자신의 가족인 여자들＝암컷 산양·아이들＝아이 산양은 사냥해서는 안 된다고 한다.[11] 나카자와 신이치中沢新一가 지적한 대로 극히 한정적인 형태이긴 하지만, 여기에는 아직 동물·인간의 대칭성이 그 흔적을 두고 있다[12](모피가 야생의 상징으로서, 종을 넘어선 장치가 되는 것은 중화사상에서의 이적성夷狄性으로서 장모長毛 모두, 역벡터이면서 통한다). 친족성의 이류에 대한 확장은 예를 들어 토템을 표명하는 시조 전승으로서의 이류혼인담 등, 야생의 힘을 거두어들여 자신의 것으로 하는 형식이 본디일 것이다. 동물을 수렵대상으로만 다루고 있는 점, 위 이야기는 이차적으로 보이지만 수렵 자체에 '잡히다'라는 역전 경험이 내포되는 점, 수렵대상과의 동일화를 환기하는 점 등을 고려하면 인간 지상주의에 꼭 오염되고 있는 것은 아니다.[13] 동물에게도 동류의식을 확대하는 것으로 무궤도한 욕망＝폭력을 억제하고, 암컷이

---

11 Howard Norman ed. 1990, *Northern Tales: Traditional Stories of Eskimo and Indian Peoples*, University of Nevada Press(마쓰다 유키오松田幸雄 역, 『에스키모의 민화』, 세이도샤青土社, 1995년, pp. 339-342.)

12 나카자와 신이치中沢新一, 『카이에 소바주(cahier sauvage)2 곰에서 왕으로』, 고단샤센쇼 메티에講談社選書メチエ, 2002년, pp. 44-45.

13 Paul Nadasdy 2007, "The Gift in the Animal: The Ontology of Hunting and Human-Animal Sociality", *American Ethnologist*, 34(1)(곤도 지아키近藤祉秋 역, 「동물에 숨어있는 증여 – 인간과 동물의 사회성과 수렵의 존재론」, 오쿠노 가스미奥野克巳·야마구치 미카코山口未花子·곤도 지아키 편, 『사람과 동물의 인류학』, 슌푸샤春風社, 2012년), 스가와라 가즈요시菅原和孝, 『잡고 잡히는 경험의 현상학 – 부시먼의 감응과 변신』(교토대학 학술 출판회, 2015년) 등 참조.

나 어린 짐승의 살해를 막는 것으로 수렵대상 동물의 수량을 제어한다. 물론 그 효과를 무조건 긍정해서는 안 되지만 관계된 인식이 수렵을 둘러싼 부채감을 조성하고, 자연환경과 인간집단과의 절묘한 균형을 조정해온 것은 부정할 수 없다.

'동물의 주인'이 수렵채집 시대의 주요 신화의 하나로, 그 이후 인류사회에서의 윤리·도덕의 한 원형을 이룬 것은 고고학이나 신화학, 인류학의 성과로부터 어느 정도 추측할 수 있다. 예를 들어 대승불교의 백과사전이라고도 할 수 있는 후진後秦·구마라십鳩摩羅什 역, 『대지도론大智度論』16권 석초품중비이야파라밀의釈初品中毘梨耶波羅蜜義 제27에 불교의 성지 녹야원鹿野苑의 지명기원전승으로서 '녹왕鹿王'이라는 본생담本生譚이 게재되어 있다. 파라내국波羅奈国의 범마달왕梵摩達王이 수렵하는 임야에는 석가의 전신인 녹왕이 있고, 범마달왕의 수렵에 의한 대량살육을 막기 위해서 교섭하였는데, 대신에 하루에 한 마리의 사슴을 대신 왕궁 주방에 제공하는 계약을 맺는다. 어느 날 새끼를 임신한 암사슴이 왕궁으로 갈 차례가 되자, "태내의 새끼 사슴은 죽을 순서가 아니므로 도살되는 규칙을 유예해 달라고" 호소한다. 녹왕은 대신하여 스스로 왕궁을 찾았고, 놀란 범마달왕은 자신의 잘못을 깨닫고 이후에는 일절 육식을 끊겠다고 맹세한다. 이 야기의 구조는 '동물의 주인'과 공통되지만, 아마 원래는 사슴 왕과 인간과의 계약에 의해 수렵이 정당화되는 내용이었을 것이다. 불교는 당시 지배적이었던 바라문교에 반대 테제를 들이댄 것처럼 관련된 전통적 신화 세계에도 이의를 제기하여 불살생계不殺生戒를 설명하는 것으로 바꾸어 만들었을 것이다. 그것이 통용된 것은 역시 '동물의 주인' 신화의 배경에 수렵대상도 동류화하는 의식이 강하게 존재하고 있었기 때문이라 생각된다. 또한 원시불교가 식물을 '무정'

즉, 비생물로 취급한 것은『대반열반경大般涅槃経』을 시작으로 하는 초기 대승불전으로부터 확인할 수 있는데, 그 이유에 대해서 불교학자 람베르트 슈미트하우젠은 이 교단의 중과 여승·재가신자在家信者가 육식을 금욕하면서, 식물을 식자재로 하지 않을 수 없었던 것과 관계가 있다고 추측하고 있다. 즉, 그들이 불필요한 갈등을 품지 않아도 되도록 식물은 생명을 가진 것으로는 생각하지 않게 되었다는 것이다.[14] 동물에게 인간과 같은 생명을 인정하고(정확하게는 인간문화에 숨 쉬어온 관련된 인식을 자각시키고) 불상생계를 설명한 불교가 식물에 대해서는 역벡터의 정당화 언설을 생산하는 것은, 본장의 모두에 게재한 (나)의 테제가 단순히 일반화할 수 없는 복잡성을 갖는 것을 증명하고 있다. 인간·비인간 사이의 호수성이 설령 환상이라고 해도 인간은 그것을 포기하지 않고 꿈을 꾼다. 그러나 그것을 해체하고, 얼마 안 있어 또 꿈꾸는 것을 반복해 온 것이다.

다만, 2014년에 일본에서도 화제가 된 토마 피케티『21세기의 자본』이, 자본주의하에서의 경제 격차 시정을 부정하고(자본 수익률은 경제 확장 성장률보다도 크고, 자본주의 경제하에서 사회적 격차는 확대되기만 한다), 세계적 규모의 부유세 도입을 제언한 것[15]에서 여실하게 나타나고 있는 대로, 자본주의 기원과 폭주는 호수성의 붕괴를 원인으로 하고 있다. 증여에 관한 변제를 동기 부여하는 것은 부채감(물론 그것은 선천적인 심적 움직임이 아닌 사회적으로 구축된 것)으로, 희박화나 변질이 부의 집중·편중과 권력 발생을 초래하여, 왕권이나 국가 성립의

---

14 Lambert Schmithausen 2009, *Plants in Early Buddhism and the Far Eastern Idea of the Buddha-Nature of Grasses and Trees,* Lumbini International Research Institute.

15 Thomas Piketty 2013, *Le Capital au XXIe siècle,* Seuil(야마가타 히로오山形浩生·모리오카 사쿠라守岡桜·모리모토 마사후미森本正史 역,『21세기의 자본』 미스즈쇼보みすず書房, 2014년)

계기를 만들어간다고 생각된다.

3. 인류사의 차질로서의 가축화(domestication)

그렇다면 우리들의 생활 속에서 상호주의(reciprocity)를 잃고, 자연이나 인간관계에서도 권력적 불균등이 보통의 상태가 된 것은 언제부터일까? 이 질문은 스콧이 주목한 조미아 지역의 민족 집단처럼 스스로 왕권이나 국가를 만들어 내지 않고, 또 지역 국가에 종속하는 것을 거부한 사람들이 무엇에 근거하여 그 상태를 유지할 수 있었을까?라는 물음과도 통하고 있다.

첫머리에서도 언급했는데 '국가에 저항하는 사회'를 실천하는 사람들의 첫 번째 기반은 이동성일 것이다. 니시다 마시키西田正規가 이야기한 대로 정착은 개인이나 집단을 토지에 속박시키면서 그것에 동반되는 개체 간·집단 간의 알력을 해소하기 위해 법률이나 종교, 예능이나 오락 등의 여러 제도를 만들어 낸다.[16] 머지않아 그것들은 권력의 온상이 되고, 인간을 관리·통제하는 기구를 형성해 간다. 이동은 그 벡터를 근본부터 뒤집거나 최소한으로 억제하도록 기능한다. 유대 민족처럼 그 결속을 유지하기 위해 보다 강고한 동일화를 요구하는 사례도 있는 한편, 중국 서남 야오족 등과 같이 이동에 맞추어 시조 신화 자체를 변질시켜 역사＝정체성 포기에 이르는 사람들도 있다. 언뜻 보기에 대조적인 이들 민족성은 분명하게 해석한 환경 환원론으로 우리를 끌어들인다. 그러나 『구약성서』에서 이

---

16 니시다 마사키西田正規, 『인류사 속의 정착혁명』, 고단샤 학술문고, 2007년(초판 1986년).

야기하는 역사도 정착과 현지로의 융합·배척의 반복으로, 폐쇄적이고 견고한 정체성은 그 영향을 받아 구축되어간다고 볼 수 있다. 유대 민족도 이동성이 높았던 시대에는 더욱 유연하고 개방적인 심성을 가지고 있었다고 봐야 할 것이다.

또한 고향에 대한 동경憧憬이 근대 내셔널리즘과 관계하는 것은, 최근 이동역사연구에서 밝혀온 성과인데, 역시 중국 서남 소수민족의 몇 개인가(이족, 바이족, 하니족 등 주로 고대 목축민 저강氐羌에 기원한다고 여겨지는 사람들)가 계승하는 습속에 죽은 사람이 주사呪師에게 이끌려 민족·지족枝族의 연고지로까지 회귀하고, 거기에서 승천하여 죽은 사람의 나라로 들어간다는 상장가喪葬歌, 「지로경指路経」이 존재한다. 기본적인 구조는 지옥으로 가는 길에 역수逆修를 거듭해가는 십왕경계민속十王経系民俗인데, 「지로경」에서는 그 각 단계에 현재 있는 장소에서 연고가 있는 땅에 이르는 현실 지명이 배치되고 있다.[17] 이것을 고향에 대한 동경이라고 생각하면 모순이 생기는데, '민족의 본실은 이동에 있다'는 이동의 내역 그 자체의 표명이라고 간주해야 할지도 모른다.

두 번째는 앞 장의 논의와도 관련이 있는데, 생업에 근거하여 '부채를 갚는' 제례의 실천이다. 예를 들어 중국 운남성雲南省 리장고성麗江古城 주변에 웅거하는 나시족納西族의 '제서祭署'에서는, 자연을 지배하는 반인반사半人半蛇의 서신署神에게 산림으로부터 수탈하는 것에 대한 부채를 갚기 위해 가축 등의 공물을 바치고 기도한다. 나

---

17 예를 들어 엔도 고타로遠藤耕太郎, 「이족 장례식에서의 노래·염불 분석편·자료편」(동, 『고대의 노래』, 미즈키쇼보瑞木書房, 2009년). 황건명黃建明, 『삼문경저彝文経籍《지로경指路経》연구』(민족출판사, 2011년). 졸고, 「끌려가는 신령 - 동아시아 비교민속에서 보는 죽은 자의 정화」(사이토 히데키斎藤英喜·이노우에 다카히로井上隆弘 편, 『가구라神楽와 제문祭文의 중세 - 변용하는 신앙의 형태』, 신분카쿠슛판思文閣出版, 2016년) 등 참조.

250   Ⅲ부 사회사·문화사를 묻는다

시족에게는 동파東巴문자라는 그림문자로 기록된 경전들이 존재하는데, 그중 제서에 관련하는 것, 제례 안에서 독송되는 것을 펴서 읽으면 개인이 서신의 화=지병을 얻고 나서 치유에 이르기까지를 다룬 '인물 고사경전人物故事経典'의 종류에는 들소·사슴·멧돼지·꿩·바위 양·호랑이·물고기, 개구리나 뱀·벌 등의 살생부터 금·은 등의 채굴에 이르기까지가 화를 받는 계기가 되어, 수렵·목축·농경 등 생업 전반을 자연에 대한 침범이라고 파악하고 있는 것을 알 수 있다.[18] 또 계단식 논으로 유명한 운남성 남부 하니족의 '구자자苦扎扎 명절'에서는 동족의 논 조성으로 인해 피해를 본 산림의 짐승이나 벌레들에 대하여 사죄하고 풍작을 기원한다.[19] 이것들은 자신들의 생존을 유지하기 위해서 수탈을 하지만, 그 목적이 달성된 후에 나머지는 되돌려 준다는(적어도 원래는) 부의 집적 부정, 부라는 개념의 부정을 합의하는 제례였다고 생각된다.

'국가화에 저항하는' 민족 집단은 주로 위의 두 가지를 핵심으로 하는 생존전략에 근거하여, 돌출된 권력 발생을 주의 깊게 회피하고 있었다고 생각된다. 또, 그때 마침 '동물의 주인' 신화에서의 이류와의 계약 음화陰画처럼 민족멸망 위기가 공유되어 이야기되는 점에도 주의하고 싶다. 말할 것도 없이, 그것은 인간의 자연에 대한 과도한 수탈의 결과인데, 가축화[인간이 야생의 동식물로부터 지금까지 존재하지 않았던 가축이나 재배식물을 만들어 내는 것]의 원죄성이라고 바꿔 말할 수 있을지도 모르겠다. 다니 유타카谷泰는 서아시아에서 시작된 유

---

18 우선, 졸고, 「화신神禍을 둘러싼 역사 이야기의 형성 과정 - 나시족納西族 '제서祭署'와 인류 재생형 홍수 신화」(『아시아민족 문화연구』11호, 2012년) 참조.

19 스도 마모루須藤護, 「무라의 개발과 쿠자자절ムラの開発とクザザ節」, 『운남성 하니족의 생활지 - 이주 역사와 자연·민족·공생』, 미네르바쇼보ミネルヴァ書房, 2013년.

제류有蹄類의 가축화와 그것을 가능하게 한 집단의 통솔·관리기술, 거세 등의 제어 기술이 인간집단으로 응용되어, 왕권이나 국가가 발생해온다고 한다. 기독교의 교설에서 사용하는 목인牧人적 어휘·설명은 그대로 권력의 유추인 것이다.[20] 자연의 관리, 이른바 자연과의 호수성·대칭성의 포기는 가축화를 통해 완성되었다고 할 수 있을까? 이것은 동물뿐만 아니라 식물에서도 마찬가지일 것이다. 재배식물의 기원을 전하는 '살해당한 여신'은『고사기古事記』나『일본서기日本書紀』에도 비슷한 이야기가 보이며 광범한 분포가 확인되는데, 상투적으로 언급되는 '사체화생死体化生' 모티브로부터, 여신의 '살해' 그 자체에야말로 주목해야할 것이다. 아돌프 옌센(Adolf Ellegard Jensen)이 발견한 인도네시아 베말레족의 하이누벨레 신화에서, 세계는 여신의 살해를 통해 죽음을 알고 죄를 안다. 죄를 받은 사람은 사람이 아닌 다른 것으로 변하고 부족은 낙원에서 추방당하여 뿔뿔이 흩어지고 만다.[21] 이른바『구약성서』에서의 실낙원, 카인에 의한 아벨의 살해, 바벨탑 일화 등이 집약된 종합적인 원죄 모디브로 다루고 있다. 또 하이누벨레의 아버지 아메타가 사냥감인 멧돼지 몸체에서 그녀를 낳는 야자나무 열매를 얻는 등, 수렵에서 농경으로의 생업 전환이 명확하게 이야기되고 있어, 그 자체를 인간의 고초 시작으로 하는 역사 인식이 존재했다는 것도 주의된다. 농경이란 이른바 대지의 가축화이기도 하다. 그러므로 토지의 영유나 분할로 발전하고, 자연환경을 인간의 뜻대로 할 수 있다는 망상을 키워간다. 설

---

20 다니 유타카, 『목부牧夫의 탄생 - 양·산양의 가축화 개시와 그 전개』, 이와나미쇼텐岩波書店, 2010년.

21 Adolf Ellegard Jensen 1966, *Die getötete Gottheit. Weltbild einer frühen Kultur*, Kohlhammer(오하야시 다료大林太良·우시지마 시와오牛島巖·히구치 다이스케樋口大介 역, 『살해당한 여신』, 고분도弘文堂, 1977년)

령 그것이 좌절의 연속이었다 하더라도 사람들은 토지에 뿌리내리는 '안정신화'에 매달린다. 스스로 민족적 정체성을 '농경민족'이라 파악하는 사람들은 자각의 여부에 관계없이, 대개 수렵이나 목축을 야만적인 행동이라고 간주한다. 그러나 수렵채집민의 시점에 서면, 농경민은 '여신의 머리카락을 뽑고, 눈을 도려내고 손이나 발을 비틀어 떼어내는 잔혹한 사람들'이 될 것이다. 과연 어느 쪽이 잔혹할까? 단순한 농경 원죄론에 가담할 생각은 없지만, 열도의 모든 지역에 방격분할方格地割의 논과 잡초산柴草山이 전개되는 가운데, 이동의 사고방식은 가속적으로 감퇴하고 주위를 차별화하는 오만함이 조성되어 갔다고 생각할 수 있다. 인간이 이동하는 대신 단일 경관이 각지를 뒤덮어 간다. 후지하라 다쓰시藤原辰史가 지적한 것처럼 근대에 이르러 그것은 남방작물인 벼의 품종개량을 거쳐, 동북으로, 그리고 바다를 건너 조선반도로 확대되어 '벼의 대동아공영권'을 실현해 가게 되는 것이다.[22]

맺음말
― 열도 사회에서의 '오만함'의 기원

지금까지의 고찰에 근거하면 자연환경에 대한 부채 감각은 해당 집단에서의 이동 사고방식 상태와 적어도 관계되어 있는 것 같다. 1장에서 언급한 대로, 일본열도에서는 조몬기繩文期에 정착이 진행되는

---

22 후지하라 다쓰시, 『벼의 대동아공영권 ― 제국 일본의 '녹색 혁명'』, 요시카와코분칸吉川弘文館, 2012년.

획기적인 시기가 있었고, 야요이~고분기에 왕권·국가 성립의 획기적인 시기가 있는데, 열도의 역사 속에서 가장 산림이 감소하고, 지름이 큰 나무의 남벌과 잡초산화가 광범위하게 전개된 중근세 이행기에 아마도 부채감이 감퇴하는 큰 계기가 숨어있다. 환경사 사료로 할 수 있을 정도로 정보량이 풍부한 쇼호正保연간(1644-48)의 국회도国絵図·향장郷帳은 그것을 작성한 측량의 철저함을 방불시킨다.[23] 미곡의 수확량에 대해서는 물론이며 산들의 상세한 식생까지 파악하는 조사가 공동체의 자연관에 어떤 영향을 끼쳤는지 상상하기 어렵지 않다. 일찍이 요시에 아키오義江彰夫는 고대에서는 왕의 인구조사가 금기를 깨는 행위이며 천벌을 깨는 것이 된다는 프레이저『구약성서의 포크로』의 논의를 인용하여 열도 고대 최대의 내란인 진신의 난壬申の乱을 경오년적庚午年籍의 작성에 동반되는 왕권비판의 결과로 파악했다.[24] 같은 문제가 중근세 이행기의 측량 반대 무력 봉기 등에서도 발견할 수 있다.

2016년 가나가와현 사가미하라시相模原市 장애인 시설이 습격당해 전 간호직원인 남성에 의해 많은 장애인이 살상당하는 용서하기 힘든 사건이 일어났다. 장애인을 정상인의 구조에 밀어 넣어, 노동력 유무·고저만으로 취사取捨하는 발상을 나치스의 우생사상과 결부시키는 목소리도 많이 들렸는데, 그것은 예를 들어 Agro-bio기업, 몬산토(Monsanto)의 유전자 변형, 작물, 농약이나 살충제를 구사한 세계전략과도 유사하다. 생태계에 숨 쉬는 모든 생명을 자원으로

---

23 쇼호국회도正保国絵図·향장郷帳에 대해서는 앞에 게재한 주 5. 미즈모토, 『초산草山이 이야기하는 근세』참조.

24 요시에 아키오, 「『구약성서의 포크로』와 역사학」, 『UP』77호, 1979년.

만 파악하는 발상, 그것을 인간에게 유익하게 자유롭게 바꿔 만들어
도 좋다는 발상은 틀림없이 우생사상과 뿌리가 같기 때문이다. 그리
고 걱정스럽게도 현재 지구상에는 많은 인간이 무자각으로 공유하
고 있는 사고방식이기도 하다. 현재 우리가 품고 있는 추악한 문제
대다수는 가축화를 가능하게 하는 심성 속에 있는 것이고, 그것이야
말로 현대의 '제국'일지도 모른다.

참고문헌

- 피에레 크라스트레스(Pierre Clastres), 『국가에 저항하는 사회 - 정치인류학 연구』, 와타나베 고조渡辺公三 역, 수이세이샤水声社, 1987년(원저 1974년).

- 제임스 스콧(James C. Scott), 『조미아 - 탈 국가의 세계사』, 사토 진佐藤仁 감역, 미스즈쇼보, 2013년(원저 2009년).

- 후지하라 다쓰시, 『벼의 대동아공영권 - 제국 일본의 〈녹색 혁명〉』, 요시카와코분칸, 2012년.

사상사라는 위치
— 종합사로서의 자세

와카오 마사키若尾政希

머리말
— 사상사란 무엇인가?

사상사란 무엇인가?라고 묻는다면 '사람의 의식·사상에 초점을 맞춘 역사연구'라고 대답할 것이다. 왜 그렇게 정의하는가? 내가 이렇게 생각하게 된 경위와 배경을 나의 연구 궤적에 따라 이야기하고자 한다. 또한 먼저 나는 방법에 중점을 두고 「사상사라는 방법」[1]을 썼다. 같이 읽어 주셨으면 한다.

사상사란 무엇인가를 생각할 때, 내가 강하게 의식하고 있는 것은 이에나가 사부로家永三郎의 논문이다. 이에나가는 전후 1948년부터 다음 해에 걸쳐 사상사의 방법·입장·과제를 논한 3부작(「새로운 사상사의 구상」(후에 「사상사학의 방법」으로 제목 변경), 「사상사학의 입장」(이

---

[1] 와카오 마사키若尾政希, 「사상사라는 방법」, 『역사학 연구』914호, 2014년.

하 「입장」이라고 줄임), 「일본 사상사학의 과제와 방법」(후에 「일본 사상사학의 과제」로 제목 변경. 이하 「과제」))을 발표했다.[2] 이에나가에 의하면 "역사 현상인 인간 행위 또는 그 성과인 문화"는 "기술적인 면"과 "자각적 또는 의식적인 면"과의 이면으로부터 성립되고 있다(「과제」). "사상 이란 역사 현상의 의식적인 면을 가리키는 것"으로 정의 할 수 있다. "그 의미에서 본다면 예술의 역사를 그 기술적인 면으로부터 연구 하는 예술사와 나란히 예술사상사라는 것이 성립한다." 마찬가지로 "정치사에서는 정치사상사, 경제사에서는 경제사상사라고 말한 것 처럼", 각각의 분과사分科史에서 "사상사가 성립하는 셈이다"(「과제」). 또 사상사에는 인간의 문화현상의 의식적인 면을 다루는 넓은 의미 의 사상사와 분과사의 하나인 좁은 의미의 사상사가 있다. 이에나가 에 의하면 좁은 의미의 사상사 대상인 "이론적인 사상, 특히 철학에 는 개인의 특수한 체험과 사색으로부터 내세워진 것이 많고", "그 특 정 개인 또는 그 개인이 소속하는 소수의 지식층이나 사상가의 세계 를 떠나서는 통용되기 어려운 면도 없다고 할 수 없다." "이에 반해 일반 사람들이 직감적으로 생각하고 있는 의식은 독창성이 부족하 고 통속성이 풍부하며, 사상으로서의 가치는 뒤떨어지는 일이 많다 고 해도 일본 사회의 또는 어느 시대의 국민의식, 사회의식을 나타 내고 있는 점에서는, 특정 개인의 특수한 사색으로부터 나온 것보다 도 오히려 중요한 의의를 갖는다"(「과제」). 이어서 이에나가에 의하면 "단순히 좁은 의미의 사상에 한정하는 것도 아니고" 또 "단순히 넓 은 의미의 사상을 전부 평등하게 도입하는 것도 아니며", "좁은 의미 의 사상을 핵심으로 하면서, 넓은 의미의 부분을 주변부로 하는, 이

---

2 이에나가 사부로家永三郎, 『일본 사상사학의 방법』, 명저간행회名著刊行会, 1993년.

중 동심원이라고 해야 할 형태로 일본 사상사의 대상 영역을 정하려고 생각한다"고 말이다. 이에나가의 이 주장은, 일반 사람들의 의식 '세상 통속의 상식'의 역사적 의의를 중시하고 있는 점에서 야스마루 요시오安丸良夫의 '통속도덕'론으로 연결되는 논의를 하고 있고, 매우 중요하다. 게다가 이에나가는 "적어도 역사적 세계의 전 영역은 잠재적이든 말든 사상을 포함하지 않기" 때문에, "넓은 의미의 사상사는 사학 외 모든 분과와 같은 열의 것이 아니다"라고 한다(「입장」). "모든 역사적 영역에 걸쳐서 그 의식 면을 대상으로 하는 것으로, 모든 분과사의 주체적 측면을 통괄하는 위치에 선다"고 말하며, 사상사는 분과사를 관통·통괄하는 종합사라고 설득적으로 논해가는 것이다.

내가 이것을 읽은 것은 이에나가가 집필하고 나서 40년 정도 지난 1980년대 중반이었다. 사상사 연구에 뜻을 두고 있던 나는, 이에나가의 발언에 공감하고 감격했다. 동시에 이에나가가 이 발언을 한 전후前後 직후 시기에도 또 80년대 중반이라는 시기에서도, 사상사가 그런 "학문적 위치"(「입장」)에 존재하는 것을 다룬 적이 한 번도 없었던 현실에 몹시 당혹하고 낙담했다. 말할 것도 없이 교과서 재판(제1차 소송제소~제3차 소송 결심(1965-1997년))에서 싸우던 이에나가에 대하여 역사연구자를 포함한 많은 사람이 경외·동경하는 마음을 가지고 임한 재판에 대한 지원은 큰 운동이 되었다. 그러나 그런 이에나가에 대한 평가는 이에나가가 전문으로 하는 사상사에 대한 평가로 이어지지 않고, 전후 일관하여 사상사는 역사학의 방류로 계속 존재한 것이다.

이런 상황이 변했다고 내가 느낀 것은 90년대 중반이다. 1997

년에 나는 다음과 같은 문장을 썼다.[3] "사상사 연구가 활발하게 이루어지고 있다. 연구자와 논문의 현저한 증가는 최근의 특징이라 생각된다. 그 이상으로 현저한 것은, 소위 사상사 전문이 아닌 연구자가 역사를 서술할 때, 예전에는 끊어 버리려고 보려고도 하지 않았던 인간 의식·사상을 중시하기 시작한 것이다. 이른바 일본사 연구의 사상사화라고 해야 할 새로운 조류가 일어나고 있다"고 말이다. 나에게는 이에나가가 반세기도 전에 이야기하던 것이 드디어 인정받고 있는 것으로 보였다. 그렇지만 한편으로 이 연구 조류가 아마 소련·동유럽 붕괴 후의 사상 상황과 관계가 없지 않은 것을 생각할 때, 그 앞날에 적잖은 불안을 느꼈다. 유물사관으로부터 자유로워지고, 새삼스럽게 "기초구조가 상부구조를 제약하면서 상부구조에 기초구조로부터는 이해할 수 없는 요소가 있다"(이에나가 「입장」)고 주장하지 않더라도 사상사를 이행할 수 있게 되었다. 그러나 사상사가 무엇을 요구하고 어디로 가려고 하고 있을까?라고 하면, 전혀 보이지 않았다.

나는 사상사가 일시적인 유행으로 끝날까? 진짜로 자립할 수 있을까?의 분기점에 서 있다는 위기의식을 가지면서 그 문장을 썼다. 그리고 지금까지 사상사의 모습을 모색해 왔다. 그 모색의 발자취를 이야기하고자 한다.

---

3 와카오 마사키, 「서평:구라치 가쓰나오倉地克直 『근세 민중과 지배사상』」, 『역사학 연구』 699호, 1997년.

1. 쇼에키昌益 연구의 현장으로부터

내가 1982년에 졸업논문을 쓰기 시작한 후, 일관하여 몰두하고 있는 것은 안도 쇼에키安藤昌益 연구이다. 쇼에키 생애는 거의 잘 알지 못하는데, 연구자에 의한 견실한 사료 발굴 작업으로 그 생몰년生没年(1703-1762년), 생몰지(아키타번령秋田藩領 데와노쿠니出羽国 아키타군秋田郡 니이다무라二井田村), 생애의 한 시기 하치노헤번령八戸藩領 므쓰노쿠니陸奥国 산노헤군三戸郡 하치노헤마치八戸町에서 마을 의사를 했던 사실이 겨우 밝혀진 것에 지나지 않는다.[4] 1899년 즈음 가노 고키치狩野亨吉가 쇼에키의 주요 원고 책,『자연진영도自然真営道』를 발굴하고 나서 약 100년 동안 쇼에키는 열광적인 팬을 끌어당겨왔다. 그런데 그 사회비판이나 평등사상에 주목이 모이는 한편, 전기적 사실이나 학문·사상형식의 과정을 알 수 없는 수수께끼였기 때문에, 자기의 사상적 입장을 쇼에키에게 투영하는 안이한 연구가 이루어져 왔다. 이느 때는 농본주의자로 또 공산주의 혁명가가 된 깃처럼 생각하더니 최근에는 생태학자의 선구자로, 쇼에키는 그 모습을 연달아 바꾸어 왔다. 이런 쇼에키론은 그 자체가 근현대의 사상·사조를 찾는 사료로도 이용되어 흥미롭지만, 연구와는 한 선을 그어야 한다. 쇼에키의 연구는 쇼에키를 찬미하거나 시대로부터의 초연성을 퍼뜨리는 게 아니라, 쇼에키의 사상이 어떤 역사적 사회적 규정의 영향으로 형성되었는지를 해명하는 것에서 시작해야만 한다.

이렇게 생각한 나는 쇼에키가 어떤 책을 읽었는지 규명하는 작업을 시작했다. 아무리 독창적인 사상가라도 기성의 여러 학문을 공

---

[4] 미야케 마시히코三宅正彦 외 편,『안도 쇼에키 전집』10권, 아제쿠라쇼보校倉書房, 1991년.

부해 가는 과정이 있었을 것이다. 쇼에키는 저서에서 유학儒学·불교·신도神道·음성학·의학 등 여러 학문을 엄격하게 비판하고 있다. 즉, 쇼에키는 여러 학문에 대한 지식을 가지고 있으며, 어떻게 그 지식을 얻었는지 정보원이 있었을 것이다. 거기에서 쇼에키 저서의 어구 일언일구에 주목하여 그것을 쇼에키가 볼 수 있었던 서적과 비교 대조하는 작업을 반복하면, 분명히 읽은 서적을 밝힐 수 있다. 읽은 서적을 안다면 쇼에키가 거기에서 무엇을 배웠는지, 무엇을 계승하고 부정했는지, 사상 형성 과정을 고착할 수 있으리라 생각한 것이다.

이 방법에 따른 연구 실제에 대해서는 「사상사라는 방법」을 봐주길 바라며, 여기에서 문제시하고 싶은 것은 나를 괴롭힌 쇼에키 연구의 분열·분단 상황이다. "잊힌 사상가"[5]였던 쇼에키를 저명하게 한 것은 마루야마 마사오丸山真男였다. 명저『일본 정치사상사 연구』[6]에서 마루야마는 근세의 사상이 봉건적 사회질서를 어떻게 기초를 만들고 확고히 했는지, 그 방법을 문제시했다. 봉건적 사회질서를 '옛날도 지금도 천지 사이에 있는' '자연적 질서'라고 설명하는 주자학(17세기), 그 대립 명제로서 성인聖人이 '작위'한 것이라고 주장하는 소라이학徂徠学(18세기 초), 게다가 소라이학에 의해 "봉건사회에서 소외된" "'자연'을 가지고 성인의 '작위'로 봉건사회를 부정한" 쇼에키(18세기 중반)와, 자연과 작위를 지표로 사유思惟 형식의 전환을 그리며 그 안에 쇼에키를 평가해 보인 것이다.

---

5 E·H·노먼, 『잊힌 사상가 – 안도 쇼에키』(상·하), 오쿠보 겐지大窪愿二 역, 이와나미신쇼岩波新書, 1950년.

6 마루야마 마사오丸山真男, 『일본 정치사상사 연구』, 도쿄대학출판회, 1952년.

한편 민중사 연구에서도 쇼에키는 중요한 액터였다. 1960년대에 '막번제 국가 해체'의 기점·'유신변혁'의 기점으로 18세기 중반의 호레키宝曆·덴메이기天明期에 빛이 비추어졌을 때, 하나의 지표로 민중의 정치의식 변질을 내걸었다.[7] 그때 예로 든 것이 쇼에키였다. 대표적 논자였던 하야시 모토이林基는 "이념 위에서도 호세키 연간은 중대하고 획기적인 시기이다. 최대 지표는 안도 쇼에키의『자연진영도』의 성립이다"라고 말했다. 봉건제의 "기초인 막번 봉건적 대토지 소유를 근본부터 부정하고 현존하는 모든 지배적 이념을 철저하게 비판한『자연진영도』의 성립이야말로 정말이지 획기적인 변화 지표로 삼아야만 한다. 그것은 교호享保 — 호레키 연간에서 계급 투쟁의 질적 변화의 과정이 만들어 낸 것으로 볼 수 있다"[8]고 말이다. 또 70년대 전반에 만들어진『일본 민중의 역사』[9] 속에서 사사키 준노스케佐々木潤之介도 "뭐라 해도 이 연대를 특징짓고 있는 것은 이 시기에 안도 쇼에키가『자연진영도』를 쓴 것, 사쿠라 소고로佐倉宗五郎의 전설을 이야기로 정리한 것이다", "그것은 바로 유신변혁의 기점을 위한 서곡이었다"고 이야기했다.

이처럼 쇼에키는 두 가지 연구 조류 속에서 평가되었는데, 문제는 각각이 그리는 쇼에키 상이 완전히 괴리되어 있던 것이다. 특히 민중사의 연구 조류부터 60년대에 등장한 민중 사상사 연구[10]는 마루

---

7 1965년 역사학 연구회 근세사부회, 「유신혁명의 기점」(『역사학 연구』304호, 1965년) 참조.

8 하야시 모토이林基, 「호레키宝曆 – 덴메이天明기의 사회정세」, 『이와나미강좌 일본 역사』 12권, 이와나미쇼텐, 1963년(후 하야시 모토이, 『속 백성 무력 봉기의 전설』 신효론新評論, 1971년 수록).

9 『일본민중의 역사』 4권, 산세이도三省堂, 1974년.

10 이로카와 다이키치色川大吉·가노 마사나오鹿野政直·야스마루 요시오에 의해 60년대에 개시. 3명에 의한 2000년대 말의 강좌회(청자 이마이 오사무今井修), 「우리들의 반세기 – 민중사상사와 함께」(『도서』2009년 3월호, 후 『이로카와 다이키치 대담집 그 사람과 다시 한번』 일본 경제평론사, 2016년 수록)

야마의 사상사 연구와 엄격하게 대립하며, 그것을 '정점 사상가 연구'라고 비판한 일도 있어서 두 가지 연구 조류는 그 후에도 교차하는 일이 없었다. 쇼에키는 이른바 두 가지 연구 조류 틈에 던져지고 갈라졌다. 쇼에키 연구는 양 연구 분립의 상징적 존재였다고 할 수 있는 것이다.

그런 상황 속에서 쇼에키 연구를 시작한 나는, 한편으로 마루야마의 흐름을 이끄는 유학·사상가 연구를 공부했다. 동시에 민중사 — 민중 사상사 연구를 공부했다. 두 연구 조류에 몸담는 것이 하나의 쇼에키 상을 잇기 위한 빠른 길이라고 생각한 것이다. 그러던 중에 나는 양 연구가 모두, 쇼에키의 사상 형성 과정을 해명하지 않은 사실을 깨달았다. 마루야마의 쇼에키론은 논리 구성은 훌륭하지만 쇼에키가 소라이학을 어느 정도 공부했는지, 와 같은 점이 실증되지 않았다. 한편 민중사 논의도 쇼에키의 사상을 시대나 사회 속에서 평가하려고 한 점은 높게 평가할 수 있지만, 백성 무력 봉기 동향과 쇼에키의 사상을 아무 근거도 없이 결합하고 있는 것에는 의문을 가지지 않을 수 없다. 이처럼 양자 모두, 쇼에키가 어떻게 사상을 형성했는지, 그 과제를 풀지 않은 점을 깨달은 것이다.

그런 나를 뒷받침해준 것이 사실은 하야시 모토이의 발언이었다.[11] 1959년에 하야시는 쇼에키의 "사상이 어떻게 형성되었는지, 그의 출현이 일본 역사 위에서 어떤 의의를 갖는지의 문제, 즉 본래 역사학의 중심문제는 더욱 충분히 규명되고, 밝혀지고 있다고는 할 수

___

에서도 화제가 된 것처럼, "민중적 사상주체를 발견하려고 한 것이었다"라는 점은 공통적이면서도 그 방법·대상이 매우 달라 개성적이었다.

11 하야시 모토이, 「근세 후기의 시대와 인물 - 안도 쇼에키를 중심으로」, 『일본 인물사 대계』 4권, 아사쿠라쇼텐朝倉書店, 1959년(후 앞에 게재한 주 8. 하야시, 『속 백성 무력 봉기의 전설』 수록).

없다"고 이야기했다. 게다가 그 순서에 대해서도 "쇼에키의 사상체계에 포함되는 많은 분야나 요소에 대하여 각각 선행하는 것과 구체적인 대비를 하여 계승과 부정 관계를 찾는 것부터 시작해야만 한다"라고 적확하게 주장했다. 그러나 하야시는 "그런 일은 결국 개인의 힘을 넘는 것"이라고 이야기하며, 그런 기초적 작업을 회피해버리고 말았다. 나는 하야시가 망설이며 하지 않았던 사상 형성 과정의 해명이라는 과제에 (가능할지는 모르지만) 용감하게 도전하기 시작한 것이다.

2. 근세사 연구의 전환에 입회하여

내가 사상사 연구를 시작한 1980년대 중반은 지금 돌이켜보면, 근세 사회의 상식적 이미지(근세사상)가 크게 전환된 시대였다.[12] 예전에는 근세라는 시대를 이야기할 때, 영주 권력의 전제적 집권적 성격을 강조하는 것이 일반적이었다. 노골적인 강한 권력을 휘두르는 권력자와 착취당하고 억압에 허덕이는 민중, 울적한 민중의 불만이 거듭되어 백성 무력 봉기가 발발, 무력 봉기는 혁명을 희구한 계급투쟁이라고 평가되고 있다.[13] 이것은 1970년 전후 인민 투쟁사 연구 시기에 상식이었던 근세사상이다. 내가 1980년대 중반에 공부한 것도 이것이며,[14] 당시 나에게는 의심할 여지가 없는 것으로 보였

---

12 와카오 마사키, 「에도시대 전기의 사회와 문화」, 『이와나미강좌 일본 역사』11권, 이와나미쇼텐, 2014년.

13 앞에 게재한 주 8. 하야시, 「호레키 - 덴메이기의 사회정세」

14 후카야 가쓰미, 「'인민 투쟁사 연구'라는 역사학 운동」, 『역사학 연구』921호, 2014년. 스다 쓰토

다. 그러나 지금 돌이켜보면, 이 근세 사회상의 기반이기도 한 것이 1970년대 중반부터 1980년대에 걸쳐 천천히 허물어져, 1980년대 중반에는 결국, 상식이 아니었다(통설 지위로부터 전락했다)다.

계기는 1973년에 제기된 인정 이념론이었다.[15] 17세기 중반 가나자와 번주 마에다 도시쓰네前田利常의 개작방법改作仕法의 분석으로부터 개작 방법의 정책 기조가 인정仁政(「구제」)을 실시하는 것으로, 소농민 가정의 보호·육성을 계획한 것임을 발견했다. 이 정책 실행으로 영주는 백성이 생존할 수 있는 인정을 실행하고, 백성은 그에 따라 영주에게 조세를 모두 바쳐야 했다는 영주와 백성 사이의 상호적 관계 의식이 형성되었다고 논한 것이다. 영주에 의한 인정은 현대에서 보면 계급관계를 은폐하는 이념이기 때문에, 인정 이념이라 이름이 붙여졌다. 개작 방법은 간에이寬永 기근에 의한 무사와 백성의 피폐를 체제 모순의 표출로 인식한 막번 영주가 시행한 초기의 전형적인 번 정 개혁이라는 평가 때문에 동시대에 공통이념으로 일반화되었다.

인정 이념론은 백성 무력 봉기의 이미지도 바꾸어 갔다. '당국'의 '백성'인 백성은 스스로의 생존을 위협받는 상황에서 인정을 요구하고 호소하며 무력 봉기를 일으키는 것인데, 이것은 어디까지나 인정의 회복을 원하는 것으로 이해되었다. 인정이 회복되면, 무력 봉기는 종식된다.[16] 인정 이념론 제기자의 한 사람이었던 후카야 가쓰

무須田努, 『이콘의 붕괴까지』, 아오키쇼텐青木書店, 2008년.

15 후카야 가쓰미, 「백성 무력 봉기의 사상」, 『사상』584호, 1973년. 미야자와 세이이치宮澤誠一, 「막번제 이념의 성립과 구조」, 『역사학 연구별책 1973』, 아오키쇼텐, 1973년.

16 야스마루 요시오, 『일본의 근대화와 민중사상』, 아오키쇼텐, 1974년(후 헤이본샤 라이브러리, 1999년).

미深谷克己는 1976년 논문 「백성 무력 봉기」[17]에서 "백성 무력 봉기는 막번제 국가의 존속을 전제로 하는 계급투쟁이었다"라고 결론지었다. 이것은 호사카 사토루保坂智가 지적했듯이 하니 고로羽仁五郎 등에 의해 시작되었는데, 전후 민주주의 운동 속에서 발전해온 백성 무력 봉기론=혁명적 전통론과의 결별이었다.[18] 1970년대 중반에 백성 무력 봉기 형태도 크게 전환된 것이다.

그에 동반하여 인정 이념 의미도 변형되어 갔다. 애초에는 영주 시책의 허위성, 이념성을 백일하에 드러내어 탄핵하는 것에 중점을 두고 이해되었다. 그러나 1980년대에 들어서자 주도적인 논자였던 후카야 자신이, 영주와 백성의 관계 의식에 중에서 새로운 이해를 제기하기 시작했다. 즉, 영주와 백성, 쌍방 이해의 충돌 속에서 양자에게 '합의'라고 불러도 좋은 관계 의식이 형성되었다는 이해(「백성성립」론)를 나타내게 되었다.[19] 같은 시기에 막번 영주제도의 골격을 이룬 영주와 백성과의 관계, 영주와 가신과의 관계에 대해서 양자 사이의 상호적 계기에 주목하여, 거기에서 계약·합의를 발견하는 아사오 나오히로朝尾直弘의 견해가 나왔다.[20] 그 영향력은 컸으며 1980년대 후반이 되자 막번제 국가의 '당국' 기능·공공 기능적 측면에 주목한 연구가 잇달아 나와 노골적인 강권을 휘두르는 권력자 상은 완전히 자취를 감추게 되었다.

---

17 후카야 가쓰미, 「백성 무력 봉기」, 『이와나미강좌 일본 역사』11권, 이와나미쇼텐, 1976년.

18 호사카 사토시, 「해설 계급투쟁사부터 민중운동사(사회투쟁사)로」, 『후카야 가쓰미 근세사론집』4권, 아제쿠라쇼보, 2010년.

19 후카야 가쓰미, 『백성성립』, 하나와쇼보塙書房, 1993년.

20 아사오 나오히로朝尾直弘, 「'당국'과 막번 영주제」, 『강좌 일본 역사』5권, 도쿄대학출판회, 1985년.

당시 나는 1970년 전후 근세사상이 내 안에서 큰 위치를 차지하고 있었기(그 면에서는 전후 역사학의 보수파였다) 때문에 근세 사회에서 공공성을 발견하려는 논의에는 따라갈 수 없었다. 따라서 1992년 논문에서는 그런 연구 동향에 저항하여 다음과 같이 이야기했다. "그렇다고 해서 군주의 '상냥함'(어진 군주)을 그리는 것으로 끝내서는 안 된다. 막번제 권력이 왜 '당국'으로서 백성 앞에 섰는지, 그 역사적 필연성을 정면에서 질문해야 한다." "인정의 기만성을 날카롭게 찌른 안도 쇼에키의 사상을 소재로 하여, 이 문제에 다가가고 싶다"[21]고 말이다. 영주제의 본질은 지배·피지배의 신분 차별에 있고 근세 사회가 틀림없는 계급사회인 점에 대하여 나는 도저히 양보할 수 없었다.

1999년 『'태평기 해설'의 시대』[22]에서는 이 논의를 더욱 진행시켜 상하 절대적 차별 관계에서 왜 상호적인 계기가 형성되었는지, 그것은 어떻게 형성·유지되었는지, 문제를 다시 파악했다. 정치라는 영위를 영주층의 일방적인 강권에 의한 것으로 보는 게 아니라, 영주층과 가신·백성과의 상호관계 속에서 이해해가는 것이 필요하다고 문제를 제기한 것이다. 영주와 백성, 영주와 가신과의 관계 의식에 초점을 맞춰 근세라는 시대에 그런 관계 의식이 어떻게 형성되고 통념·상식화(정치상식이 되었을까) 되었을까? 또 그 관계 의식이 어떻게 통용되지 않게 되고, 파탄되어 갔을까? 그 허위성을 꿰뚫어 보고 폭로했는지가 쇼에키인 것인데, 왜 쇼에키는 그것이 가능했을까? 이렇게 관계 의식에 초점을 맞추는 것으로 영주층과 가신·백성과의 상

---

21 와카오 마사키, 「안도 쇼에키의 질병론」, 『역사학 연구』639호, 1992년.

22 와카오 마사키, 『'태평기 해설'의 시대』, 헤이본샤, 1999년(후 헤이본샤 라이브러리, 2012년).

호관계 속에서 쇼에키는 어디에 서서 무엇을 생각하고 있었을지, 쇼에키의 위치를 고찰하고, 쇼에키가 사상 형성 과정에서 그 태도를 바꾸어 간 것을 밝힌 것이다.[23]

3. 통념·상식에 착목하여

이렇게 1990년대 중반부터 나는 관계 의식을 축으로 한 역사연구에 본격적으로 몰두했다. 그때 깨달은 것은 종래 근세사 연구에서 막번 영주의 의식·사상을 정면에서 다루고, 그 역사적 특질이나 지역·시기에 의한 변질을 밝히는 연구가 이루어지지 않았다는 것이다.[24] 1981년에 시바타 쥰柴田純이 "근세 막번제 사회의 지배사상을 고찰하는 경우 먼저 유의해야 할 것은 단순히 이념으로서의 사상가를 검토하는 것뿐만 아니라, 영주 계급의식도 아울러 포함시켜 고찰해야만 한다"고 적확하게 지적하고, 기슈번주紀州藩主 도쿠가와 요리노부德川賴宣의 지배사상(가신단 통제와 농민지배)을 검토했다.[25] 그러나 이 제기를 받아들인 연구는 그 후에도 나타나지 않았다. 근세의 국가나 사회의 모습을 해명하려고 한다면, 당연히 지배층의 핵심을 이룬 막번 영주의 의식·사상이 어떤 역사적 특질을 가지는지가 중심

---

23 1740년대 중반에는 위정자의 지배를 정당화하던 쇼에키는, 50년대 초에는 위정자의 존재 그 자체를 비판하는 입장으로 바뀌었다. 와카오 마사키, 『안도 쇼에키로부터 보이는 일본 근세』, 도쿄대학출판회, 2004년.

24 와카오 마사키, 「막번 영주의 사상사적 연구 서론」, 『도야마시단富山史壇』125호, 1998년.

25 시바타 쥰柴田純, 「도쿠가와 요리노부德川賴宣의 번교학藩敎学 사상」, 『사림史林』64권 3호, 1981년 (후. 시바타 쥰, 『사상사에서의 근세』, 시분카쿠슛판思文閣出版, 1991년 수록).

적인 과제로 질문되어야 했다. 그러나 그런 연구는 이루어지지 않았던 것이다.

그래서 나는 '막번 영주층의 사상사 연구'를 개시하려고 생각했다. 그렇지만 종래의 정점적 사상가 연구와 민중 사상사 연구 외에 새롭게 영주층의 사상사 연구를 수립하는 것은 피하려고 했다. 이 두 연구가 분립하고 접점을 발견하지 못하고 성과를 공유할 수 없는 상황에서 그것을 실행하면, 연구는 점점 분화·분산화된다. 그렇게 되면 의식·사상 레벨에서의 종합적인 국가상·사회상을 잇는 것은 한층 어려워진다. 지금 요구되고 있는 것은 영주층·민중·사상가, 이 삼자를 종합적으로 파악할 수 있는 (이른바 같은 씨름판 속에서 논의할 수 있는) 기축을 발견하는 것이다. 그렇다면 어떻게 하면 좋을까? 모색해 가는 중에 내가 주목한 것이 삼자가 공통으로 가지고 있는 통념·상식이었다. 어느 시대, 사회에서 삼자가 공통으로 가지고 있는 통념·상식이 형성되어 있다고 한다면, 그것은 어떻게 통념·상식이 되었을까? 또 어떻게 통념·상식이 아니게 되었을까? 통념·상식의 역사적 형성과 파탄이라는 시각을 도입하여 시대·사회를 그릴 수 있다고 생각했다. 그리고 이 정치상식과 관련지어 영주층에서 민중까지 개개인에 의해 다양한 사상 형성이 이루어졌다. 그런 상호 관계성, 갈등과 협조의 모든 모습을 그리고자 생각한 것이다.

또한 일본 근세에서 신분·계층을 넘어 통념·상식이 형성된 이유로서, 서책의 존재를 들 수 있다. 19세기는 일본에서 처음으로 상업 출판이 성립·발전하여 판본과 사본이 유통된 시대이다. 모든 계층 사람들이 같은 서책을 읽음으로 인해, 신분이나 지역의 상이를 넘는 사회 공통인식=통념·상식이 형성되었다고 추정하는 것이다. 고이케 준이치小池淳一가 지적하는 듯이, 일본 각지에 전해지는 히요리미日和見(날씨를 예측하는 것) 민속 형성에『대잡서大雑書』등의 속력서俗曆書가 영향을 주었다.[26] 나도 일본 근세에서 영주층부터 민중까지 공유된 정치상식이 형성되었다고 하고, 그 형성에 광범위하게 사람들이 읽은 서책, 특히『태평기평판비전리진초太平記評判秘伝理尽鈔』(「태평기 해설」)를 시작으로 한 군서軍書(쇼에키도『리진초理尽鈔』의 주석서『태평기대전太平記大全』을 이해하고 있었다)가 큰 역할을 했다는 가설을 제시한 것이다.

맺음말을 대신하여

이상과 같이 나는 사상사가 '사람의 의식·사상에 초점을 맞춘 역사연구'라는 확신을 얻을 수 있었다. 말할 것도 없이 이것은 이에나가가 말하는 '넓은 의미의 사상사'와 깊게 관련되어 있다. 정치사·경제사·문화사·사상사(좁은 의미의 사상사) 등등의 분과사를 관통함과 동시에, 개별 분과사를 종합하여 시대·사회의 이미지를 전체적으로 잡아 묘사·서술하는 것을 지향하려고 한 것이다.

'사람의 의식·사상'이라고 해도, 누구누구는 이렇게 생각하고 있었다고 개별 사례를 나열하면 시대가 그려지는 것은 아니다. 따라서 나는 먼저 한 시대·사회를 살아가는 사람들이 공유하는 통념·상식을 파악하려고 생각했다. 통념·상식은 어떻게 형성되는 것일까? 한때는 절대적인 것으로 보인 통념·상식이 어떻게 통용되지 않게 되

---

26 고이케 준이치小池淳一, 『음양도陰陽道의 역사 민속학적 연구』, 가도카와가쿠게이슛판角川学芸出版, 2011년. 또한 히요리미日和見(날씨를 살피는 것)에 대해서는 미야타 노보루宮田登, 「히요리미 — 일본 왕권론의 시도」(헤이본샤, 1992년) 참조.

고, 다른 것이 대신하는 것일까, 고찰의 도마 위에 올리고 싶었다. 그리고 통념·상식과 관계되는 개개인(영주층에서 민중까지)이 의식·사상을 형성해 가는 것으로 생각했다. 어떤 것은 통념·상식을 의심하고 어떤 것은 통념·상식에 의심을 품지 않는 것처럼 말이다. 현실 속에서 고민하고·갈등하면서 살아가는 개인에게 주목하여 그 사상 형성 과정을 해명하고 파악하는 것으로, 시대·사회를 활기차게 서술할 수 있으리라 생각했다.

'사람'이라고 한마디로 말해도 다 똑같지 않다. 특히 근세 사회에서는 소속된 신분이나 살고 있는 지역 등으로 달라진다.[27] 설령 같은 서적을 읽고 같은 통념·상식을 가지고 사상 형성도 서로 비슷했다고 하더라고,[28] 상이점을 확실히 파악해둘 필요가 있다. 자기의식 또는 타인 의식, 그 사이의 관계 의식, 또 지역 의식(태어나고 자란 지역으로의 귀속 의식이나 다른 지역으로의 관계 의식)과 같은 것을 시야에 넣고 고찰해 갈 필요가 있을 것이다.[29]

정점적 사상가 연구, 민중 사상사 연구, 영주층(지배자층)의 사상사 연구에 대해서도 개별로 봐서는 안 된다. 민중 사상사 연구의 제창자의 한 사람인 야스마루 요시오安丸良夫가 1970년대 중반에 민중 사상사 연구로부터 민중사상에 입각한 지배 이념(그것을 설명한 정점

---

27 일찍이 전근대사회에서 사람은 집이나 마을과 같은 공동체에 종속(매몰)하고, 개인이 석출되는 것은 근대를 기다려야만 했던 이해가 지배적이었다. 나는 이것에 대하여 근세 사람들이 공동체적인 것에 구속되었던 것은 확실하지만, 개인을 가지지 않았다고 이해하는 것은 틀렸다고 생각하고 있다.

28 앞에 게재한 주 12 와카오, 「에도시대 전기의 사회와 문화」등 참조.

29 와카오 마사키·기쿠치 이사오菊池勇夫 편, 『'에도' 사람과 신분5 각성하는 지역 의식』, 요시카와 코분칸, 2012년. 「특집 근세일본의 지역 의식을 묻다」, 『역사평론』790호, 2016년.

적 사상가의 사상) 연구로 관점을 옮기고 있는 것[30]이 가리키듯이, 삼자의 상호 관계성을 질문해 가야만 한다. 예를 들어 민중사상을 연구할 때도 영주층과 사상가의 사상사 연구를 고려한 것이어야만 한다. 다른 두 가지에 대해서도 마찬가지이다.

이상 이야기해온 사상사 방법과 자세는 원래 쇼에키 연구를 통하여 시행착오를 거치며 모색해 온 것이다. 하지만 그 후 나는 이것이 쇼에키에게 한정되는 것이 아니라, 넓게 근세라는 시대를 산사람들과 전체에도 적용할 수 있다는 확신을 하게 되어 왔다. 나아가서는 현대의 역사연구자(구체적으로는 아오키 미치오青木美智男·야스마루 요시오·후카야 가쓰미[31])의 사상 형성 과정에 대해서도 같은 방법으로 해명할 수 있고, 그 시대·사회와 함께 생생하게 묘사할 수 있다는 실감을 가지고 현재에 이르고 있다.

여기에서 상기해두고 싶은 것은 야스마루 요시오의 역사연구이다. 야스마루는 2007년『문명화의 경험』[32]의 '후기'에서『문명화의 경험』에 수록한 모든 논고를 다시 읽어보고 1980년대 이후의 "자신이 어떤 것에 구애되면서 살아왔는지", "내 나름대로 보이는 것 같은 기분이 든다"고 이야기한다. "그것을 굳이 한마디로 말해 보자면, 넓은

---

30 와카오 마사키,「야스마루 사상사의 궤적 – 민중사상사에서 전체사로」,『야스마루 요시오집』4 권, 이와나미쇼텐, 2013년. 또한 야스마루 자신도 "민중의 의식이나 사상에 대하여 고찰하는 것은 이른바 정점적 사상가의 사상적 영위의 진정한 의미를 비추어내기 위한 기본 작업"(「후기」,『일본의 근대화와 민중사상』, 1974년)이라고 이야기했다.

31 와카오 마사키,「마주보는 역사학 – 야스마루 요시오로부터 시대를 읽다」,『역사학 연구』854호, 2009년. 동,「깊게 읽는 역사학 – 아오키 미치오青木美智男에서의 문화사의 발견」,『역사학 연구』 921호, 2014년. 동,「연구와 인생의 틈새에서 – 민중사상사 연구의 궤적」,『야스마루 요시오집』1 권, 이와나미쇼텐, 2013년. 동 앞에 게재한 주 30「야스마루 사상사의 궤적」. 동,「서로 연결되는 역사학 – 사상사 연구로부터 후카야 가쓰미를 읽다」,『민중사 연구』64호, 2002년.

32 야스마루 요시오,『문명화의 경험 – 근대 전환기의 일본』, 이와나미쇼텐, 2007년.

의미의 사상사를 방법으로서 역사적 세계의 전체상에 다가갈 것, 또 그런 시도 속에서 자기 생의 위치와 의미를 어느 정도인지 파고들어 다시 파악하려는 서투른 시도"였다고 이야기하고 있다. 이것을 읽었을 때 나는 야스마루와 매우 가까운 위치에 자신이 서 있는 것을 새삼 느꼈다.

'자기 생의 재파악'이라는 과제를 이 원고의 논의에 따라, 바꿔 말하면 '통념·상식을 대상화하는 것'이라고 할 수 있을 것이다. 이 원고에서는 연구 시각으로서 통념·상식에 주목해보려고 이야기했는데, 통념·상식에 잡혀 있는 것은 과거 사람들뿐만이 아니다. 우리 앞에도 현대 일본의 통념·상식이 많이 있다. 그것들은 한 시대의 상대적이면서 시대를 넘는 절대적인 것과 같은 얼굴을 하고 우리를 지배, 속박하려고 하고 있다. 통념을 그대로 받아들이지 말고 의심하는 자세를 익히고 그 역사적 배경을 생각하여 극복하는 능력을 기르는 것이 필요한 것이다.

나는 통념·상식을 묻는 것부터 역사연구를 시작하고 싶다. 우리가 이른바 몸에 걸치고 있던 통념·상식에 의심을 하고 그것을 대상화하여, 그 역사적 유래를 추적할 때, 우리는 자신이 지금이라는 시대의 모든 관계 속에 몸을 두는 역사적 존재인 것은 자각할 수 있다. 하나의 역사적 존재로 어떤 주체를 형성해야 한다고는 인생의 절실한 과제도 역사를 배우는 것으로 달성할 수 있다. 이런 의미에서 역사학은 자기 확립·자기 변혁의 학문이며, 나아가서는 정치·사회변혁의 학문이라고 할 수 있는 것이다.

참고문헌

- 아오키 미치오·와카오 마사키 편, 『전망 일본 역사16 근세의 사상·문화』, 도쿄당출판東京堂出版, 2002년.

- 이에나가 사부로, 『일본 사상사학의 방법』, 명저간행회, 1993년.

- 후카야 가쓰미, 『후카야 가쓰미 근세사론집1 민간사회와 백성 성립』, 아제쿠라쇼보, 2009년.

- 야스마루 요시오, 『일본의 근대화와 민중사상』, 아오키쇼텐, 1974년(후 헤이본샤 라이브러리, 1999년).

- 『야스마루 요시오집1 민중사상사의 입장』, 이와나미쇼텐, 2013년.

너의 적을 용서할 수 있을까?
— 19세기 중국 내전에서의 보복 폭력의 행방

기쿠치 히데아키菊池秀明

머리말

이 원고가 다루는 것은 19세기 중반 중국(청조淸朝)에서 발생한 태평천국太平天国이다. 이것은 과거에 실패한 독서인讀書人(유교의 소양을 갖춘 전통적 지식인), 홍수전洪秀全[청나라 종교가, 태평천국의 지도자]이 프로테스탄트(Protestant)의 복음주의 운동에 영향을 받아, 태고에 있어야 할 중국으로의 귀향을 주창한 복고주의적인 종교·사회 운동이었다. 그들은 우상숭배를 비판하고, 만주인 왕조인 청나라의 관료, 청군의 장병이나 그 가족을 '요괴(우상숭배자)'라 부르며 배격했다. 그 비타협적인 종교적 정세는 '문명화의 사명'을 위해서 다른 문화를 '미개' '야만'이라 간주하고, 그것들을 교화 또는 도태해야 하는 것으로 생각한 근대 유럽 문명의 배타적인 공격성을 수용한 결과였다.

중화인민공화국의 성립(1949년)을 역사의 도달점으로 간주한 예

전 혁명사 연구에서는 태평천국이 독서인 및 기인旗人(만주인을 중심
으로 하는 군사, 사회조직인 팔기八旗 사람들), 한인으로 된 청나라 관계자
를 어떻게 다루었는지는 간과됐다. 당시는 이런 물음 자체가 '적과
아군의 구별을 짓지 않는' 잘못된 행위로 간주하였기 때문이다. 그
렇지만 독서인에게 참가를 재촉하며 그들을 활용하는 것은 태평천
국이 신왕조를 수립하고 안정적인 지역 지배를 위한 불가결한 정책
이었다. 또 청나라의 관료나 청군 병사에게 귀순을 재촉하여 그 병
력을 줄이는 것은 내전 승리를 위해 필요한 조치였다.

　이 글에서는 태평천국의 독서인, 청조 관계자에 대한 정책과 행
동 검토를 통해 운동 참가자가 보인 심각한 적의나 폭력행위를 어떻
게 극복하려고 시도했는지를 고찰한다. 그것은 태평천국의 실패가
중국 근대사에 남긴 영향, 특히 중국 국민당, 공산당 등 혁명 세력이
실시한 숙청이나 억압의 역사를 재검토하는 데에 중요한 작업이다.
그것은 또 근대사회의 마이너스 측면인 '균질화를 위한 배제' 논리가
아시아 근대에 어떤 특질을 초래했는지를 고찰하는 단서가 될 것이
다. 그리고 지금도 공정한 사회를 요구하는 사람들의 목소리가 국가
주권에 의해 분단된 동아시아에서 역사학이 무엇을 문제로 삼고, 이
야기해야 하는지를 분명히 하고 싶다.

1. 태평천국 독서인 등용책과 보복 폭력

　먼저 확인하고 싶은 점은 태평천국의 모체인 상제회上帝会[중국
청나라 말기의 종교적 비밀 결사]는 홍수전이나 그의 친구였던 풍운산馮
雲山(후의 남왕南王) 등, 하층 독서인이 창설한 조직이었던 사실이다.

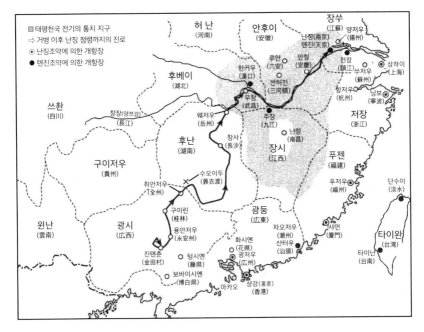

| 그림 1 | 태평천국기의 중국 남부

봉기 시에 홍수전은 광둥廣東 시대의 제자였던 이서생李瑞生에게 편지를 보내 참가를 재촉하는 등 독서인을 중시하고 있었다(이서생의 공술서). 또 난징南京으로의 진격 중에 발포된 청조 타도의 격문은 멸만흥한주의滅滿興漢主義를 주창하며 북방 민족의 지배에 따르지 않았던 송대宋代, 명대明代 독서인의 이름을 들면서 "제군은 독서를 하여 옛것을 알고 있는데, 지금의 수치는 조금도 모르는가?"(하늘을 받들고 오랑캐를 치는 격문)라고 물었다. 이때 태평군에 가담한 독서인 중에는 그 후 중용된 자도 있었는데, 태평천국이 변방의 독서인과 하층민에 의한 이론 제기 운동이었던 것을 알 수 있다.

1853년에 난징을 점령한 태평천국은 과거를 실시하여 인재 등용 제도를 정비했다. 과거는 중국의 관리 등용시험으로, 청대清代에는 중앙에서 이루어지는 회시会試와 전시殿試(그 합격자를 진사進士라 부름), 성省 정도의 도시에서 이루어지는 향시鄕試(합격자는 거인擧人) 등이 있었다. 태평천국의 경시京試(회시)에는 홍수전(천왕天王)이 주관하는 천시天試, 양수청楊秀淸(동왕東王) 이하의 각 왕이 실시하는 동시東試, 북시北試, 익시翼試가 있었다. 또 남녀가 따로따로 수용된 주민의 거주구에서는 읽고 쓸 수 있는 여성을 선택하여 각 왕부의 서기를 맡겼다. 이것이 '여시女試'로, 양수청의 비서로서 활약한 부선상傅善祥(난징인南京人)의 전설로 유명하다.

이윽고 양쯔강 중류 지역까지 지배영역을 넓힌 태평천국은 1854년에 안후이安徽, 후베이湖北에서 향시를 실시했다. 유교 경전이 아닌 상제교上帝敎의 교의에서 출제되었는데, 후베이 향시의 논제는 "진짜 신은 단 한 명의 황상제皇上帝(여호와)" "황상제는 진짜 황제"였다. 태평천국 정부는 많은 수험생을 합격시켜서 그들의 참가를 재촉했는데, 후베이에서는 수험생 약 1,000명 중에서 800명이 합격하였다(『적정휘찬賊情彙纂』). 이런 과거 실시는 "(태평천국은) 과거를 실시하여 사자士子를 등용하는 등……, 왕자의 풍격이 있었다"(『경산야사鏡山野史』)고 말했듯이, 태평천국이 신왕조의 정통성을 주장하는 데 중요한 의미를 가졌다.

또 태평천국은 '초현招賢'이라 불리는 독서인의 등용책을 시행했다. 태평군의 점령지에서는 "한 가지 재주에 뛰어난 자는 신청하여 군을 위해 힘쓰고 스스로 뛰어난 것을 바치라"(『적정휘찬』)고 기록한 고지를 게시하였는데, 1861년 저장浙江에서는 천문 지리, 병법, 의료 등에 능한 인재를 원했다(『피구일기避寇日記』). 특히 의사가 필요하여 1854년에는 안과나 부인과 소아과 등의 지식을 가진 의사를 구하는 포고가 나왔다(명의를 불러들이는 계유誠諭). 참가한 독서인은 '선생님'

이라 불리고 존경받으며 문서 작성 등을 맡았다고 한다.

이런 노력에도 불구하고 스스로 태평천국에 가담한 것은 생계가 곤란한 '촌스럽고 학문이 얕은' 사람들이 많아 우수한 인재를 얻는 것은 어려웠다(『적정휘찬』). 그 첫 번째 원인은 태평천국의 종교적인 배타성에 있으며 1852년에 광시広西 모든 주에서 청군수비대가 전멸하자 태평군의 집요한 공격에 놀란 사람들은 주민이 학살당했다고 소문을 냈다. 또 난징으로 진격할 때도 많은 청조 관료가 참살당해 사람들 사이에 공포심이 넓어졌다.

그 예로 난징에서 성의 방위를 맡고 있던 추명학鄒鳴鶴(전 광시순무広西巡撫)을 보고자 한다. 그는 난징성 내의 삼신산 거리에서 태평군 장병을 우연히 만났다. 병사들은 "이 녀석은 계림성桂林城을 지키며 우리 형제에게 상처 입힌 추鄒의 요괴다!"라며 소리치고 저마다 추명학을 비난했다. 화가 난 추명학이 저항하자 병사들은 그를 죽이고 그 사체를 토막으로 잘게 잘랐다. 태평군의 추명학 살해는 보복 폭력의 측면이 강했고, 이 일에 겁먹은 난징 독서인들은 집 안에서 자살하거나 도망쳤다. 태평천국은 그들을 건국사업에 참가시킬 수 없었다.

2. 태평천국의 지역경영과 청조 지방관료 독서인

1853년부터의 서쪽 정벌로 양쯔강 중류 지역에 점령지를 넓힌 태평천국은 향관이라 불리는 지방관을 설치하고 지역경영에 힘썼다. 이 중 1만 2,000호 남짓을 통합하는 군대 장수 이하의 향관은 그 지방 출신자 중에서 선발하기로 되어 있었다. 당시 중국에서는 사회

성숙을 배경으로 과거격 합격의 타이틀을 꼭 가지지는 않았던 '총리' '동사董事' 등으로 불리는 지역 지도자가 성장하고 있었다. 그들은 청나라의 지방통치에서는 활약할 장이 없었지만, 태평천국의 지배가 시작되자 난을 두려워한 종래의 유력자를 대신하여 향관으로서 지방정치에 참여할 기회를 얻었다.

태평천국의 향관은 새롭게 제출된 호적에 근거하여 납세나 징병을 담당하고, 재판 등 농촌의 구체적인 통치를 맡았다. 물론 많은 향관은 임시세나 군사행동에 동반되는 인부 징발 등의 부담으로 인해 부정을 저질러 사욕을 채우는 자도 있었다. 그렇지만 "죽음의 위험을 무릅쓰고 적중에 드나들었다"고 하는 것처럼, 지역의 이해를 대변하고 태평천국의 지방정부와 교섭한 자도 있었다. 안후이安徽에서는 향관 선출에 앞서 그들이 청군이나 태평군에 의해 살해당한 경우, 지역사회가 비용을 내고 유족을 위로했으며 묘에 위패를 세우고 제사 지낼 것을 합의했다(『유랑기流離記』).

그런데 상급 향관(청대에 일본의 군郡에 상당하는 현을 통치한 지현知縣 등급의 감군監軍, 몇 개의 현을 관할한 지부知府 등급의 총제)은 중앙에서 파견되게 되어 있었는데 태평천국에는 지방행정에 정통한 인재가 부족했다. 그래서 태평천국은 청조의 지방관에게 귀순을 재촉하고 그들에게 지방통치를 담당시키려고 했다. 이때, 지방관 중에는 태평군이 우위에서 싸움을 추진하고 있는 것을 보고, 문서에 청조의 연호를 사용하지 않고, 태평군을 '서병西兵'이라 부르는 등 중립적인 위치를 취하는 자가 있었다(『월분기사시粵氛紀事詩』). 또 사람들이 태평군에게 공물 바치는 것을 묵인하는 지방관도 있었다(『월분기사粵氛紀事』). 게다가 안후이安徽 퉁링현銅陵縣의 대리 지현知縣이었던 손윤孫潤은 '성문을 열어 적에게 항복'하고 태평천국의 화이닝현懷寧縣 감군監軍

Ⅲ부 사회사·문화사를 묻는다

이 되었다(『중국번曾国藩 전집』). 안후이의 여주廬州(현재의 허페이合肥)에서도 지부知府인 호원휘胡元煒가 태평군에게 투항했다고 한다(『몽난술초蒙難述鈔』).

그렇지만 많은 경우 청조의 지방관은 태평천국에 따르지 않았다. 1854년에 태평군은 안후이에서 학정学政(지방의 과거나 교육행정을 감독하는 지방관)인 손명은孫銘恩을 붙잡았다. 태평천국은 그를 "충의의 신이라 칭하고, 정중하게 대접하며 이해시키고 항복을 권유했지만" 손명은은 단식하며 협조를 거부했기 때문에 어쩔 수 없이 그를 난징에서 참수했다(시안사료寔案史料). 후베이에서도 태평군은 덕안부德安府 지부인 이용지易容之를 붙잡았는데, 그는 단식 후 물에 몸을 던져 자살했다(『덕안부지德安府志』). 전장이 된 지방에서는 청군이 패해서 도망간 후, 단 혼자 관공서에 남겨진 지방관이 태평군 장병에게 살해당하는 경우가 많았고, 지방관도 후의 처벌을 두려워하여 항복하지 못했다고 생각된다.

다음으로 재야의 독서인은 어땠을까? 태평천국이 비교적 안정된 지배를 한 안후이에서는 생원生員(향시에 합격하지 않은 학생신분의 독서인)을 중심으로 '적관이 되거나 적시에 응하는' 자가 있었고, '적과 혼인하는' 즉 태평군 장교와 친인척 관계를 맺는 자도 나타났다. 물론 그들 중에는 겉으로는 복종하는 척하면서 내심 반대하고, 태평군과 친분을 유지하면서 청군과 연락을 취하며 내통하는 자도 있었다. 장개운張開運(안후이 퉁청현인桐城県人)은 그 한 사람으로 태평군 장교를 설득하여 청군에 대한 항복을 결의시켰는데 청군은 이것은 신뢰하지 않아 내통공작은 실패했다고 한다(『백당집柏堂集』 다음편).

또 독서인 중에도 태평천국에 저항하는 자가 적지 않았다. 후베이에서 전당포를 운영하던 어느 생원은 물자 제공을 원하는 태평군 요구를 모두 거절하여 지휘관을 화나게 했다. 병사가 수습하려고 하자, 그는 "내가 성현의 책을 읽은 것은 국가의 사자가 되기 위해서다. 너희들 반적의 육신 따위 미워서 먹을 수 없다. 어떻게 무릎을 꿇을 수 있겠는가"라고 소리쳐서 살해당했다(『형문주지荊門州志』). 또 안후이의 어느 생원도 태평군에게 투항하도록 강요당했는데 "나는 대청大淸의 독서인이다. 어떻게 너희들 적에게 항복할 수 있겠는가"라고 대답했다고 한다(『백당집柏堂集』).

이들 독서인의 청조에 대한 충의 모습을 강조하는 후세의 기록은, 죽은 사람의 현창을 위해서 만들어진 설명이라고 해야 할 것이다. 태평군에 참가한 어느 독서인의 수기는 "적은 문인에게는 매우 예의를 갖춰 다루었다. 한 사람의 독서인을 얻으면 옷이나 식사를 권하는 배려, 대접이 주도하지 않은 것을 두려워한다. 거슬리는 행동을 해도 온화하게 받아들이고 꾸짖거나 하지 않는다"(『사통기思痛記』)고 말하고 있는데, 태평천국이 독서인을 후하게 대우하고 있었기 때문이다. 그렇지만 그 경우에도 "서생을 위협하고 복종하게 만들고, 인부와 말을 주었다" "관신병리官紳兵吏를 존중하고 "요괴 두목을 죽여라!"라고 외치는 것은 그 투지를 잃게 만들기 위해서였다"(『응산현지応山県志』)라고 하는 것처럼, 참가를 재촉하는 방법은 협박을 포함한 강압적인 것으로 그들의 반발을 샀다. 또 참가한 독서인은 서기로서 군무에 관여했기 때문에, 정보 누설을 두려워한 태평군은 그들의 도망을 경계했다. 이 때문에 "도망칠 수 있는 자는 적었다"(『적정휘찬』)고 한다.

3. 종교전쟁인가? 도시와 농촌의 문화적 격차인가?

독서인은 왜 태평천국에 대한 참가를 거부했던 것일까? 1853년에 후베이 우창武昌을 점령한 태평천국이 사람들을 모아 상제교上帝敎의 선전 활동을 하자, 어느 독서인이 이에 반론했다. 그는 신자끼리 '형제'라고 부르고, 남녀 격리정책을 취한 태평천국은 '오륜五倫'이라 불리는 유교의 도덕 항목을 파괴하고 군신, 부모와 자식, 부부 관계를 부정하는 것이라 비난했다. 이것은 태평천국과 처음으로 접촉한 독서인에게서 많이 볼 수 있는 반응이었다.

다음으로 독서인이 태평천국에 반대한 이유에 대하여 명쾌한 해답을 진술한 것은 태평천국을 진압하기 위한 의용군義勇軍인 상군湘軍을 창설한 증국번曾国藩(후난湖南 샹샹湘鄕 현민)이다. 퉁청桐城학파 유학자였던 그는 태평천국이 외래 종교에 의해 '명분과 교화名敎', 즉 중국의 유교 문명을 파괴하고 있다고 호소했다. 또 태평천국이 각지 절이나 묘에서 신들의 상을 파괴한 우상파괴 운동을 비판하고 "인륜을 짓밟힌 공자와 맹자의 고통을 위로"하고, "능욕당한 모든 신들의 원한을 설욕"하기 위한 종교전쟁을 주장했다.

그렇지만 이 증국번의 설명은 독서인을 상군의 진영으로 끌어들이기 위한 선전이었다고 생각된다. 증국번은 당시 중국 사회에 비판적이었는데, 태평천국의 이단성 강조로 '명분과 교화의 수호'라는 대의명분을 쟁취하고, 군사적 공로를 통해 불우한 독서인들에게 청조 체제에서의 정치적 성공을 약속했다. 또 증국번은 동향의 후난인을 위한 복수를 주창하고, 태평천국의 중핵을 점령한 광둥, 광시인에 대한 적의를 부추겼다(월비粵匪를 치는 격문). 그것은 후난인이 전선의 태평군 장병의 대부분을 점령하고 있던 사실을 외면하고 농민을 병사로 동원하기 위해 인위적으로 만들어 낸 지방 내셔널리즘이었다.

독서인들은 태평천국을 어떻게 보고 있던 것일까? 장시江西의 독서인이었던 모융보毛隆保는 태평군이 배포한 팸플릿을 읽었다. 그리고 아주 먼 옛날 중국은 상제 여호와를 숭배하고 있었는데, 진한秦漢 이후에 신앙심을 잃어버리고, 현재는 기독교만이 이 신앙을 남기고 있다고 주장하는 상제교의 교의를 냉정하게 받아들였다. 그는 7일을 일주일로 여기는 태평천국의 달력에서 기독교의 영향을 보면서도, 태평천국의 초등교육서인 『유학시幼学詩』에 대하여 "사람에게 효제孝悌를 다하도록 가르친 것인데 단, 최초의 1, 2페이지만이 기독교의 말이다"(『견문잡기見聞雑記』)라고 이야기하는 등, 상제교가 갖는 유교적 색체에 대하여 언급하고 있다.

1854년에 태평천국은 유교정책을 전환했다. 샤먼이었던 양수청楊秀清은 빙의한 천부(여호와)의 계시로서, 유교의 사서는 '천정성리天情性理'를 분명히 하고 있으니 '충효'의 길에 맞는 것은 남기도록 명령했다. 그는 또 역사상의 '충량준걸忠良俊傑'도 모두 요괴가 아니라고 이야기하며, 지역경영을 진행하기 위해 유교를 용인하는 방침을 내놓았다(『천부성지天父聖旨』).

또 증국번이 비난한 우상파괴 운동은 태평천국 말기까지 각지에서 계속되어, 유교 관련 서책을 태워버리기도 했다. 그렇지만 태평천국을 경험한 독서인 왕사탁汪士鐸은 "적은 사서오경四書五経을 고치고, 귀신의 제사나 길례 등의 종류를 삭제하여 사람들에게 쓸데없는 말을 하도록 하지 않았다. 이 공로는 성현에도 빠지지 않는다. 후세에 반드시 평가될 것이다"(『을병일기』)라고 말하고, 태평천국의 우상파괴를 중국의 잡다한 민간신앙을 정리하는 행위로서 긍정적으로 평가했다.

이와 같이 보면, 독서인이 태평천국에 가담하지 않았던 것은 꼭 중국과 유럽 문화충돌이 원인은 아니었다. 그렇다면 양자의 어긋남은 어디에 있었던 것일까?

1854년에 안후이에서 태평군에게 잡힌 독서인 주방복周邦福은 노모가 집에 있는 것을 이유로 태평군 장교에게 석방을 청원했다. 그러자 장교는 자신에게도 가족이 있지만, 천부의 천하통일 사업을 위해 힘쓰고 있어서 청조를 타도하면 가족과 단란하게 보내는 것도 가능하다고 말하고 귀향을 인정하지 않았다. 또 그 장교는 "천부(하느님)의 밥을 먹으면 살아서는 하늘의 복을 받고 죽어서도 천국에 갈 수 있다"고 이야기하고, 계속해서 "대인군자님, 부디 용서해주세요"라며 물고 늘어지는 주방복에 대하여 "내가 용서하는 것이 아니다. 천부가 은혜를 베푸는 것이다!"라고 상제교의 교의를 앵무새처럼 흉내 내며 대답했다(『몽난술초蒙難述鈔』).

이런 태평천국의 종교적 설명에 대하여 『금릉잡기金陵雜記』는 "적은 천부의 가르침을 만들고, 어리석은 민중을 협박하여 따르게 하고 있다"고 이야기한 후에 "산굴에서 야만스럽게 사는 패거리를 속이고 꾀는 것은 가능해도 지금 난징南京에 온 이상, 3살 아이라도 그것이 거짓말인 것을 알고 있다"고 하는 것처럼 태평천국 담당이었던 변방 농촌출신자에게 노골적인 멸시를 가하고 있다. 즉, 두 사람의 대화가 보인 어긋남은 도시와 농촌 또는 엘리트와 비엘리트 사이의 문화적인 차이, 격차가 원인으로 양자는 광동어에서 말하는 '계동압강鷄同鴨講(닭과 오리의 대화)'으로 대화가 성립하지 않았다.

또 태평천국에서 보인 비엘리트의 문화는 유럽 기독교와의 사이에서도 대립을 만들었다. 1854년에 영국인과 논쟁을 벌인 양수청은 구신약성서를 "오류가 많다"며 그 출판 사업을 정지했다. 그는 유럽인이 "성지(천부의 계시)를 가볍게 보고 성서에 구애되고 있다"(『천부성지天父聖旨』)고 비판하고, 스스로가 주제한 샤머니즘으로 대표되는 비엘리트 문화에 의해 권위 강화를 도모했다.

이런 양수청이 직접 만든 종교정책의 전환을 앞에 두고, 제사장 독서인 출신인 홍수전은 주도권을 발휘할 수 없었다. 일반적으로 빙령형憑靈型 샤먼은 여성 등 사회적 지위가 낮은 사람들이 떠맡는다고 한다. 당시 태평천국에 가담한 독서인은 하층민이었던 양수청이 큰 권한을 쥐고 있는 것에 대하여 "저 요술은 예로부터 이룬 적이 없다" "그대의 천부, 천형天兄(예수 그리스도. 다른 샤먼에 빙의함)이 있다면 나는 어떻게 이용될 수 있을까?"(홍대전洪大全의 공술서)라고 비판했는데, 그들 대부분은 양수청에게 숙청되었다. 양수청은 유교를 용인했지만, 비엘리트 문화에 의해 자신의 종교적 전제를 강화했기 때문에, 오히려 독서인의 지지를 얻을 수 없었다.

4. 청군과 상군의 투항 권유책과 그 결과

한편 군사적으로 열세였던 청조 측은 태평군 장병에 대하여 "위협받아 복종한 자를 해산시키는" 투항 권유책을 실시했다. 1854년에 몽골 귀족인 승격림심僧格林沁은 태평천국의 베이징 공략군에서 광시인 간부와 후난, 후베이인 장병 사이에 불화가 있는 것을 알고 "죽음을 면해주는" 고지를 내고 후난, 후베이인 장병에게 투항을 권했다. 또 그는 귀순한 3,000명을 하나의 부대에 편제하고, 태평군과 싸우게 했다. 전투 능력이 높은 전 태평군 병사의 활용은 북벌군北伐軍의 몰살에 효과를 올렸는데, 투항병에 대한 청군의 대우는 나빴다. 이에 견디기 힘들었던 전 태평군 병사는 "형제들이여! 천부의 밥을 먹자"고 소리치고 집단적으로 다시 태평군에게 투항했다고 한다(시안사료檔案史料).

다음으로 상군에 대하여 살펴보면, 증국번은 "싸움에서 적 한 사람을 죽이면 은 10량, 8품의 벼슬을 상으로 주겠다"(『증문정문잡저曾文正公雜著』)고 약속했기 때문에, 공로를 바란 상군 장병은 태평군 장병에 대한 살육을 반복했다. 그렇지만 1855년에 상군이 장시江西 후커우湖口에서 패배하고, 열세에 서자 후베이 순무巡撫인 호림익胡林翼은 투항을 권유하고 태평군의 병력을 줄이려고 했다(『호림익집胡林翼集』).

1856년에 천경사변天京事變이 발생하고 태평천국이 군사적 우위와 구심력을 잃자, 태평군 중에도 투항을 원하는 지휘관, 장병이 늘었다. 예를 들어 우군주장右軍主將인 위지준韋志俊은 천경사변으로 숙청된 북왕 위창휘韋昌輝의 동생으로, 1859년에 안후이에서 상군에 항복하고 청군의 참장參將이 되었다(『호림익집胡林翼集』).

그렇지만 청군, 상군은 투항한 태평군 장병을 결코 신용하지 않았다. 1861년에 안후이 안칭安慶에서 수비군을 지휘하던 정학계程学啓는 상군에게 투항했는데, 증국전曾国荃(증국번의 동생)은 그의 군을 상군이 지키고 있던 하오濠 내측으로 들어갈 수 없었다(『증충양공연보曾忠襄公年譜』). 머지않아 정학계는 회군淮軍의 장수가 되어, 1863년에 장쑤江蘇의 쑤저우蘇州에서 태평군 수비대의 지휘관이었던 곡영관郜永寬 외 8명의 귀순 공작을 진행했는데 회군 수령인 리훙장李鴻章은 항복한 그들을 죽여 버렸다(『리훙장전집』).

5. 후기 태평천국의 한인 관료, 기인旗人장병에 대한 귀순 권고

양쯔강 중류역의 중요거점이었던 안칭安慶이 함락하고, 난징을 상군에게 포위당해 열세에 내몰린 태평천국이었는데, 독서인이나 청조 관료에게 참가나 귀순을 재촉하는 노력은 계속되었다. 그 담당 중 한 사람이 홍수전의 사촌인 홍인간洪仁玕이었다. 금전봉기金田蜂起에 참가하지 못했던 그는 관동에서 세례를 받고, 홍콩에서 선교사 제임스 레게(James Legge)의 조수가 되었다. 태평천국의 장래에 위기감을 품은 홍인간은 1858년에 홍콩을 떠나, 다음 해 난징에 도착했다. 간왕干王이 된 홍인간은 『자정신편資政新篇』을 집필하고, 태평천국의 종교, 정치개혁에 착수했다.

홍인간의 저서 중 하나인 『영걸귀진英傑歸真』은 개신교의 전도 팸플릿에 영향을 받아 귀순한 청조 관료의 질문에 대답하는 설정하에서 태평천국의 정치적 주장을 전개했다. 예를 들어 청대의 머리모양이었던 변발(중국 북방 민족의 남자들이 앞부분만 깎고 뒷부분은 땋아 늘인 머리 모양)을 하지 않은 이유에 대해서 "머리는 상제(하느님)로부터 받은 것이다……. 이것을 마음대로 없애버리는 것은 불효로, 하늘을 거스르는 것이 아닌가?"라고 이야기하는 등, 유교의 효 관념을 이용하여 상제교의 원칙을 설명했다. 홍인간은 동양학자이기도 했던 레게의 영향을 받아 유교에 대하여 관용적이었다.

이처럼 홍인간은 독서인을 중시하였고, 그의 부하에는 지앙난江南 출신 독서인이 많이 있었다. 또 그의 종교개혁에서 주목해야 할 것은 기독교의 '사죄' 및 '속죄' 관념의 도입이다.

원래 상제교에서 '죄'란 우상숭배를 금지한 천조(십계)에 대한 위반이고, '천성이 격심한' 상제 여호와와 그 대변인인 양수청은 율법 중시의 천벌주의를 가지고 임했다. 1854년에 남녀격리의 금령을 깨고 밀회를 한 진종양陳宗揚, 자기 여동생과 여동생의 남편이 간통죄로 폭로 당해 공개 참수형에 처한 것이 그 한 예이다(『천부성지』).

그렇지만 홍콩에서 정통적 기독교를 접한 홍인간은 신약의 주제인 '예수의 죽음에 의한 죄의 용서와 속죄'라는 신앙을 태평천국에 들여오려고 시도했다. 그는 "정말로 죄를 알고 죄를 뉘우치고 죄를 개선하는 행동을 하면 그야말로 천부에 의한 사죄의 은혜를 기대할 수 있다. 사람이 사람 앞에서 죄를 인정하면, 또한 용서받기 때문에 천부 앞에서 죄를 인정하면 어떻게 죄를 용서받지 않을 수 있을까? 반드시 죄는 용서받는 것이다" "천부가 죄를 용서하신 후, 천형이 대신하여 죄에 대해 속죄해주신다"(『간왕 홍보제洪宝製』)고 한 것처럼, 여호와와 예수 그리스도에 의한 죄의 용서와 속죄를 설명했다.

이 홍인간에 의한 '사죄' '속죄' 관념의 강조는 독서인이나 한인 관료에 대한 관용적 태도와 밀접하게 관련되어 있다. 그는 청군 장병에 대해서도 '정도正道'로 돌아가도록 호소했는데, 기인에 대해서는 적대적인 태도를 무너뜨리지 않았다. 그의 부하인 지앙난이나 독서인들이 한인 중심주의를 품고 있던 것의 영향일 것으로 생각한다.

한편 기인(청나라 팔기八旗에 소속된 자의 총칭) 장병에 대하여 귀순을 압박한 것은 이수성李秀成(충왕忠王)이었다. 그는 광시 출신의 하층민으로 일반 병사로서 태평군에 가담했다. 이윽고 활약이 인정되어 후군주장後軍主將에 발탁된 이수성은 동향同鄉의 진옥성陳玉成(영왕英王)들과 함께 후기 태평천국을 지탱했다.

1861년에 태평천국이 저장浙江 항저우杭州를 공격하자 이수성은 한인, 기인을 나누지 않고 성내의 청군 장병, 청조 관료에게 투항을 호소했다. 그는 공격에 앞서 성내로 화살에 편지를 묶어 쏘았고 "일찍이 만주인은 한인을 정 깊게 다루어 왔다. 지금은 각각 다른 군주를 모시고 있어, 서로 어쩔 수 없는 처지에 있다" "화해를 말하는 것은 남녀노소의 생명을 다치게 하고 싶지 않은 마음이 있기 때문이다. 배를 보낼 테니 금은을 가지고 있는 자는 가지고 돌아와도 좋다. 가지고 있지 않은 자에게는 여비를 주고 진강鎭江까지 데려다주겠다"고 설득했다. 또 이수성은 기인의 사령관이었던 루이창瑞昌(항저우杭州 장군)과 회견하고 항복을 권유했지만, 루이창은 그를 신용하지 않았고 항저우의 내성(기인 거주구)이 함락되자 많은 기인이 자살했다. 항저우 점령 후, 이수성은 부하들에게 살아남은 청군 장병의 살해를 금지하였고 초현관招賢館을 설치하여 청나라의 관리를 수용했다. 또 청나라 측의 지방관이었던 임복상林福祥 등을 석방하고 상하이로 귀환시켰다(이수성의 공술서, 시안 사료).[1]

　이수성은 실천 속에서 태평천국의 협애한 배만주의排滿主義를 극복하고, 기인과 한인을 똑같이 다루었다. 그는 지배지역의 민중에게도 종종 동정을 나타냈고, 타인의 고통을 이해하는 포용력과 불관용 교의를 맹신하지 않을 만큼의 비판정신을 몸에 익히고 있었다. 1860년에 태평군이 소주蘇州를 점령했을 때도 이수성은 많은 청군 장병과 청조 관리의 항복을 인정했다. 그렇지만 이때 이수성의 귀순 권고에 응한 청군은 주민에 대한 약탈이나 폭력을 반복해온 질 나쁜 장병들이었다. 결과적으로 그들의 대량 참가는 태평군의 규율을 파괴하고 태평천국은 주민의 지지를 잃게 된 것이다.

1　이수성은 홍수전에게 기인의 투항을 인정하도록 요구했다고 이야기하고 있는데, 역사적 사실에 부합하지 않는 부분도 있다. 나이강羅爾綱 씨의 연구에 의하면, 이 공술에는 상군이 난징에서 태평천국 사람들에게 저지른 학살에 대한 이수성의 항의가 담겨 있다고 한다. 그가 석방한 임복상 林福祥들은 상군에게 처형되었다(나이강, 『이수성 자술 원고 주李秀成自述原稿注』 증보본增補本, 중국사회과 학출판사, 1995년, pp. 278-293.).

맺음말

이 글은 태평천국의 독서인 등용책과 청나라 관계자에 대한 귀순 정책에 대하여 검토했다. 태평천국은 독서인의 참가를 중시하고, 난징 도착 후에는 과거를 실시하여 신왕조의 정통성을 주장했다. 또 인재 획득을 위해 청조의 지방관에게 귀순을 재촉했는데, 태평군의 격심한 공격성을 두려워한 사람들은 응하지 않았다. 증국번은 유교문명을 지키기 위한 문화전쟁을 주창하고, 독서인을 상군에 동원했다. 태평천국은 지역경영의 필요로부터 종교정책을 전환하여 유교를 용인했지만 독서인의 지지를 모을 수는 없었다.

사실 독서인과 태평군 장병과의 어긋남은 도시와 농촌, 엘리트와 비엘리트 간의 문화적 격차가 요인이었다. 샤먼이었던 양수청이 성서 출판을 정지하고, 태평천국의 비엘리트 문화를 강화하자, 독서인의 태평천국 참가는 더 곤란해졌다.

군사적으로 열세였던 청조는 태평군 장병에 대하여 투항을 권하고, 이것에 응한 자를 활용하여 태평군을 공격시켰다. 상군은 태평군을 적시했는데, 머지않아 병력부족으로 태평군 장병에게 투항을 재촉했다. 천경사변 후에 투항자는 늘었지만 청군은 그들을 신용하지 않았다.

홍인간은 태평천국의 종교개혁을 실행하고 기독교의 '사죄' '속죄' 관념을 도입하려고 시도했다. 그는 유교에 관용적인 태도를 취하고 독서인이나 한인 관료의 귀순을 재촉했는데, 기인에 대해서는 적대적 태도를 유지했다. 한편 이수성은 협애한 배만주의를 극복하고, 기인, 한인을 나누지 않고 투항을 권유했다. 그것은 그의 개인적 자질에 결부된 부분이 크고, 일반적인 정책이 되지는 않았다. 오히러 대량의 투항병을 떠안은 것은 태평군의 규율을 악화시켰다.

이처럼 태평천국의 독서인 대책은 실패했는데, 그것은 태평천국이 중국과 유럽의 문화충돌이었던 것이 원인은 아니었다. 독서인이 태평천국과 거리를 둔 이유는 변방의 하층민이었던 태평군 장병의 청조 관계자를 향한 보복 폭력에 있었다. 또 샤머니즘으로 대표되는 태평천국의 비엘리트 문화는 풍족한 지양난의 도시주민에게는 받아들여지기 어려웠다. 홍인간, 이수성이 시행한 청조 관계자에 관한 귀순 정책은 혁명이 불가피하게 동반하는 배타적인 공격성을 극복하는 시도였다. 그들은 기독교의 '사죄' 관념이나 실천 속에서 관용적 태도를 모색했지만, 태평천국의 열세를 면회할 수 없었다.

최근 미국의 중국사 연구에서는 태평천국을 동시대의 남북전쟁과 마찬가지로 '내전(Civil War)'으로 파악하는 견해가 제기되고 있다. 대만의 해바라기 학생운동이나 홍콩의 우산운동(2014년)은 변방에서 반복되는 소수민족의 저항운동이 나타내듯이, 중국이 어떻게 전제적이며 억압적인 정치체제를 극복하고 다양성을 용인하는 사회로 성장할 수 있는지는 중국 근대사가 남긴 큰 과제일 것이다. 또 보신戊辰전쟁 후에 홋카이도나 류큐, 대만, 나아가서는 한반도를 국방상 요충으로 파악하여 아이누나 오키나와 사람들, 대만의 한족이나 원주민, 조선인에 대한 지배와 동화를 강행한 근대 일본의 대외정책도 사회적 약자의 이의신청을 국가 주권에 의해 분단, 압살해왔다는 점에서 같은 씨름판에 있다. 공정한 사회를 원하는 사람들의 목소리에 귀를 기울이고, 국가 구조를 넘어 문제 해결을 모색하는 실마리로서 근대 초 동아시아 역사는 큰 시사를 주고 있다.

참고문헌

• 고지마 신지小島晉治, 『홍수전과 태평천국』, 이와나미현대문고岩波現代文庫, 2001년.

• 기쿠치 히데아키菊池秀明, 『진톈金田에서 난징으로 – 태평천국 초기사 연구』, 규코쇼인汲古書院, 2013년.

• TOBIE Meyer-Fong, *What Remains: Coming to Terms with Civil War in 19th Century China*, Stanford University Press, 2013.

생 · 병 · 사, 생존의 역사학

이시이 히토나리石居人也

머리말

역사학을 배운다는 것은 스스로가 세우고 있는 '지금' '여기'를 염두에 두면서, 또는 '지금' '여기'에 어쩔 수 없이 규정되면서 지나간, 또는 지나가려고 하는 때를 응시하는 행위라고 우선은 말할 수 있다. 그렇게 생각할 때, 거기에 등장하는 배우는 때때로 이미 죽은 자들이고, 그런 의미에서 역사학이란 죽은 자와 마주 보는 학문이라고 할 수 있다. 물론 역사연구 대상은 거기에 그치지 않는다. 죽음을 향해 살아가는 사람과 마주 보는 것 또한 역사의 중요한 공부 방법이다. 그런데도 많은 역사연구는 돌이켜보면 죽은 자가 된 사람들의 생전의 사상이나 실천에 주목해왔다. 그것은 이른바 전후 역사학이 국가나 제도, 정치, 경제, 위정자부터 지역이나 사회, 생활, 문화, 민중으로 분석 대상을 넓혀가는 중에서도 기본적으로는 유지되어 왔다고 해도 좋다.

그런 중에서 죽음이나 죽은 자가 주목받은 것은 권력자의 죽음과 그 장송의례葬送儀礼의 모습, 사건이나 운동에서의 주도자·참가자의 죽음과 그 구전과 의미, 전쟁에서의 전지戰地나 후방銃後에서의 죽음과 장례 위령 문제 등을 둘러싼 것은 아니었을까? 거기에 공통된 것은 비일상적인 죽음이나 죽은 자와 그것들과 마주 보는 방법이 주로 질문되어 왔다는 것이다.

그렇지만 사람은 누구나가 죽음을 향해 살아간다. 그리고 대부분은 각각의 일상을 살고 일상 속에 죽어 간다. 그런 개개인의 생과 함께하는 죽음을 파악하는, 바꿔 말하면 죽음은 사람이 어떻게 살았는지를 묻는 역사연구로, 사회사나 미술사 등의 연구 성과 속에서 고개를 들어 왔다. 필립 아리에스『죽음과 역사』(미스즈쇼보みすず書房, 1983년), 고이케 히사코小池寿子『죽은 자가 있는 중세』(미스즈쇼보, 1994년) 등은 그 선구라고 할 수 있다.

죽음을 향해 살아가는 사람 앞에는 종종 병과 노화가 나타난다. 그리고 이 글에서 다루는 병도 또한, 전후 역사학 속에서는 조연으로 나타난다. 오히려 솔선하여 병과 인간 관계사를 다루어 온 것은 의학을 전문으로 하는 사람들이었다고 해야 할 것이다. 그들은 사람이 위협에 노출되면서도 병과 대치하고, 싸움에 도전하고 극복한, 내지는 극복하려고 노력을 거듭한 역사를 그려낸다. 그것들은 바꿔 말하면 의학이나 의료, 또는 의료·위생행정의 발전사라고도 할 수 있다(후지카와 유富土川游, 『일본 질병사』, 일본의서출판, 1944년. 오구리 시로小栗史朗, 『지방위생행정의 창설과정』, 의료도서출판사, 1981년 등).

한편 병이나 환자를 둘러싸고, 1980년대를 즈음부터 현저해진 조류가 있다. 첫 번째는 환자에게 초점을 맞춘 연구이다. 이것은 조금 전 발전사가 걸핏하면 환자를 방치하고, 종속적으로 그려온 것

및 동시대적으로 문제시되고 있던 의학·의료에서의 환자 경시를 배경으로 생겼다(가와카미 다케시川上武, 『현대 일본 병인사病人史』, 게이소쇼보勁草書房, 1982년 등). 또 하나는 병이나 환자를 둘러싼 문제를 시대나 사회 속에서 평가하고, 그 역사적·사회적인 의미를 고찰하는 사회사이다. 빠르게는 다쓰카와 쇼지立川昭二 『병의 사회사』(일본방송출판협회, 1971년), 후에 미이치 마사토시見市雅俊 외, 『파란 공포 하얀 거리』(헤이본샤平凡社, 1990년) 등, 콜레라나 페스트 유행에 주목하여 사회나 규범을 파악하려 하는 연구가 활기를 보였다. 사회사적 시각은 해당 분야에서 이미 전제가 된 느낌이 있다.

사람의 생을 위협하는 사태나 정황에 주목하는 것은 위협당한 생의 모습을 묻는 것으로 통한다. 그런 시각에서 최근 각광을 받고 있는 것이 "생존'의 역사학'일 것이다. 오카도 마사카쓰大門正克 「서론 '생존'의 역사학」(『역사학 연구』846호, 2008년)을 계기로 구체적인 역사 서술이 거듭되어, 개념·방법으로써 단련됐다. 사람들의 '생존'을 시탱하는 구조에 주목한 "생존'의 역사학'은 행정구조 등보다도 오히려 지역을 지탱하는 사람의 관계에 헤치고 들어간다. 그것은 '살아가는 것'이나 '생'과 같은 말에 맡겨진 물음과도 공통성을 가지면서 구심력을 발휘하고 있는 것처럼 보인다.

이런 연구 정황을 고려하여 이 글에서는 근현대 일본에서의 나병(한센병)과 환자·요양자(요양원에서 사는 환자·회복인)의 생에 주목하여 환자의 격리가 어떻게 이루어지고, 격리정책하에서 환자·요양자는 어떻게 살았는지에 다가간다. 나병에 주목하는 것은 미지의 질병에 대한 '궁극'적인 처방이라고 해야 할 격리가 내포하는 뿌리 깊은 문제가 거기에 현저하게 나타나고 있다고 생각하기 때문이다. 근현대 일본에서는 병이나 죽음에 관련된 영역에 대한 행정의 적극적인 개입이 진행되었는데, '위생'의 이름 아래 병이나 죽음의 자세, 환자나 죽은 자가 마주 보는 바람직한 모습이 나타나고 있다. 그 '궁극'적인 실천이 격리이다. 그러므로 격리를 묻는 것은 근현대 일본에서의 사람과 사람과의 관계성의 모습, 나아가서는 사회의 모습 그 자체를 묻는 것으로 이어질 것이다. 또한 이 글의 구성은 격리정책의 전개에 따라 통시적으로 설정하였는데, 오히려 통시적 파악의 틈에서 들여다보는 환자·요양자의 생의 구체 상을 주시한다. 그리고 격리가 가진 의미와 환자·요양자의 생을 주목하는 의미에 대하여 역사적으로 고찰하고, 병이나 죽음과 마주하는 사람과 사회의 역사학을 구상하고자 한다.

1. 바로 옆에 있는 환자

나병의 역사는 오래되었는데, 세계적으로 보면 기원전부터 존재한다. 일본에서는 『고사기古事記』(8세기)에 '백라白癩'의 기술이 이미 보이는데, 이것이 나병을 가리키는지 아닌지 확실하지는 않다. 그래도 『곤자쿠모노가타리슈今昔物語集』(12세기)에는 '악질惡疾' '역병疫癘' '구걸乞匈' 등의 표현으로 나병이 등장하고, 그것이 부처에게 받는 벌이라고 설명되어 있다. 병원균이 말초신경 등을 침범하는 나병은 증상이 진행되면 병변病変이 외관에 드러나 타인이 알아차리기 쉬워진다. 알아차린 사람은 그 모습에 강한 충격을 받는다. 그러므로 나병은 '업병業病' '천형병天刑病' 등으로 해석되고, 환자는 차별이나 배제 대상으로도 되었다. 한편 종교 등에 의한 구제 대상도 되어, 13세기에는 승려 닌쇼忍性에 의한 북산십팔간호北山十八間戸, 16세기에는 야소회耶蘇会 선교사에 의한 구제시설, 18세기에는 고이시카와 양생소 小石川養生所 등에서 환자의 구제가 이루어지기도 했다.

오늘날 의학지식에 근거하면 나병은 약독성 감염증으로 저항력이 약한 상태에 있는 사람이 환자와의 고밀도 접촉으로 감염되고, 게다가 체력이나 저항력이 약한 상태가 지속되면 발병한다. 그러므로 같은 환경에서 공동생활을 하는 사람 사이에 잇달아 발병하는 경우가 있으며, 그것으로부터 유전병 등으로 해석되어 환자의 추방이나 은폐가 이루어지기도 했다. 그래도 원래 주거나 사는 마을에서 계속 사는 사람, 그 주변에서 사는 사람, 새로운 생활 장소를 구하는 사람, 같은 환자와 함께 집주集住하는 사람, 방랑을 계속하는 사람 등 환자의 삶의 방법은 다양했다. 이것은 개인차나 지역차는 있을지언정, 집안이나 지역 사람들이 나병이나 그 환자와 타협을 지으면서 살 방도를 모색하던 것을 나타내고 있다.

이런 정황은 19세기도 중반을 지나, 정부가 주도하는 위생행정이 시작되어도 갑자기 변하지는 않았는데, 이동의 자유가 넓게 인정된 것으로 환자가 출향이나 이향으로 고향을 떠나 이동을 반복하면서 절과 신사·영지靈場·온천지 등 특정 장소에 모여서 사는 경향이 강해졌다. 그러자 그것은 '문명화'를 강행하는 정부에 의해 환자의 '방랑' '배회'로 문제시되었다. 그렇지만 콜레라 등의 급성 전염병이 맹위를 떨친 19세기에는 나병 대책에까지 손이 미치지 않은 것이 사실이었다.

의료 면에서는 1873년에 노르웨이 한센이 나균에 의한 전염병인 사실을 발견하였고, 다음 해에 발표하였다. 그렇지만 그것이 갑자기 일본 사회에서 받아들여질 수는 없었고, 균 발견이 치료법의 발견을 의미하는 것도 아니다. 따라서 나병은 여전히 '불치병'이었고, 오랫동안 나균의 생장을 억제하는 대풍자유大風子油의 주사가 유일한 '치료법'이었다. 1870-1880년대에 기후岐阜의 회천병원回天病院, 도쿄의 기폐병원起廃病院·중제병원衆済病院 등 '치료'를 내거는 사립병원이 잇달아 마련되었는데, 그 효과는 바랄 수조차 없었다.

확실한 치료 효과를 기대하지 못하는 중, 차선책이 병의 진행을 억제하고 치유력을 기르는 것을 본의로 하는 '요양'으로, 그 실천 장소가 요양소였다. 19세기 말에 일본에 마련된 요양소는 모두 기독교계 사립 요양소로 가톨릭계의 고야마神山 후생병원(시즈오카)·다이로인待労院(구마모토), 개신교계의 이하이엔慰廃園(도쿄)·가이슌回春병원(구마모토) 등이다. 20세기에 들어서자 불교(일련종日蓮宗)계의 진료엔深敬園(야마나시)으로 이어졌다. 이들 요양소는 앞의 사립병원과 마찬가지 조건에서 신체적인 보살핌보다도 오히려 환자를 '비참'한 환경으로부터 구제하는 정신적인 케어를 우선하는 시설이었다고 할 수 있다.

나병을 둘러싼 격리정책이 시동하기 이전, 바꿔 말하면 환자를 다루는 방법에 규율이 잡히지 않았던 시대에 '건강'한 사람이 나병이나 그 환자와 마주하는 방법에는 상응의 폭이나 탄력성이 있었다. 그것은 해당 지역이나 사회의 실정, 또는 사람과 사람과의 관계성에 따라서 각각이 '살' 방도를 모색하고 있던 것의 결과라고 할 수 있다.

2. '거처'로서의 요양소

급성 전염병 대책이 일단락 지어지자, 행정의 시선은 나병이나 결핵 등 만성 전염병으로 쏠리게 된다. 1900년에 연간 7만 명이 넘는 사망자를 기록하였고, 2019년에 「결핵예방법」이 공포된 결핵에 대해, 똑같이 1900년 초 일제 조사에서 3만 명을 조금 넘는 환자가 확인된 나병을 둘러싸고는 2007년 법률 제11호 「나병 예방에 관한 건」이 공포되고, 2009년에 시행되었다.

이 법률 규정이 서둘러진 배경에는 3만 명을 넘는 환자 수 이상으로 환자의 "배회"가 "병독을 전파할 우려"를 높이면서 "외관상 상당히 혐오스럽다"는 문제의식이 있었다(「제23회 제국의회 중의원 의사 속기록速記錄」제8호). 즉, 치료나 요양보다도 오히려 환자의 격리로 만연한 병을 방지하고 '문명국'으로서의 체면을 유지하려는 의도가 있었다. 그것은 법률 내용에도 반영하고 있다. 즉, 여기에서 격리수용 대상으로 여겨진 것은 '요양의 길' '구호자'가 없는 환자만으로, 수용 후에도 적당히 "부양 의무자로서 환자를 떠맡으라"고 재촉까지 한다(제3조). 이것을 바꿔 생각하면 해당 시기의 환자에게 있어서 격리는 절대적인 것이 아니라 '방랑' 상태를 벗어날 전망만 있다면 격리수용을 회피할 수 있었다는 것을 의미하고 있다. 실제로 격리요건을 만족하면서 수용되지 않은 경우조차 있었다. 그래도 이 법률에 근거하여 1909년에 도쿄의(젠세이全生병원), 아오모리현(호쿠부北部보양원), 오사카부(소토지마外島보양원), 가가와현(제4구 요양소), 구마모토현(규슈라이요양소九州癩療養所)에 최초의 공립(연합도부현립)요양소가 설립된 것도 또한 확실하다. 이렇게 일본에서의 나병의 격리정책은 시작되었다.

격리정책 시행에는 나병이 전염병이라는 인식 공유가 필요했다. 나균에 의한 전염병이라는 인식에 서서 대책을 진행해온 유럽의 식견은 1897년 제1회 국제 나병 의회에서 공유되었고, 노르웨이 사례 등으로부터 격리와 소독의 유효성이 지적되었다. 이 식견은 일본으로 들어와 격리정책 시행의 근거 중 하나가 되었는데 지역사회에서의 유전병 생각은 뿌리 깊었고, 새롭게 전염 생각이 들어오자 그 인식이 쉽게 덮어지지 않고 두 가지가 뒤섞여 환자에 대한 비난은 오히려 격심해져 갔다.

격리정책 초기 환자·요양자의 생을 알기 위한 수단 중 하나로, 『나병 환자의 고백』(내무성 위생국, 1923년)이 있다. 각 요양소에서 익명의 남녀노소 106명으로부터 모은 '고백'은 요양소 당국에 의해 정리되었다는 점을 헤아려 보더라도 해당 시기의 환자·요양자의 일생의 일부를 전달하는 자료로서 귀중하다고 할 수 있다.

'고백'된 환자·요양자의 생은 때때로 다음과 같은 궤적을 그린다. 발병을 들었을 때의 충격과 비명 중에 그들은 나병을 알리지 않겠다고 걱정하면서 열심히 '치료'를 시도하지만, 친척이나 지역에서 알게 된다. 이때 친척은 그들을 감싸는 경우가 많기는 하지만 강하게 회피하는 일도 있었다. 또 지역사회는 혐오·피하는 경향이 강한데, 드물게 변하지 않는 교류가 계속되는 지역도 있었다고 한다. 증상 진행에 동반하여 한 번은 자살의 각오를 다진 환자도 뜻을 이루지 못하고 이향 내지는 고향을 떠난다. 그 앞에 기다리고 있던 험난한 길 위에서 요양소의 존재를 알고 경찰·공무원·의사 등의 권유로, 또는 자신의 판단으로 요양소에 들어갔다. 망설이면서도 그들이 요양소에 다다른 것은, 이동을 반복하는 중에 점차 '안주의 장소'를 바라게 된 것이 크다. 수용 시의 생각으로 그들 대부분이 '기쁨'이나 '안도감'을 말하고 있는 것이 그것을 이야기하고 있다. 이런 생의 궤적은 고백자의 의도와 상관없이 요양소를 미화하고, 격리대책 추진에 이바지하는 '규범 해답'이기도 했다. 그렇지만 유의해 두고 싶은 점은 여기에서의 '기쁨'이나 '안도감'이 요양소 밖(외계外界)에서 사는 어려움의 이면이라는 점이다.

요양자가 된 환자는 자신의 희망도 이야기했다. 그것은 무엇보다도 바깥세상에서 사는 것이었다. 하긴 이 시기에, 그 자체는 법률상 실현 불가능하지는 않았고, 한 번 요양소에 들어가도 현장의 판단으로 또는 도망이라는 형태로, 사실 바깥세상으로 발을 내디딘 사람도 적지 않았다. 하지만 그들은 종종 스스로 요양소로 돌아왔다. 그것은 그들이 바깥세상에서 살기 위한 환경이 갖추어지지 않았던 것을 나타내고 있어서 그들은 두 번째로 사회의 '동정'을 구한 것이다. 물론, 바깥세상의 환경정비가 어떻게 어려운지는 바로 그들 자신이 스스로 알고 있었다. 그래서 바깥세상에 강하게 끌리면서도 그들이 세 번째로 원한 것이 철저한 격리, 즉 '절대 격리'이다. 그것은 그들로서는 생각에 맡길 수 없는 현실을 앞에 두고 자신의 '자유'나 '안녕'을 담보하기에는 미리 살 장소를 멀리할 수밖에 없다는 역설적인 발상이었다. 구체적으로는 '나병 마을'이나 '나병 섬'에서 고락을 맛보면서 주체적으로 사는 것을 원했기 때문이고, 변함없는 '거처' 확보가 해당 시기 요양자가 당도한 '살기' 위한 방법이었다.

3. '요양'이라는 의무, 요양이라는 '권리'

요양자의 목소리 속에 들린 '절대 격리'에 대한 생각은 머지않아 그들의 진의와는 다른 형태로 정책에 반영되어 간다. 이미 징조는 있었다. 1916년 「나병 예방에 관한 시행규칙」의 일부가 변경되어 각 요양소장에게 필요에 따라 요양자를 징계·조치하는 권한이 인정되어 각 요양소에 감금실이 마련되는 등 통제가 강화된 것이다. 또 '제국'의 확대에 동반하여 조선(1916년)이나 대만(1930년)에도 요양소가 설립되었고, 또는 기존 공립요양소가 포화상태가 되면서 첫 국립 요양소가 오카야마현에 설립되었다(1930년).

1931년 3월에는 정명황태후貞明皇太后의 하사금이나 재계로부터의 기부를 근거로 재단법인 나병 예방 협회가 창설되고, '천황의 은혜'를 기반으로 격리정책을 지지하는 체제가 만들어진다. 4월에는 법률 제58호 「나병 예방법」이 공포되었다. 이 법은 행정관청은 "나병 환자이면서 병독 전파의 우려가 있는 자"를 요양소에 입소시키기로 한다(제3조). 수용대상을 넓힌 것뿐만 아니라, 퇴소에 관계되는 규정을 가지지 않았다. 또 환자를 발견하여 요양소에 보내는 것으로 지역사회로부터 나병을 없애는 것을 목표로 하는, 나병이 없는 현 운동無癩県運動도 각지에서 전개되었다. 그 때문에 1930년대는 모든 환자의 강제적이며 평생 격리를 목표로 하는 절대적 격리로 방향이 바뀐 시대 등으로도 평가된다(후지노 유타카藤野豊, 『일본 파시즘과 의료』, 이와나미쇼텐岩波書店, 1993년 등).

그렇지만 한편 「나병 예방법」 자체는 재택 요양자의 존재도 상정하고 있어 오히려 법률의 취지를 해친 지방행정과의 온도차로 환자의 "부당하면서 과잉 배척이 이루어질 여지"가 생겼다는 견해도 나타나고 있다(히로카와 와카廣川和花, 『근대 일본의 나병 문제와 지역사회』, 오사카대학출판회, 2011년). 그리고 지역사회에 초점을 맞추면 절대 격리로는 설명할 수 없는 환자의 생이 보인다. 여기에는 두 가지 움직임에 주목하고 싶다.

하나는 재택요양이다. 환자를 요양소에 보낸 배경에는 법률 규정이나 바깥세상에서 살기 어려운 점에 덧붙여 의료 편제가 있었다. 즉, 나병의 의료는 요양소로 집약되는 경향이 있었다. 그렇지만 교토제국대학 의학부의 피부과 특별연구실이나 오사카 제국대학의 특

수 피부병 연구소(오사카 피부병 연구소) 등은 외래진료를 하고 있었다
(오타니 후지오大谷藤郎, 『현대의 오명』, 게이소쇼보勁草書房, 1993년, 앞에 게재
한 히로카와 책 등). 특히 오사카 피부병 연구소는 「나병 예방법」 공포
의 1931년에 설립되어, 1930년대 후반부터 1940년대 초에 최고 전
성기를 맞이했다고 한다. 그렇다고는 하지만, 해당 시기에 나병의
유효한 치료법은 명확하지 않았고 재택요양을 계속하기에는 환자가
주변으로부터 자신을 지킬 환경이나 정신을 가지고, 통원을 계속할
수 있는 경제나 병의 상태일 필요가 있었다. 그래도 조건만 된다면
「나병 예방법」하에 환자가 바깥세상에서 살 가능성이 담보되었던 것
에는 유의할 필요가 있다.

　또 하나는 아오키 게이사이青木惠哉의 경험이다. 1893년에 도쿠
시마현에서 태어난 아오키는 발병으로 1916년에 가가와현 오시마
大島 요양소에 들어간다. 그곳에서 기독교를 접하여 세례를 받고, 일
시 귀향 후 구마모토의 가이순병원으로 향한다. 1927년, 구마모토
에서 전도와 같은 환자의 구제라는 사명을 지고 오키나와섬으로 건
너가, 같은 환자에게 손을 쓰면서 요양소가 없었던 오키나와에서 환
자의 '안주의 땅'을 요구해간다. 이때 아오키는 한쪽에서 현 당국이
진행하는 요양소 설립계획이, 다른 쪽에서 스스로가 진행하는 '안주
의 땅' 찾기가, 지역 주민의 심한 반대로 좌절의 반복을 직면했다. 그
런 경험을 거쳐 아오키 일행이 도착한 땅에 오키나와 MTL 상담소가
개설되고(1937년), 그것이 오키나와 현립 요양소(구니가미애락원国頭愛
楽園), 나아가서는 국립 요양소 오키나와 애락원이 된다(나카무라 후미
야中村文哉, 「섬 사회에 도전하는 '싸우는 병우들'과 아오키 게이사이」, 『야마구치
현립대학 사회복지학부 기요』18호, 2012년. 아오키 게이사이 저술, 와타나베 노
부오渡辺信夫 편집, 아베 야스나리阿部安成 · 이시이 히토나리石居人也 감수 · 해설,

『선택받은 섬』, 근현대자료 간행회, 2015년).

「나병 예방법」하의 오키나와섬에서 아오키는 어느 장면에서는
환자에게 손을 내미는 구제자로서, 또 어느 장면에서는 '안주의 땅'
을 요구하는 환자 대표로서, 요양소가 없는 땅을 걸으면서 환자나
지역 주민과 대치하며 환자의 생을 담보하기 위한 장을 요구했다.
「나병 예방법」이 환자를 둘러싸려고 하는 사람들에게 정당성을 주
고, 환자에 대하여 '요양'을 반 의무화해간 것은 분명할 것이다. 그렇
지만 그 한편에서 환자가 사는 그 현장에서는 요양할 '권리'의 행사
를 둘러싸고 힘껏 모색을 계속하고 있었다.

4. 격리가 정해진 사회

1943년에 미국에서 치료 효과가 확인된 프로민(나병 치료약)은 전
쟁 후, 머지않아 일본에서도 제조되었고 1947년에 나병은 '낫는 병'
이 되었다. 또 1951년에 결성된 전국 국립 나병요양소 환자협회가
「나병 예방법」의 '개정 촉진'을 내걸고 운동을 펼쳤는데, 의원입법을
목표로 하는 움직임이 일어나자 그때까지 소극적이었던 정부가 기
선을 제압하여 개정안을 국회에 제출한다. 그런데 정부안은 '개악'이
라고도 할 수 있는 내용이었기 때문에, 요양자들은 농성과 단식 투
쟁 등으로 반대했다. 결국, 정부안에 근거하여 1953년에 공포된 법
률 제214호 「나병 예방법」은 치유를 상정한 조항을 가지면서 '예방
상 필요'하다면 '나병을 전염시킬 우려가 있는 환자'에게, 지사가 요
양소 입소를 '권장', 따르지 않으면 '명령'하고, 긴급한 경우에는 그것
조차 거치지 않고 수용할 수 있다(제6조)고 하고 있다. 또 요양자의

외출 제한과 위반자에 대한 벌칙(제15·28조), 질서에 반한 경우의 처분(제16조)이 담긴 한편, 퇴소 조건은 역시 나타나지 않는다. 부대결의로 견제되고 있다고는 하지만, 한 번 걸린 사람을 격리하는 방침은 유지되었다고 할 수 있다.

부대결의에는 요양자의 '자유권' 확보나 '문화생활을 위한 복지시설'의 정비, '위안금, 작업위로금, 교양오락비, 식비 등'의 증액과 같은 요양소 내에서의 생활환경이나 처우에 관련된 내용도 볼 수 있다. 이것은 요양자에게 살아가는 장소로서 요양소가 중요한 의미를 갖고, 거기에서 어떻게 살아갈지가 절실한 문제였던 것으로 나타내고 있다. 이런 요구는 수용자 증가에 동반하여 요양환경이 현저하게 악화한 1930년대 즈음부터 요양자에 의한 '자치自治'를 지향하는 움직임으로 현재화되고 있었다. 요양소의 관리·통제에서 '자치'는 요양자의 능동성·주체성이 발휘되는 이점과 동등하거나 그 이상의 결점이 크다고 생각되었기 때문에 '자치'를 둘러싸고 요양자와 요양소 당국과의 사이에 심한 대항이 생기게 되었다(마쓰오카 히로유키松岡弘之, 「전전기 나병 요양소에서의 환자 자치」, 『히스토리어』229호, 2011년). 한편 요양자 처지에서 보면 '자치'는 요양소 당국과의 싸움 속에서 쟁취해야 할 것, 쟁취한 것, 지켜야 할 것이기도 했다. 이런 '싸움'은 요양자의 생에 중요한 의미가 있다(국립 나병 자료관 편, 『계속 싸웠기 때문에 지금이 있다』, 2011년). 그것과 함께 요양자는 싸우기만 했던 것은 아니며 싸울 수 없었던, 또는 싸우지 않았던 요양자들 또한 적지 않았던 점에도 유의할 필요가 있다.

요양자가 수용까지 거듭한 경험은 한 사람 한 사람 다르며, 그들이 익힌 소양이나 기술, 지식은 출판·문예·만들기·연극·신앙·스포츠·조리 등 다방면에 걸친다. 그것들은 요양 생활에서도 활용되

었다. 그리고 스스로 가지지 않는 요양자와의 우연한 만남은 그들에게 새로운 세계로 한 발 내딛는 계기도 되었다(아베 야스나리阿部安成, 『섬에서』, 선라이즈출판サンライズ出版, 2015년). 요양자는 서로를 '병우病友'라고도 칭한다. 낙태나 단종과 같은 조건을 앞에 두고 생애 파트너와 만나는 일도 있었다. 한편 요양자도 한결같았던 것은 아니다. 한정된 공간에 성별·연령·출신·경험 등이 다른 사람이 몸을 기대고 앞을 내다보기 힘든 생을 살려고 하면 그것은 필연이기도 할 것이다. 예를 들어 '인구 비율'나 관습 면에서 '남성 사회' 색채가 진한 요양소에서는 '여성의 영역'은 한정되었으며, 민족이라는 벽 앞에서 갈등하는 사람도 있었다(구니모토 마모루国本衛, 『사는 날, 타오르는 날』, 마이니치신문사每日新聞社, 2003년).

요양소는 '닫힌' 장소로도 칭한다. 그것은 환자를 '방랑'시키지 않기 위해서, 병의 만연을 막기 위해서, 바깥세상에서 사는 어려움을 견디기 위해서, 그리고 둘러싸인 환자의 생에 가혹함을 넓게 호소하는 데 필요한 격리의 표상이었다. 요양자는 그 '닫힌' 장소를 언젠가는 스스로 사는 터전으로 여기며, 다양한 활동을 전개한다. 발행물을 매개로 한 바깥세상으로의 발신, 신앙·문화·스포츠 활동 등을 통한 바깥세상과의 교류는 한정적이든 간에, 요양소를 '열어'가려는 실천이기도 했다. 또 요양소를 넘은 요양자의 왕래는 '닫힌' 그들의 장소를 확대하는 것도 되었다(이시이 히토나리石居人也, 「격리되는 자/하는 자의 '지역'」, 『인민의 역사학』 201호, 2014년). 요양자는 임시방편이었을 요양소가 언젠가 스스로가 사는 장소, 나아가서는 죽음의 장소가 된다고 느끼게 된 것은 아닐까? 그러므로 '자기 일을 자기가 처리하고 수습한다'는 본의를 가진 '자치'가 자신을 살리는 데에 불가결하다는 강한 생각을 품는다. 물론 요양소에 들어가지 않고 사회복귀하는 삶의 방식도 불가능하지는 않았지만, 의료·사회·경제면의 장애물이 높고, 환자 대부분이 요양소에 들어가고, 회복자의 대부분이 요양소에 머물며, 바깥세상의 환자나 회복자는 병의 사실을 입에 담지 않았다. 게다가 신규 발병이 없어진 것으로 지역사회로부터 환자는 모습을 '감춘다'. 요양자와 바깥세상과의 교류가 있었다고는 하지만 그것은 한정적이었고, 지역에 사는 대부분의 사람들은, 이윽고 요양자와 그들을 격리하고 있다는 사실 자체를 스스로 안에 침전시키고 있었다.

맺음말

1996년 「나병 예방법」이 폐지되었다. 폐지에 앞서서 요양자나 지원자에 의한 압박이 있었는데 그것은 결코 갑작스러운 일이 아니다. 그렇지만 많은 미디어나 연구자, 시민은 폐지를 계기로 그 가혹함이나 책임 소재를 일제히 논하기 시작한다. 그 목소리는 요양자에 의한 국가배상 청구 소송의 전개와도 동조하듯 나날이 높아져 갔다. 이윽고 그 화살은 '낫는 병'이 된 이후에도 격리정책을 계속한 행정, 부작위를 작정한 입법, 현장에서 격리를 지지한 의료관계자 등으로 좁혀져 갔다.

그러나 살펴본 것처럼 근현대 일본에서의 나병 환자·요양자들은 격리정책의 '명백한' 담당자에 의해서만 그 주체적인 생을 위협받아 온 것은 아니다. 요양소에 들어가 '안도'한 환자, '절대 격리'를 원한 요양자, 요양소가 없는 세상에서 '안주의 땅'을 찾은 환자, 사회복귀를 단념한 요양자 등의 모습은, 그들에게 족쇄를 끼우고 있던 것이 오히려 바깥세상에 사는 한 사람 한 사람이었다고 알리고 있다. 즉, 이 글을 통해 드러난 것은 격리를 사회적 전후 사정에서 물어야 할 필요성이다.

한편 격리는 미지의 병을 우연히 만났을 때 '믿고 의지하는 것'으로 지금도 유효성을 인정받고, 규범적인 역할도 하고 있다. 그런 현실 앞에서 염두에 두어야 하는 것은 격리가 사람이나 사회를 둘러싼 관계를 쉽게 강화해 버리는 점, 덧붙여 그것이 '지금' '여기'와의 현저한 단절 끝에 있는 것은 결코 아니라는 점이 아닐까? 즉, 격리는 일상에 뚫린 구멍 바로 앞에 있고, 누구나가 언제라도 그쪽으로 갈 수 있으며 조금이라도 한눈을 팔면 그 구멍이 어디에 있는지조차 알 수 없게 되는 것이다. 소수를 둘러싸고는 종종 '긁어 부스럼을 만들지 말라'는 논의가 따라붙는데 나병을 둘러싸고 일어난 망각이나 무작위 「나병 예방법」 폐지 후의 외재적인 비판 등이 부각한 것은, 오히려 잊거나 알려고 하지 않는 것이 갖는 뿌리 깊은 문제이다(다케다 도루武田徹, 『'격리'라는 병』, 고단샤講談社. 1997년). 역사를 배우는 사람으로서 적어도 그것에는 적어도 자각적이고 싶다.

격리를 고안해 내고 수행한 주체의 책임을 묻는 것만으로는 격리를 추인 내지 지지한 많은 사람의 존재는 시야에 들어오지 않기 때문에, 격리를 총체적으로 파악하는 것은 어렵다. 중요한 것은 '지금' '여기'에서의 지배적인 가치·규범에서 거리를 두고, 대상인 시대의 문맥이나 사회의 정황을 고려하여 환자나 요양자의 생과 먼저 마주하는 것이 아닐까? 그리고 우리들의 문제로서 격리의 생각을 놓지 않는, 바꿔 말하면 병이나 죽음, 환자나 죽은 자로부터 시선을 돌리지 않고, 참고 견디며 계속 생각하는 자세가 중요한 것이다. 그것은 결과적으로 대상에 내재한 문제나 불합리를 깨닫는 일이 되기 때문이다.

그런데 병이나 소수를 둘러싼 설명에는 종종 '싸움'의 은유가 사용된다. 병의 제압을 목표로 하는 싸움, 차별적 처우에 저항하는 싸움과 같은 식으로 말이다. 그것은 문제 극복을 향한 이야기를 적극적으로 그려내는 의미에서 힘을 가지며, 그 힘은 나병을 둘러싼 역사 서술에서도 발휘되고 있다. 그러나 한편 요양소에는 싸우지 않았던 사람이나 싸울 수 없었던 사람도 있었고, 싸웠던 사람 또한 싸움 속에서만 살고 있던 것은 아니다. 또 권력을 상대로 한 싸움만이 아니라 요양자끼리를 포함하는 다양한 관계 속에도 갈등이나 알력은 산재하고 있었다. 그런 하나하나, 또는 한 사람 한 사람의 경험을 정성스럽게 모아 요양자의 생을 파악할 필요가 있다.

　환자·요양자의 생에서 역사적인 고찰은 그들의 생을 그렇게 만든 해당 시기의 사회의 모습을 밝히는 한편, 우리 자신의 생이나 사회 재파악이 불가피할 것이다. 그것과 함께 다시 질문되는 것이 장소나 관계가 갖는 의미이다. 요양자는 스스로가 살아온, 살아가고 싶었던 장소의, 사람이나 사회와의 관계로부터 떨어져 요양소에서 살아왔다. 그렇지만 요양소에서 주체적인 생을 모색하는 중에 그들에게 그곳은 언젠가, 좋든 싫든 관계없이, 살아가는 거처가 되고, 그것이 '거기'인 것에도 의미가 생겼다. 그런 뒤틀림도 내포하여 격리는 성립하고 있다고 할 수 있다. 격리의 역사를 둘러싸고 보이는 것은 사람의 생에 있어서, 사람이나 회사와의 유대나 사는 장소가 가지는 의미의 크기는 아닐까? 그 경시를 사회에 사는 한 사람 한 사람이 용인한 것, 혹은 용인하고 있는 것이 가지는 역사적·현재적 의미를 묻는 것이 역사를 배우는 우리들에게 요구되고 있는 것이다.

후기

　도쿄역사과학연구회(이하, 동역연)의 50주년 기념 기획이 시작된 것은, 2014년이 지나갈 즈음으로, 약 2년 이상에 걸쳐 본서의 출판을 위한 검토를 이어왔습니다. 40주년 때에는 『동역연의 발자취와 역사학의 앞으로』(2008년)라는 기념지를 만들어 지금까지 동역연을 지탱해 올 수 있었던 전·현 위원 여러분의 회상이나 연구회의 연표가 게재되었습니다. 50주년 기념에 앞서 그렇게 연구회의 노력을 사학사적으로 평가하는 의견도 나왔지만, 한편에서 밖을 향해 논의를 제기할 수 있는 내용 기획을 해야 하지 않을까, 라는 목소리도 서서히 커졌습니다. 시대와 마주하면서 역사연구·역사교육·역사과학운동을 추진해온 '동역연다움'을 어떻게 내세울지, 그것을 묻게 된 것입니다.

　그래서 우리가 주목한 것이 지금까지 동역연이 3번에 걸쳐 간행하고 학생뿐만 아니라 지역이나 직장 연구회 등에서 시민들에게 넓게 읽힌 『역사를 배우는 사람들을 위해서』였습니다. 현실사회에서 제기되고 있는 문제를 역사적으로 검토하고, 또한 그것을 연구자뿐만 아니라 시민이나 학생과 함께 생각해가려는 동역연의 자세를 구현하고 있던 것이 바로 이 『역사를 배우는 사람들을 위해서』 시리즈였던 것입니다.

그리고 시민이나 학생을 위해 역사를 배우는 것의 매력을 주는 이 시리즈를 부활시키는 것은 1990년-2000년대에 걸친 역사학의 '위기'를 빠져나간 현재였기 때문에 신선한 인상으로 독자에게 받아들여지지 않을까, 우리는 그렇게 생각했습니다. 전후 역사학이 거듭해온 귀중한 공적 중 하나는 시대와 마주 보는 연구자 개개인의 '열의'이었다고 생각합니다. 그런 연구자 각각의 '열의'를 느낄 수 있는 입문서를 목표로 한 것이 본서인데, 그것이 느껴졌는지 아닌지는 사실 이 책을 손에 든 여러분이 판단해주시길 바랍니다.

또 본서의 기획 취지에 찬동해 주신 집필자 여러분에게도 감사드립니다. 일찍이 『역사를 배우는 사람들을 위해서』를 권위서로 읽어 주신 분도 몇 명인가 계셔서 그것이 본서를 출판하는 것의 의의로 아직 불안을 느끼고 있던 우리에게 용기를 주었습니다. 『역사를 배우는 사람들을 위해서』가 역사를 배우는 것의 매력이나 연구자의 '열의'를 차세대로 계승해가는 역할도 할 수 있다면, 그 이상의 기쁨은 없습니다.

출판에 앞서 이와나미쇼텐의 이리에 고스江仰 씨, 요시다 고이치吉田浩一 씨, 두 분께 많은 신세를 졌습니다. 이리에 씨는 기획 취지에 찬동해주시고 출판을 위해 힘써주셨습니다. 또 요시다 씨는 출판이 결정된 이후, 원고 체크부터 본서 전체의 취지에 관한 점에 대해서까지 세세한 배려를 해주셨습니다. 여기에 감사의 말을 올립니다.

이번 『역사를 배우는 사람들을 위해서』의 부활은 이번 한 번 한정으로 끝나지 않도록 해야 합니다. 요즘 인문과학을 둘러싼 상황이 나날이 심해지고 있어, 동역연도 앞일을 충분히 내다보는 것은 어렵습니다. 그러나 그런 중에서도 60주년, 70주년을 확실히 맞이할 수 있도록, 동역연의 역사를 차세대로 계승해가고 싶습니다.

2017년 1월 31일
『역사를 배우는 사람들을 위해서』 편집위원회를 대표하여
다카다 마사시高田雅士

---

* 『역사를 배우는 사람들을 위해서』 편집위원회 멤버는 가토 게이키加藤圭木, 스다 쓰토무須田努, 다카다 마사시高田雅士, 다카야나기 도모히코高柳友彦, 나카지마 히사토中嶋久人, 히와 미즈키檜皮瑞樹, 마쓰다 에리松田英里 7명입니다.

옮긴이의 말

이 책은『歴史を学ぶ人々のために - 現在をどう生きるか(역사를 배우는 사람들을 위해서 - 현재를 어떻게 살 것인가)』를 번역한 것으로, 2017년 도쿄역사과학연구회東京歴史科学研究会가 이와나미쇼텐岩波書店에서 출간했다. 한국어판으로는『역사를 배우는 사람들 - 일본의 공정한 역사 인식을 만들기 위해서』라고 출간한다.

글로벌 시대에 격동의 시기를 살아가는 우리에게 있어 '역사를 배운다'는 것은 어떤 의미일까? 역사학이란 과거 사건의 발생과 진행 과정을 시대에 따라서 단계적, 체계적으로 연구하는 학문의 한 분야이다. 본서는 역사학계 최전선에서 전문가로 활동하고 있는 16명의 역사학자가 이러한 관점에서 구체적인 사례를 들어가며 다음의 내용을 서술하고 있다.

본문의 내용은, 1) 산업혁명에 따른 환경문제, 2) 신자유주의 시대의 역사학 3) 역사학·역사교육의 현재 4) 일본군 위안부 문제와 역사학 5) 일본의 조선 침략사와 조선인의 주체성 6) 중근세의 폭력, 평화, 생존 7) 남이탈리아에서 세운 근대에 관한 질문 8) 일본 경제사 연구의 현상과 과제 9) 호모·모빌리터스가 묻는 역사, 사상사,

10) 19세기 중국 내전에서의 보복 폭력의 행방 등, 역사와 관련된 폭넓은 주제로 구성되어 있다.

역자는 본문에서 특히, 한일관계 관련 부분에 더 많은 관심을 가지게 되었다. 위안부 문제에 관련해서 일본의 우익 지도자 등은 강제성이 없고, 일본 정부는 책임이 없다는 등의 발언을 쏟아내고 있다. 하지만 논고에서 요시미吉見 씨는 일본군 위안부 문제와 역사학이란 주제에서 위안부 문제에 대해서 일본인의 역사 인식, 위안부의 강제성, 조선에서의 유괴와 인신매매, 전쟁지역이나 점령지에서 군대나 국가기관에 의한 약취, 위안소에서의 강제성 등에 대한 구체적인 실태와 여러 나라의 반응에 대해서도 논술하고 있다.

역자는 본서 필자들이 사실에 초점을 두고 역사를 연구하는 객관적인 관점에 대해서 높이 평가하고 싶다. 그것은 본서의 논문 하나하나가 일본의 역사, 사상사 등을 이해하고 연구하는 데 큰 도움이 되리라 생각되기 때문이다.

한국과 일본은 일찍이 삼국시대부터 각 상황에 맞게 일본과 교류를 구축하였으며 특히 백제문화는 일본의 야마토 정권에 많은 역사

전파를 했으며 우호적인 관계에 있었다. 하지만 현재의 한일관계는 위안부 문제를 비롯한 과거사 문제, 일본의 우익사관, 야스쿠니 신사 참배, 영토(독도)분쟁, 후쿠시마산 수산물 등 현안들이 산재해있다.

외교란 상대국의 입장을 충분히 이해하고, 서로의 기준들을 존중하면서도 동시에 자국의 이익을 최대화하려고 한다. 따라서 필요하다면 양보해야 하는 부분이 생길 수 있다. 한일관계에서도 두 나라는 인접한 나라이며 상호 우호적인 교류를 위한 노력이 필요하다. 특히 역사적 사실에 대해서는 올바로 평가하고, 문제점은 객관적으로 규명하여 잘못된 부분에 대해서는 반성하고 책임을 지는 자세야말로 미래지향적인 역사관이라고 할 수 있을 것이다.

본서의 출판에 있어서 많은 도움을 주신 도서출판 어문학사 윤석전 사장님과 편집부 관계자분들께 감사드린다.

끝으로 이 책이 역사를 배우는 사람과 한일관계에 관심이 있는 독자들에게 도움이 되기를 바란다.

2021년 5월 11일

박성태

집필자 · 편집위원회 소개

집필자 ────────── ──────────

기쿠치 히데아키(菊池秀明)
1961년생. 국제기독교대학 교수.
중국 근대사

사이토 가즈하루(齋藤一晴)
1975년생. 메이지대학 외 비상근강사.
일본 근현대사, 역사교육

오다와라 린(小田原琳)
1972년생. 도쿄외국어대학 전임강사.
이탈리아 근현대사, 젠더·스터디스

오이카와 에이지로(及川英二郎)
1967년생. 도쿄예술대학 교수.
일본 근현대사

오카도 마사카쓰(大門正克)
1953년생. 요코하마국립대학 교수.
일본 근현대사

와카오 마사키(若尾政希)
1961년생. 히토쓰바시대학 교수.
일본 근세사, 사상사

와타나베 다카시(渡辺尚志)
1957년생. 히토쓰바시대학 교수.
일본 근세사

요시미 요시아키(吉見義明)
1946년생. 중앙대학 명예교수.
일본 근현대사

이시이 히토나리(石居人也)
1973년생. 히토쓰바시대학 교수.
일본 근현대사

하세가와 유코(長谷川裕子)
1972년생. 후쿠이대학 준교수.
일본 중세사

호조 가쓰타카(北條勝貴)
1970년생. 죠치대학 준교수.
동아시아 환경문화사

편집위원

가토 게이키(加藤圭木)
1983년생. 히토쓰바시대학 전임강사.
조선 근현대사

나카지마 히사토(中嶋久人)
1960년생. 다테바야시시사편찬館林市
史編纂 전문위원회 전문위원. 일본 근현
대사

다카다 마사시(高田雅土)
1991년생. 히토쓰바시대학 대학원 박
사후기과정. 일본 근현대사

다카야나기 도모히코(高柳友彦)
1980년생. 히토쓰바시대학 전임강사.
일본 경제사

마쓰다 에리(松田英里)
1985년생. 히토쓰바시대학 대학원 사
회학연구과 특임강사(주니어 펠로).
일본 근현대사

스다 쓰토무(須田努)
1959년생. 메이지대학 교수.
일본 근세·근대사, 민중운동사

히와 미즈키(檜皮瑞樹)
1973년생. 도쿄경제대학 사료실 촉탁.
일본 근세·근대사, 북방사

역사를 배우는 사람들
일본의 공정한 역사 인식을 만들기 위해서

초판 1쇄 발행일 2021년 6월 30일

엮은이 도쿄역사과학연구회
옮긴이 박성태
펴낸이 박영희
편집 박은지
디자인 최소영
마케팅 김유미
인쇄·제본 AP프린팅
펴낸곳 도서출판 어문학사
　　　　서울특별시 도봉구 해등로 357 나너울카운티 1층
　　　　대표전화: 02-998-0094/편집부1: 02-998-2267, 편집부2: 02-998-2269
　　　　홈페이지: www.amhbook.com
　　　　트위터: @with_amhbook
　　　　페이스북: www.facebook.com/amhbook
　　　　블로그: 네이버 http://blog.naver.com/amhbook
　　　　　　　　다음 http://blog.daum.net/amhbook
　　　　e-mail: am@amhbook.com
　　　　등록: 2004년 7월 26일 제2009-2호

ISBN 978-89-6184-975-3 (03910)
정가 18,000원